UTB 3320

W0408332

Eine Arbeitsgemeinschaft der Verlage

Böhlau Verlag · Köln · Weimar · Wien
Verlag Barbara Budrich · Opladen · Farmington Hills
facultas.wuv · Wien
Wilhelm Fink · München
A. Francke Verlag · Tübingen und Basel
Haupt Verlag · Bern · Stuttgart · Wien
Julius Klinkhardt Verlagsbuchhandlung · Bad Heilbrunn
Lucius & Lucius Verlagsgesellschaft · Stuttgart
Mohr Siebeck · Tübingen
Orell Füssli Verlag · Zürich
Ernst Reinhardt Verlag · München · Basel
Ferdinand Schöningh · Paderborn · München · Wien · Zürich
Eugen Ulmer Verlag · Stuttgart
UVK Verlagsgesellschaft · Konstanz
Vandenhoeck & Ruprecht · Göttingen
vdf Hochschulverlag AG an der ETH Zürich

Hans Altmann / Suzan Hahnemann

Prüfungswissen Syntax

Arbeitstechniken – Klausurfragen – Lösungen

4., durchgesehene Auflage

Vandenhoeck & Ruprecht

Dr. Hans Altmann ist Professor im Ruhestand für Germanistische Linguistik an der Ludwig-Maximilians-Universität München.

Dr. Suzan Hahnemann ist Leiterin der Öffentlichkeitsarbeit der Schule Schloss Salem.

Bibliografische Information der Deutschen Nationalbibliothek
Die Deutsche Nationalbibliothek verzeichnet diese Publikation in der Deutschen Nationalbibliografie; detaillierte bibliografische Daten sind im Internet über http://dnb.d-nb.de abrufbar.

© 2010 Vandenhoeck & Ruprecht GmbH & Co. KG, Göttingen
Internet: www.v-r.de
ISBN 978-3-8385-3320-9 (utb-e-book)

Alle Rechte vorbehalten. Das Werk und seine Teile sind urheberrechtlich geschützt. Jede Verwertung in anderen als den gesetzlich zugelassenen Fällen bedarf der vorherigen schriftlichen Einwilligung des Verlages. Hinweis zu § 52a UrhG: Weder das Werk noch seine Teile dürfen ohne vorherige schriftliche Einwilligung des Verlages öffentlich zugänglich gemacht werden. Dies gilt auch bei einer entsprechenden Nutzung für Lehr- und Unterrichtszwecke.
Printed in Germany.
Umschlaggestaltung: Atelier Reichert, Stuttgart
Druck und Bindung: CPI – Ebner & Spiegel, Ulm

UTB Bestellnummer
ISBN 978-3-8252-3320-4

Inhalt

Vorwort

Dieses Buch richtet sich primär an Prüfungskandidaten der germanistischen Linguistik in allen Studienrichtungen zur Vorbereitung auf die Zwischen-, Magister- oder Staatsexamensprüfung oder auf Prüfungen im Rahmen der BA- und MA-Studiengänge, aber auch an alle anderen Interessierten, die ein ausreichendes Vorwissen mitbringen und die komprimierte Information schätzen, z.B. Lehrer und Leute mit sprachbezogenen Berufen.

Das Buch ist als Arbeitsbuch konzipiert, vermittelt werden soll konkretes Analysewissen. Gerade aus der Prüfungserfahrung heraus und aufgrund der Bedürfnisse in den einschlägigen sprachbezogenen Berufsfeldern verzichten wir auf die Bindung an eine bestimmte formale Syntaxtheorie. Wir hoffen, die Stofffülle relativ übersichtlich, durch zahlreiche Beispiele und Belege anschaulich und komprimiert dargestellt zu haben und dabei die argumentativ interessanten Problembereiche, die Analyse- und Darstellungsverfahren leicht fasslich dargeboten zu haben. Der Stoff wird der besseren Lernbarkeit halber meist stichwortartig, in Listen und Tabellen dargeboten.

Übungsaufgaben, die den dargestellten Stoff in überschaubaren Einheiten abfragen, haben wir in die Kapitel integriert. Am Ende finden sich längere klausurähnliche Aufgaben. Die Lösungen dazu können leider nicht so argumentativ wie wünschenswert sein, sondern mussten auf das absolut Notwendigste beschränkt werden.

Um die Aktualität der Darstellung wie der Literaturhinweise zu erhalten, haben wir für die vierte Auflage einige inhaltliche und formale Korrekturen und Aktualisierungen vorgenommen. Wir danken allen, die in der Zeit seit Erscheinen der dritten Auflage Hinweise auf Verbesserungsmöglichkeiten gegeben haben. Verbesserungswürdiges wird es aber auch in Zukunft geben, und so freuen wir uns auch künftig über jede konstruktive Kritik.

Gedankt sei auch allen, die bei der Ausarbeitung des Textes geholfen haben, insbesondere den aktiven Teilnehmern zahlreicher Seminare und Examenskolloquien – und UZ für den letzten Schliff.

München, im November 2009
Hans Altmann

Abkürzungsverzeichnis

Allgemeinverständliche Abkürzungen sind ein nützliches Hilfsmittel bei der Textkomprimierung und bei der Schreiberleichterung, gerade in einer Klausur. Insofern wäre es sinnvoll, ihren Gebrauch in einem solchen Buch einzuüben. Wir haben uns aber entschlossen, von Abkürzungen im Textteil nur sehr sparsam Gebrauch zu machen, um die Lektüre v.a. für Interessenten anderer Fachrichtungen nicht unnötig zu erschweren. Die gängigen Abkürzungen, deren Gebrauch man i.A. nicht rechtfertigen muss, werden mit gewissen Gewöhnungshilfen verwendet. Soweit nicht bereits gängige Abkürzungen vorliegen, bedienen wir uns des Verfahrens der »sprechenden« Abkürzungen, die also weitgehend selbsterklärend sind. Nach diesem Prinzip wäre es besser, statt der gängigen Abkürzung PO für »Präpositionalobjekt« die sprechende Abkürzung Präp.Obj. zu verwenden. Die Liste enthält Abkürzungen unabhängig von ihrer Verwendung im Text. Abkürzungen, die sich nur durch die Großschreibung des Anfangsbuchstabens unterscheiden, werden nur dann getrennt verzeichnet, wenn sie für unterschiedlicheVollformen stehen. Singular und Plural werden nicht unterschieden.

Wo allgemein akzeptierte Abkürzungen fehlen, machen wir einige Vorschläge, die aber durch eckige Klammern als solche gekennzeichnet sind. Dabei können wir uns aus verschiedenen Gründen nicht immer an das Prinzip der »sprechenden« Abkürzungen halten.

Abschn. .... Abschnitt
abstr. .... abstrakt
AcI .... Accusativus cum Infinitivo
Adj. .... Adjektiv
Adj.Attr. .... Adjektiv-Attribut
adj. .... adjektivisch
Adj.P. .... Adjektivphrase
Adv. .... Adverb
adv. .... adverbiell
Advb. .... Adverbial
aff. .... affiziert
Akk. .... Akkusativ
akk. .... akkusativisch
Akk.Obj. .... Akkusativobjekt
Akt. .... Aktiv
akt. .... aktivisch
aktual. .... aktualisiert
Appos. .... Apposition
appos. .... appositiv
Arb. ....Arbeit
Art. ....Artikel
Attr. ....Attribut
attr. ....attributiv
Aufl. ....Auflage
AUX ....Auxiliar, Hilfsverb
bair. ....bairisch
Beitr. ....Beitrag
Ber. ....Bericht
bzgl. ....bezüglich
DaF ....Deutsch als Fremdsprache
Dat. ....Dativ
dat. ....dativisch
Dat.Obj. ....Dativobjekt
def. ....definit
Dem.Pron. ....Demonstrativpronomen
Det. ....Determinator
deverb. ....deverbal
d.h. ....das heißt
dir. ....direktional

Dir.Advb. .... Direktionaladverbial
Diss. .... Dissertation
Dur.Adv. .... Durativadverb
e.a. .... et alii (›und andere‹)
ed./eds. .... editor(s)
eff. .... effiziert
engl. .... englisch
erw. .... erweitert
e.S. .... eine(r) Sache
etc. .... et cetera
etw. .... etwas
f. .... für
fak. .... fakultativ
fem. .... femininum
FHG .... Fokus-Hintergrund-Gliederung
fin. .... finit
Fin.Advb. .... Finaladverbiale
Fok.Part. .... Fokuspartikel
franz. .... französisch
FS .... Festschrift
Fut. .... Futur
FVG .... Funktionsverbgefüge
GB .... Government & Binding
Geb. .... Geburtstag
gem. .... gemischt
Gen. .... Genitiv
Gen.Attr. .... Genitiv-Attribut
gen. . ... genitivisch
Gen.Obj. .... Genitivobjekt
Gen.Verbi .... Genus Verbi
germ. .... germanisch
germanist. .... germanistisch
Glied.P. .... Gliederungspartikel
GP .... Gradpartikel
Gramm. .... Grammatik
gramm. .... grammatisch/grammatica
griech. .... griechisch
GS .... Gliedsatz
GTS .... Gliedteilsatz
hg. .... herausgegeben
HS .... Hauptsatz
HV .... Hilfsverb
i.A. .... im Allgemeinen
idg. . ... indogermanisch
idiomat. .... idiomatisch
i.d.R. .... in der Regel
IdS .... Institut für deutsche Sprache (Mannheim)
Imp. .... Imperativ
imp. .... imperativisch
Ind. .... Indikativ
ind. .... indikativisch
indef. .... indefinit

Inf.Konstr. .... Infinitivkonstruktion
Inf. .... Infinitiv
infin. .... infinit
inkl. .... inklusive
insbes. .... insbesondere
instr. .... instrumental
internat. .... international
Intonat. .... Intonation
intrans. .... intransitiv
i.S.v. .... im Sinne von
iter. .... iterativ
jmd. .... jemand (Nom.)
jmdm. .... jemandem (Dat.)
jmdn. .... jemanden (Akk.)
jmds. .... jemandes (Gen.)
Kap. .... Kapitel
Kas. .... Kasus
kaus. .... kausal
Kl. .... Klammer
[klö. .... klammeröffnender Ausdruck]
[klschl. .... klammerschließender Ausdruck]
Koll. .... Kolloquium
kom. .... komitativ
kond. .... konditional
Konj. .... Konjunktiv
Konj. .... Konjunktion
konj. .... konjunktional
koord. .... koordinierend
korr. .... korrigiert
KS .... Konstituentensatz
KV .... Kopulaverb
LAB .... Linguistische Arbeitsberichte Leipzig
lat. .... lateinisch
lexikal. .... lexikalisch
Ling. .... Linguistik
ling. .... linguistisch
Ling.Arb. .... Linguistische Arbeiten
lok. .... lokal
Lok.Advb. .... Lokaladverbial
Maßadvb. .... Maßadverbiale
masc. .... masculinum
metaph. .... metaphorisch
mhd. .... mittelhochdeutsch
[MiF .... Mittelfeld]
Mod. .... Modus
mod. .... modal
Mod.Advb. .... Modaladverbial
morpholog. .... morphologisch
MP .... Modalpartikel
MS .... Matrixsatz
MV .... Modalverb

N .... Substantiv (Nomen)
[NaF .... Nachfeld]
Neg..................... Negation
Neoph. .... Neophilologica
neutr. .... neutrum
nhd. .... neuhochdeutsch
Nom. .... Nominativ
nominat. .... nominativisch
nom. .... nominal
NP . ... Nominalphrase
NS .... Nebensatz
Num. .... Numerale
Num. .... Numerus
Obj. .... Objekt
Obj.Präd. .... Objektsprädikativ
oblig. .... obligatorisch
Part. .... Partizip
Partik. .... Partikel
Pass. .... Passiv
pass. .... passivisch
PBB .... Pauls und Braunes Beiträge
Perf. .... Perfekt
Pers.Pron. .... Personalpronomen
phil. .... philosophisch
Pl. .... Plural
pl. .... pluralisch
Poss.Pron. .... Possessivpronomen
PP .... Präpositionalphrase
Pqp. .... Plusquamperfekt
Präd. .... Prädikativ
präd. .... prädikativ
Präp. .... Präposition
Präp.Obj. .... Präpositional-Objekt
Präs. .... Präsens
Prät. .... Präteritum
pragmat. .... pragmatisch
Pron. .... Pronomen
pron. .... pronominal
Ps. .... Person
Quant. .... Quantor
Refl.Pron. .... Reflexivpronomen
Rel.Pron. .... Relativpronomen
Rel.S .... Relativsatz
Rez. .... Rezension
Rez.Pron. .... Reziprokpronomen
RGL .... Reihe Germanistische Linguistik
S .... Satz
S. .... Seite
SAdv. .... Satzadverb
SAdvb. .... Satzadverbiale
SdG..................... Studien zur deutschen Grammatik
Sg. .... Singular
SG .... Satzglied
Sprachwiss. .... Sprachwissenschaft
st. .... stark
Steig.P .... Steigerungspartikel
Stud. .... Studien/studia
s.u. .... siehe unten
Subst. .... Substantiv
subst. .... substantivisch
Subj. .... Subjekt
sw. .... schwach
syntakt. .... syntaktisch
Temp. .... Tempus
temp. .... temporal
Temp.Advb. .... Temporaladverbial
topolog. .... topologisch
Tüb. .... Tübingen
TBL .... Tüb. Beitr. z. Ling.
trans. .... transitiv
u.a. .... unter anderem
u.E. .... unseres Erachtens
ugs. .... umgangssprachlich
UK .... Unmittelbare Konstituente
u.W. .... unseres Wissens
V .... Verb
v.a. .... vor allem
V-1 .... Verb-Erst
V-2 .... Verb-Zweit
V-L .... Verb-Letzt
verb. .... verbal
Verl. .... Verlag
vgl. .... vergleiche
Vgl.Part. .... Vergleichspartikel
VK .... Verbalkomplex
[VoF .... Vorfeld]
VP .... Verbalphrase
vs. .... versus
VV .... Vollverb
z. .... zu(r)
z.B. .... zum Beispiel
ZS .... Zeitschrift
z.T. .... zum Teil

1. Thema und Problemstellung

Der Gegenstand dieser Darstellung ist die **Syntax** der dt. Gegenwartssprache. Das entsprechende griechische Substantiv σύνταξις ['syntaksis] bedeutet etwa ›Zusammenstellung‹, ›Anordnung‹. Das kann man im Sinn des linguistischen Strukturalismus verstehen als Lehre von den Elementen eines Gegenstandsbereichs und ihren Anordnungen, wobei Anordnung hier nicht nur als »Aneinanderreihung«, als räumliches Nacheinander verstanden werden darf.

1.1 Grundbegriffe

Eine Syntax in diesem Sinn gibt es auf allen Beschreibungsebenen der Formseite des sprachlichen Zeichens, also eine

- **Phono-Syntax** als Lehre vom Inventar an Phonemen als den kleinsten bedeutungsunterscheidenden Einheiten und deren möglicher Verknüpfung zu Silben (üblicherweise als »Phonotaktik« bezeichnet).
- **Morpho-Syntax** (auch Wort-Syntax) als Lehre vom Inventar an Morphemen als den kleinsten bedeutungstragenden Einheiten und deren Verknüpfung zu Wörtern (üblicherweise aber in anderer Bedeutung gebraucht).
- **Satz-Syntax** als Lehre vom Inventar an Wörtern und deren Verknüpfung zu Sätzen, wobei selbstverständlich komplexe Ausdrücke unterhalb der Satzebene mit inbegriffen sind. Das ist aber die Ebene, die üblicherweise gemeint ist, wenn man einfach nur von »Syntax« spricht.

1.2 Gegenstand und Abgrenzung

Die Liste der möglichen Wörter des Deutschen als das Grundinventar der Syntax wird dem Syntaktiker von den beiden Abteilungen der Morphologie, der Flexionslehre und der Wortbildungslehre, fertig präsentiert. Aber er erbt dann auch deren Probleme. Man denke an das Beispiel der Partikel-Verben wie *abmelden,* die fatalerweise die Eigenschaft zeigen, dass sie in finiter Form bei den Verbstellungstypen Verb-Erst und Verb-Zweit in zwei Teile zerbrechen, die beide als Wort gelten können: sie können isoliert stehen, sie haben einen eigenen Wortakzent, das *ge-* des Partizip II und das *zu* des Infinitiv I können zwischen die beiden Teile treten, jeder der Teile kann auch wirklich als selbstständiges Wort auftreten, meist sogar mit der gleichen oder doch sehr ähnlichen Bedeutung. Trotzdem möchten wir den Vorschlag, in diesem Fall von einer syntaktischen Struktur auszugehen, ausdrücklich ablehnen, und zwar weil es sich bei Partikelverben in Verb-Letzt-Stellung tatsächlich um ein (komplexes) Wort handelt, in vielen Fällen nachweisbar durch die Unterschiede zu einer parallelen syntaktischen Struktur, z.B.

(1-1) *Etwas immer wieder (einmal) FINden.*

(1-2) *Etwas verlieren und dann WIEderfinden.*

Der Status als Wort ist übrigens ganz unabhängig von Getrennt- und Zusammenschreibung. Er kann z.B. dadurch ermittelt werden, dass man weitere Wortbildungen auf dieser Basis nachweist: *Auto fahren, Autofahrer, ?autofahrlich.* Die neue Orthographie hat in diesem Bereich das Prinzip aufgegeben, dass ein komplexes Wort auch zusammenzuschreiben ist. Aber das hat auch schon in der alten Orthographie nicht uneingeschränkt gegolten, man erinnere sich an *Auto fahren* im Gegensatz zu *radfahren.*

1.2.1 Abgrenzung zur Morphologie

Man kann hier also schon einmal konstatieren: Die Grenze zwischen (komplexem) Wort und Syntagma (als syntakt. Verknüpfung von Wörtern) ist keineswegs klar und eindeutig. In der sprachlichen Realität passiert man keine scharfe Grenze, wenn man vom Gebiet der Morphologie in das Gebiet der Syntax wechselt, und schon gar nicht liegt zwischen den beiden Beschreibungsbereichen ein leerer Grenzstreifen. Die Grenze zwischen Morphologie und Syntax wird von Sprachwissenschaftlern zur besseren Orientierung gezogen, nach mehr oder minder plausiblen Kriterien. Eine der Einfallspforten ist die Zusammenrückung, ein Wortbildungstyp, der aus Syntagmen komplexe Wörter entstehen lässt, wie im obigen Beispiel oder bei *Tunichtgut, Hoherpriester* (siehe Altmann/Kemmerling ^{2}2005, 1.4.2., 1.5.2., 3.3., 4.3., 5.3.).

1.2.2 Abgrenzung zur Textsyntax

Zum Beschreibungsbereich der Syntax gehört also die Verknüpfung von Wörtern zu komplexeren Einheiten, z.B. Phrasen wie *Egons schneller neuer PC* oder *etwas (ganz und gar) verstehen,* bis hin zu Einzelsätzen und komplexen Sätzen, die also mehrere Teilsätze enthalten. Der Satz gilt üblicherweise als die obere Grenze der Syntax, doch gibt es auch die Forderung nach einer Textsyntax, einer transphrastischen Syntax, die allerdings mit ganz anderen Methoden und Beschreibungsverfahren arbeiten müsste als sie in diesem Buch beschrieben werden.

An dieser »oberen« Grenze der Syntax treten wieder ähnliche Probleme auf wie an der »unteren«. Bestimmt man z.B. den Satz näherungsweise als Gebilde aus einem regierenden Verb (genauer: einem Valenzträger) und mindestens den obligatorischen Mitspielern dieses Verbs, so würde man Beispiele wie die folgenden ausschließen:

(1-3) *Ja./Nein./Doch.*
(1-4) *Hiergeblieben!/Ruhe!*
(1-5) *Weiß ich.*

Und doch zeigen alle diese Beispiele Merkmale von Sätzen, z.B. eine typische Satzintonation. – Mit dem Ansatz, dass es sich hier um elliptische, also durch Weglassung unvollständige Sätze handle, kommt man nicht weit. Wie etwa sollte man *nein* zu einem Satz ergänzen? Auf die Idee, diese Antwortpartikel als Proform für einen negierten Satz zu behandeln, kommt andererseits wohl nur ein Linguist.

Wenn man sich schließlich von den papierenen Beispielen wegbewegt in den Bereich der gesprochenen Sprache, dann erhalten wir eine Vorstellung davon, wie kompliziert Syntax sein kann. Das folgende Stück aus einem Bandmitschnitt von einem Gespräch zwischen zwei Studentinnen in einem Klötzchenbauexperiment zeigt die Komplexität:

(1-6) *und innen isn Turm*
(1-7) *is ein Turm*
(1-8) *mhm was nehma da als*
(1-9) *des da*
(1-10) *und zwar – äh sin das so –*
(1-11) *jetzt muss ich die da mal genauer*
(1-12) *anschaun wie die da ausschaun*

Mit einem normalen Satzkonzept kommt man hier nicht sehr weit. Als Ausweg wurde die »Äußerung« als Grundeinheit vorgeschlagen, aber das ist ein pragmatisches, kein primär syntaktisches Konzept.

1.3 Allgemeine Literaturhinweise

Um die Arbeit mit diesem Übungsbuch zu erleichtern, haben wir die einschlägige Literatur jeweils bei den behandelten Themen zusammengestellt. Im Folgenden finden Sie daher nur die linguistischen Standardwerke, die die Basis jeder Arbeit bilden. – Die Bände dieser Reihe werden nur abgekürzt mit den Namen der Verfasser und dem Erscheinungsjahr zitiert, z.B. Altmann/Hofmann (^{2}2008).

1.3.1 Bibliographische Hilfsmittel

Bibliographie Linguistique. Utrecht, Antwerpen 1949 ff. [Berichtszeit seit 1950]

MLA International bibliography of books and articles on the modern languages and literatures. Vol. III: Linguistics. – New York: The Modern Language Association of America. [Zuerst 1921. – Auch auf CD-ROM verfügbar; in vielen Fällen auch im Internet verfügbar]

Germanistik. Internationales Referatenorgan mit bibliographischen Hinweisen. – Tübingen 196Off. [4 Hefte pro Jahr!]

Bibliographie Linguistischer Literatur (= BLL). Bibliographie zur allgemeinen sowie zur anglistischen und romanistischen Linguistik. – Frankfurt/M. 1975ff. [Berichtszeitraum seit 1971]

Eisenberg, P./Gusovius, A. (1985): Bibliographie zur deutschen Grammatik. 1965-1983. – Tübingen: Narr.

Eisenberg, P./Wiese, B. (1995): Bibliographie zur deutschen Grammatik 1984-1994. – Tübingen: Stauffenburg Verlag.

Frosch, H./Schneider, R./Strecker, B./Eisenberg, P. (2004): Bibliographie zur deutschen Grammatik. 1994-2002. – Tübingen: Stauffenburg Verlag (= Studien zur deutschen Grammatik Bd. 68)

Frosch, H./Schneider, R./Strecker, B. (2004): Bibliographie zur deutschen Grammatik. 2003-2007. Tübingen: Stauffenburg Verlag (= Studien zur deutschen Grammatik Bd. 76

Der Inhalt der letzten vier Bände ist auch bequem verfügbar über die Bibliographische Datenbank des Informationssystems GRAMMIS am Instituts für deutsche Sprache in Mannheim (IdS): < http://www.ids-mannheim.de> (Startseite des IdS; dort unter »laufende Projekte«) [25.09.09] Dieses Informationssystem bietet mit seinem Glossar und dem Konjunktionen- und Präpositionen-Projekt weitere, für die Syntax sehr nützliche Hilfsmittel.

1.3.2 Hilfe in terminologischen Nöten

Bußmann, H. (^{4}2008): Lexikon der Sprachwissenschaft. 4., durchgesehene und bibliographisch ergänzte Auflage unter Mitarbeit von Hartmut Lauffer. – Stuttgart: Kröner.

Glück, H. (Hg.) (^{3}2005): Metzler-Lexikon Sprache. 3., neu bearb. Aufl. – Stuttgart: Metzler. [Auch auf CD-ROM in der Digitalen Bibliothek bei der Directmedia Publishing GmbH; derzeit vergriffen; <http://www.digitale-bibliothek.de>] [25.09.09]

1.3.3 Handbuch der Syntax

Jacobs, J./Sternefeld, W./Stechow, A. v./Vennemann, T. (Hgg.) (1993/95): Syntax. Ein internationales Handbuch zeitgenössischer Forschung. 2 Bde. – Berlin: de Gruyter.

1.3.4 Grammatiken des Deutschen

Duden. Die Grammatik (2005); 7., völlig neu erarb. u. erweit. Aufl. Hg. von der Dudenredaktion. Bearb. von P. Eisenberg e.a. – Mannheim. [J. Peters, Intonation; P. Gallmann, Wortarten und Satz; C. Fabricius-Hansen, Das Verb; D. Nübling, Die nicht flektierten Wortarten].

Eisenberg, P. (^{3}2006): Grundriss der deutschen Grammatik. Bd. 1: Das Wort. Band 2: Der Satz. – Stuttgart, Weimar: Metzler.

Engel, U. (2004): Deutsche Grammatik. Neubearbeitung. – München: iudicium.

Heidolph, K. E./Flämig, W./Motsch, W. e.a. (Hgg.) (1981): Grundzüge einer deutschen Grammatik. Berlin: Akademie Verlag.

Helbig, G./Buscha, F. (1998): Deutsche Grammatik. Ein Handbuch für den Ausländerunterricht. 18. Aufl. – Leipzig: Langenscheidt.

Hentschel, E./Weydt, H. (2003): Handbuch der deutschen Grammatik. 3., völlig neu bearb. Aufl. – Berlin etc.: de Gruyter.

Jung, W. (1988): Grammatik der deutschen Sprache. – Leipzig: Bibliographisches Institut.

Sommerfeldt, K.-E./Starke, G. (1998): Einführung in die Grammatik der deutschen Gegenwartssprache. 3., neu bearb. Auflage unter Mitwirkung von Werner Hackel – Tübingen: Niemeyer. (Studienbuch)

Zifonun, G./Hoffmann, L./Strecker, B. e.a. (1997): Grammatik der deutschen Sprache. 3 Bde. – Berlin: de Gruyter. (= Schriften des IdS 7). [auf hohem Niveau sehr informativ; als Hintergrundinformation für Spezialgebiete sehr nützlich, aber auch sehr anspruchsvoll].

2 Syntaktische Mittel

2.1 Syntaktische Mittel im Überblick

Ohne die im ersten Kapitel angeschnittenen Fragestellungen einigermaßen befriedigend beantworten zu können, bewegen wir uns nun in den Kernbereich der Syntax hinein: in das Auffinden von **Regelhaftigkeiten im Aufbau von Sätzen**. Hier ist oft davon die Rede, dass Sätze eine Syntax haben, eine Art von Struktur also. Unsere Beschreibung, unsere Strukturvorstellung ist aber nicht Teil der Sprache, sondern wird von außen an sie herangetragen, um möglichst viele ihrer Eigenschaften beschreiben zu können. Syntax ist in diesem Verständnis also ein System von Regeln zur Beschreibung bestimmter, syntaktischer Eigenschaften einer Sprache.

Man kann sich vielleicht den Zugang zu diesem hochkomplexen Bereich erleichtern, indem man sich vorstellt, man befinde sich auf einem **Bauplatz**, auf dem ein großes Gebäude entstehen soll. Einen Teil der Struktureigenschaften des Gebäudes kann man verstehen, wenn man die Baumaterialien untersucht und systematisiert: So kann man etwa die Bausteine nach ihren inhärenten Merkmalen klassifizieren, z.B. nach dem Stoff, aus dem sie sind (Ziegel, Kalksandstein, Beton usw.). Sortieren kann man sie aber auch nach den Formmerkmalen, die ihre Verwendung bestimmen (z.B. die Größe, Stoßfugen an den Schmalseiten). Und natürlich gibt es auf einer Baustelle auch immer Mittel zum Verbinden (z.B. Bauklammern, Stahlträger, Armierungsstahl etc.).

Ganz ähnlich ist das Konzept der **syntaktischen Mittel** zu verstehen. Die Bauelemente sind hier die Wörter (und die daraus gebildeten Wortverbände). Die meisten Wörter zeigen (morphologische) Formmerkmale, die ihren Verwendungsbereich weitgehend festlegen und die man zu ihrer Sortierung verwenden kann. Eingebaut in eine Äußerung ist die Abfolge der Wörter und Wortverbände ein wesentliches Strukturmerkmal. Zusammengehalten wird der Satz durch sprachliche Klammern wie morphologische Kongruenz und Rektion, aber auch durch Mittel der Intonation.

Als »syntaktische Mittel« werden hier also betrachtet:

- die kategoriale Füllung der Wörter (und Wortverbände) (→ s.u.!).
- die morphologische Markierung der Wörter (→ 2.3, S. 43ff.).
- die Reihenfolge der Wörter und Wortverbände als Reihenfolgemarkierung (→ 2.4, S. 47-61; siehe auch Altmann/Hofmann ^{2}2008).
- die intonatorische Markierung (→ 2.5, S. 61-67. Siehe auch Altmann/Ziegenhain ^{3}2009, 3.6, S. 104-119).

Dieses Schema kann bei sinnvoller Anwendung die syntaktische Analyse wesentlich erleichtern.

Ein paar Anmerkungen sind noch nötig, bevor die einzelnen syntaktischen Mittel etwas genauer betrachtet werden. Einmal ist zu sagen, dass die vier Ebenen der syntaktischen Mittel nicht gleichberechtigt nebeneinander, sondern in **komplizierten Wechselwirkungen** zueinander stehen, etwa in einem sehr einfachen Voraussetzungsverhältnis: Eine morphologische Markierung setzt voraus, dass Träger der Flexive vorhanden sind, also Wortstämme, und umgekehrt wird in vielen Fällen erst durch die morphologische Markierung deutlich, welcher Kategorie das betreffende Wort angehört. Eine Reihenfolgemarkierung setzt morphologisch markierte Wörter und Wortverbände voraus, und die intonatorische Markierung schließlich eine fertig entwickelte segmentale Struktur. Die oben gewählte Reihenfolge entspricht also weitgehend der Voraussetzungsstruktur.

Zum Zweiten muss man gleich anmerken, dass keineswegs alle Eigenschaften der genannten Merkmalssysteme zum Aufbau syntaktischer Strukturen beitragen, oder genauer: Je nach syntaktischer Struktur können ganz unterschiedliche Teile etwa der Reihenfolgemarkierung beteiligt sein. Daneben aber sind die einzelnen Markierungssysteme relativ autonome Systeme, die bestimmte Merkmale nur zur Aufrechterhaltung ihrer Funktionsfähigkeit aufweisen. Dies bedingt, dass je nach syntaktischer Struktur die Rollen der einzelnen Markierungen wechseln: Ein Stellungsmerkmal kann in einem Fall das wichtigste Merkmal überhaupt sein (z.B. die Stellung des finiten Verbs bei der Markierung der Satztypen), im anderen hingegen völlig nachrangig (z.B. Früh- oder Spätstellung des Reflexivpronomens *sich* im Mittelfeld).

2.1.1 Kategoriale Füllung

- Lexikalische Kategorien:
  - flektierbar: Verb, Adjektiv, Substantiv, Pronomen, Artikel (→ 2.2.4.1-2.2.4.5, S. 33-37).
  - nicht flektierbar (Partikeln): Adverb, Proadverb; Präposition, koordinierende Konjunktion, subordinierende Konjunktion, Gradpartikel, Modalpartikel, Vergleichspartikeln, Steigerungspartikeln (→ 3.5.1,-3.5.9 S. 101-113) usw.
- Phrasenkategorien: NP, PP, VP, Satz (→ 2.2.5, S. 39-42).

2.1.2 Morphologische Markierung

- Verb-Morphologie (Konjugation): Person (Ps.), Numerus (Num.), Tempus (Temp.), Modus (Mod.), Genus Verbi (→ 2.3.2, S. 43).
- Morphologie von Bestandteilen einer NP (Deklination): Genus, Numerus, Kasus (→ 2.3.3, S. 44f.).
- morphologische »Fernwirkungen«:
  - Rektion: asymmetrische morphologische Bestimmung, z.B. zwischen Verb und Kasus des Objekts (→ 2.3.4.2, S. 46).
  - Kongruenz: symmetrische morphologische Beziehung, z.B. zwischen Subjekt und Verb bzgl. Person und Numerus, zwischen den Bestandteilen einer NP (→ 2.3.4.1, S. 45f.).

2.1.3 Topologische Markierung

- Verbstellung: finites Verb in Erst-, Zweit- und Letztstellung (→ 2.4.1, S. 47-50).
- Klammerstruktur: klammeröffnender und -schließender Ausdruck (→ 2.4.2 S. 50-54).
- Stellungsfelder: Vorfeld, Mittelfeld, Nachfeld (Ausklammerung) (→ 2.4.3, S. 54-57).
- Satzgliedfolge im Stellungsfeld (v.a. im Mittelfeld) (→ 2.4.5, S. 58f.).
- Wortfolge im Satzglied (→ 2.4.6, S. 59f.).
- Partikel-Positionen.
- Herausstellungsstrukturen (alle Themen in Altmann/Hofmann ^{2}2008).

2.1.4 Intonatorische Markierung

- Akzent: Wort-, Phrasen- und Satzakzent (→ 2.5.1, S. 62-65):
  - fokale Akzente: kontrastiv, nichtkontrastiv, emphatisch.
  - nichtfokale Akzente: Topik-Akzent, Exklamativ-Akzent.
- Pausen: zwischen Wörtern, Phrasen, Sätzen (→ 2.5.2, S. 65f.).
- Tonmuster: Typ des Tonverlaufs zwischen Satzpausen, nämlich fallend, steigend, gleichbleibend (→ 2.5.3, S. 66f.).

2.2 Syntaktische Kategorien

2.2.1 Ein Gedankenspiel

Eine Überlegung vorweg: Wissen wir, wenn wir ein Wort lesen oder hören, immer genau, welcher **Wortart** es angehört? Zunächst einmal ist ja noch nicht sicher, dass man auch als sprachwissenschaftlich nicht vorgebildeter Sprecher/Hörer über ein Wortartensystem verfügt. Aber wir möchten behaupten, dass man, auch ohne entwickelte Terminologie, ein intuitives Wissen über die Zugehörigkeit von Wörtern zu Paradigmen und damit zu morphologisch gekennzeichneten Wortarten hat.

Ein Beispiel: Gegeben sei die Lautform ['fɪʃə]. Die Frage ist dann, ob das ein Wort (genauer: eine mögliche Wortform) ist, und wenn ja, wie sie verwendet werden kann. Meist werden dann Beispielsätze geboten wie:

(2-1) *Die Fische leben im Wasser.*

Das ist die Form des Nominativ Plural eines Substantivs, typischerweise als Subjekt gebraucht. Sehr viel seltener kommen Beispiele, in denen diese Wortform als Akkusativ Plural verwendet wird, z.B.

(2-2) *Fischers Fritz fischt frische Fische.*

Und beim Betrachten dieses Beispiels kommen wir vielleicht auch auf die Idee, dass man *fische* auch als Verb gebrauchen kann, wie in dem Beispiel

(2-3) *Fische du nur ruhig im Trüben!*

Und wenn wir weiter nachdenken, kommen wir vielleicht auch darauf, dass das auch noch die 1.Ps.Sg.Ind.Präs.Akt. *ich fische* sowie die 3.Ps.Sg.Konj.Präs. Akt. *Er sagte, er fische* sein kann. Wenn man nicht gerade ein Bayer ist, dann kommt man evtl. auch noch auf den Dat. Sg. *Dem Fische kann nicht geholfen werden.* Gleiches kann man vielleicht auch bei einer Wortform wie *liebe* versuchen, oder bei *ausgerechnet.*

2.2.2 Verwendung der syntaktischen Mittel zur Wortartenklassifikation

Schon bei kurzer Betrachtung des deutschen Wortschatzes stellen wir fest, dass keineswegs alle Wörter flexivisch verändert werden können. Wir verschieben die Betrachtung dieser unveränderlichen Wörter, auch Partikeln genannt, zunächst einmal.

Bei den **flektierbaren** gibt es solche, die einem **verbalen** Flexionssystem angehören, auch **Konjugation** genannt. Die morphologischen Kategorien sind Person, Numerus, Modus, Tempus und Genus Verbi.

Ein **Verb** (→ 2.2.4.1 S. 33f.) ist also – im besten Fall – ein Wort, das das gesamte verbale Flexionsparadigma aufweist. Allerdings gibt es auch einige problematische Fälle, z.B. Verben wie *staubsaugen, fernsehen, spritzlöten* usw. Versucht man sie zu konjugieren, so stellt man bald fest, dass die finiten Formen hier oft nicht sehr plausibel sind: *ich sehe fern* vs. **ich lötete spritz* oder **ich spritzlötete*. Dagegen sind korrekt: *(Das) Spritzlöten ist eine Technik zum Verbinden sehr dünner Bleche. Spritzgelötete Bleche sind normal belastbar.* Es treten also nur die infiniten Formen auf, und diese sind substantivisch und adjektivisch verwendet. Es handelt sich hier um sog. »defektive Verben«: Sie weisen kein vollständiges Paradigma auf und sind deswegen auch nicht in allen verbalen Verwendungsweisen möglich. (siehe Altmann/Kemmerling ²2005, 2.5.7. S. 93).

Bei den **deklinierbaren** Wörtern hört man keineswegs auf dieser Ebene der Unterscheidung auf, sondern zieht weitere morphologische Merkmale zur Subkategorisierung heran. Üblicherweise dient das Merkmal der **Komparierbarkeit** (→ 2.3.3.5, S. 45), also die Möglichkeit der Bildung von Komparativ und Superlativ neben dem sog. Positiv, z.B. *schön, schöner, am schönsten,* zur Abgrenzung der **Adjektive** (→ 2.2.4.2, S. 34f.). Aber dabei handelt es sich um ein problematisches Merkmal, einmal, weil keineswegs alle Adjektive komparierbar sind, z.B. die sog. absoluten Adjektive wie *tot, hölzern* (in der nicht-übertragenen Bedeutung), und andererseits einige Adverbien wie *oft* komparierbar sind.

Wir schlagen deshalb vor, die Adjektive dadurch von den übrigen deklinierbaren Wortarten abzutrennen, dass man das Merkmal der **Flexionsklassenflexibilität** heranzieht: Adjektive können in pränominaler attributiver Verwendung sowohl stark als auch schwach als auch gemischt flektiert werden, je nachdem, ob kein Artikel oder ein definiter oder indefiniter Artikel vorausgeht:

(2-4) *das schöne Wetter, kein schönes Wetter, schönes Wetter ...*

Nun kommen starke, schwache und gemischte Deklination auch bei Substantiven vor, aber ein einzelnes Substantiv gehört immer nur einer Deklinationsart an. Mit diesem morphologischen Merkmal wird eine syntaktisch homogene Wortmenge abgegrenzt. Die typischen adjektivischen Verwendungen wie pränominales und postnominales Adjektiv-Attribut, modal-adverbiales Adjektiv, prädikatives Adjektiv und prädikatives Attribut sind bei fast allen derart abgegrenzten Adjektiven möglich:

(2-5) *das kranke Kind, Escorial grün* (attributiv)

(2-6) *Das Kind ist krank.* (präd.)/*Das Kind geht langsam.* (mod.advb.)

(2-7) *Das Kind kommt krank nach Hause.* (prädikatives Attribut)

Ganz ähnlich verhalten sich in syntaktischer Hinsicht die **Präsens-Partizipien** (Part. I). Sie sind Verben direkt zugeordnet, treten aber im Standard-Deutschen nicht in eigentlichen Verbfunktionen auf, also z.B. in einer komplexen Tempusform, im Gegensatz etwa zum Bairischen, wo es folgende regelhafte Struktur gibt (»=« für die klitische Bindung):

(2-8) [dɔː ˈiːs=ɐ ˈlaufɐd βon] ›da ist=er laufend worden‹

was etwa bedeutet: ›Da hat er sich allmählich in Bewegung gesetzt‹. In dieser Hinsicht also müsste man das Suffix *-end* als Wortbildungssuffix zur Ableitung von deverbalen Adjektiven einordnen. Auch für diese Part. I gilt, dass sie attributiv und adverbial verwendbar sind, aber nicht prädikativ. (→ Altmann/Kemmerling 2005, 1.4.8, S. 37).

Und nun wollen wir auch noch einen Blick auf die **Perfekt-Partizipien** (Part. II) werfen, also Formen wie *gelaufen, gefragt.* Auch sie sind überwiegend Verben zuzuordnen, und sie treten auch in verbalen Formen auf, z.B. in Perfekt, Plusquamperfekt, Futur II sowie in Passiv-Formen. Insofern gehört diese Form zum verbalen Paradigma. Aber in flektierter Form können sie auch wie Adjektiv-Attribute auftreten, normalerweise aber nicht als prädikative Adjektive, es sei denn, die Partizip-Form hat sich semantisch vom Bezugsverb getrennt und ist wirklich zum Adjektiv geworden (z.B. *(un)verschämt/er/est*).

Blickt man nun auf die Substantive, so kann man gleich einleitend konstatieren, dass zwischen Adjektiven und Substantiven ein offener Übergang besteht. Fast alle Adjektive sind auch substantiviert verwendbar, einfach durch Verwendung als substantivischer Kern einer NP, begleitet von einem Artikel. Nun also zu der Abgrenzung der **Substantiva** (→ 2.2.4.3, S. 35). Die – offene – Grenze zu den Adjektiven wurde bereits erwähnt, auch das Trennkriterium der (fehlenden) Komparierbarkeit, doch sollte hier immerhin angemerkt werden, dass natürlich komparierte Adjektive auch substantiviert auftreten können: *der Schönere, das Beste an dieser Sache.* Wir stützen uns hier, wie erwähnt, auf das Kriterium der Flexionsklassenflexibilität. Nun umfasst aber die verbleibende Gruppe auch Elemente, die wegen ihres syntaktischen Verhaltens ausgegliedert werden sollten, nämlich die Artikel, die nie als Kern einer NP auftreten können, sondern nur als Begleiter, und die Pronomina, die in typisch pronominaler Verwendung eine ganze NP ersetzen können. Wir wollen die morphologische Markierung so weit wie möglich als Trennkriterium ausreizen und schlagen deshalb nicht die Artikelfähigkeit als Trennkriterium vor, sondern Genus als Flexionskategorie. Genus ist beim Substantiv keine morphologische Kategorie, sondern ein inhärentes lexikalisches Merkmal. Man kann das Genus eines Substantivs verändern, ohne dass sich an der Flexion des Substantivs etwas ändert, z.B. *das Radio/der Radio* (bair.), *der Teller/das Teller, der Teil/das Teil.*

Im Gegensatz dazu indiziert der **Artikel** (→ 2.2.4.5, S. 36f.; 3.4.3, S. 98f.) das Genus morphologisch, so dass er mit einem gewissen Recht auch Geschlechtswort genannt worden ist. Aber einige Wermutstropfen fallen schon in diesen Kelch: Der definite Artikel ist im Plural genusindifferent, hat also nur eine Form pro Kasus: *die, der, den, die.* Beim indefiniten Artikel sind im Singular die masc. und die neutr. Form nur im Akkusativ unterschieden: *einen*

Mann, ein Kind. Der Plural fehlt. Damit sind aber aus syntaktischer Sicht die möglichen Artikel-Formen noch nicht erschöpft. In Frage kommen noch u.a. die Possessiv-Pronomina *mein/dein/sein.* Doch sie zeigen zwar genusspezifische Flexionsmerkmale, aber keine Genusflexion im engeren Sinn. Gleiches gilt auch für Pronomina und Quantoren (→ 3.4.4, S. 99f.), soweit sie pränominal als Substantiv-Begleiter verwendet werden, also z.B. *alle, sämtliche, manche, einige, beide;* nicht zuletzt deshalb werden sie auch oft den pränominalen Adjektiv-Attributen zugeordnet. Doch die meisten Quantoren werden pluralisch verwendet, und da haben auch die typischen Artikel keine Genusunterscheidung. Die singularisch verwendbaren hingegen haben diese Unterscheidung: *irgendeiner/irgendeine/irgendein, jeder/jede/jedes; jener/jene/jenes; dieser/ diese/dieses.* – Damit ist man auch schon bei den **Pronomina** (→ 2.2.4.4, S. 34) in der eigentlich pronominalen Verwendung als Vertreter von NP. Bei den Personalpronomina zeigen die 1. und 2. Ps.Sg. und Pl., die eigentlich Rollendeiktika und keine (anaphorischen) Pronomina sind, keine Genusformen, die 3.Ps. Sg. mit *er/sie/es* aber sehr wohl, doch nicht im Pl. *jener/dieser* usw. verhalten sich in dieser Hinsicht wie *er/sie/es.* Aber es gibt auch ganz schwierige Fälle: Das *w*-Pronomen etwa unterscheidet masc. und fem. nicht, *(wer/ wessen/wem/wen)*, die Form des Neutrums ist hochgradig defektiv. Gegen die üblichen Darstellungen soll festgehalten werden, dass es hier nur die Form *was* gibt, die für Nom. und Akk. verwendet wird, aber keine Genitiv- und Dativ-Formen. Bei *man* ist schließlich die Verwendung völlig auf den Nominativ beschränkt, ohne jede Genusunterscheidung.

Obwohl also die Problematik gerade erst angedeutet wurde, ist doch schon klar, dass das Kriterium der Genusmarkierung allenfalls einen sehr schmalen prototypischen Kern der Pronomina und Artikel auszeichnet. Für die wünschenswerte Trennung von Artikel und Pronomina gibt das Kriterium gar nichts her.

Der Blick auf die **nicht-flektierbaren** Wörter und deren Klassifikationsprobleme kann nicht so ausführlich ausfallen, zumal die Probleme hier noch wesentlich größer sind und sich erst in jüngster Zeit eine Art Konsens ausgebildet hat. – Es versteht sich, dass bei morphologisch unveränderlichen Wörtern die Morphologie kein Klassifikationskriterium sein kann – oder doch? Die **Präpositionen** (→ 3.5.3, S. 103f.) weisen zwar keine Flexion auf, sie bestimmen aber qua Rektion die Kasusform der zugehörigen NP. Genauer: Sie verlangen einen obliquen Kasus. Mit diesem Kriterium sind die **Vergleichspartikeln** (→ 3.5.5, S. 105) *als* und *wie* aus dieser Gruppe ausgegliedert: Sie zeigen keine Rektion, sondern die von ihnen verbundenen NP zeigen via Kongruenz gleichen Kasus, natürlich auch Nominativ.

Wesentlich schwieriger sind die **Modalpartikeln** (→ 3.5.7, S. 108f.) abzugrenzen. Sie sind erst seit ca. 25 bis 30 Jahren ein Thema in der Forschung, und das ist eine sehr kurze Zeit. Sie sind morphologisch unveränderlich und haben auch keine morphologischen Fernwirkungen wie Rektion und Kongruenz. Die Kategorie Modalpartikel kann also nur aufgrund syntaktischer Eigenschaften der Verwendung, also der syntaktischen Funktion Modalpartikel identifiziert werden. Bei genauer Betrachtung zeigt sich, dass die Modalpartikel-Verwendung essentiell mit Satztypen (oder Aussageweisen, die mit diesen Satztypen verknüpft sind) zu tun hat, aber nicht in dem Sinn, dass sich die Teilmengen nicht gegenseitig überlagern.

(2-9) *doch, eben, halt, ja, schon, wohl* (Verb-Zweit-Aussagesatz)
(2-10) *auch, denn, etwa, eigentlich, wohl* (Verb-Erst-Fragesatz)
(2-11) *bloß, denn, doch, nur, schon, wohl* (*w*-Verb-Zweit-Fragesatz)
(2-12) *bloß, doch, eben, halt, nur, JA, schon* (Verb-Zweit-Imp.-Satz)
(2-13) *bloß, doch, nur* (V-1-Wunschsatz)
(2-14) *aber, auch, doch, vielleicht* (Exklamativsätze)

Diese Zuordnung zu Satztypen (→ 7., S. 157-167) ist also bereits ein wichtiges Merkmal zur Abgrenzung der Gruppe der Modalpartikeln. – Auf einen besonders schwierigen Punkt soll noch hingewiesen werden: Alle Wörter, die als mögliche Modalpartikeln angeführt wurden, treten noch in anderen syntaktischen Funktionen auf, z.B. *nur, auch* in Gradpartikel-Funktion. Je nach Funktion haben diese Partikeln unterschiedliche Bedeutung, wobei diese Bedeutung denkbar schwer zu fixieren ist, und damit stellt sich die Frage, ob es sich überhaupt um ein Wort mit einer Kategorie und mehreren syntaktischen Funktionen handelt, oder aber um mehrere homonyme Wörter mit je einer syntaktischen Funktion. Bei den Partikeln scheint es also plausibel, Kategorie und Funktion parallel zu konstruieren, d.h. die genaue Partikelkategorie ergibt sich immer erst aus der jeweiligen Funktion im syntaktischen Kontext.

2.2.3 Wortartenklassifikation

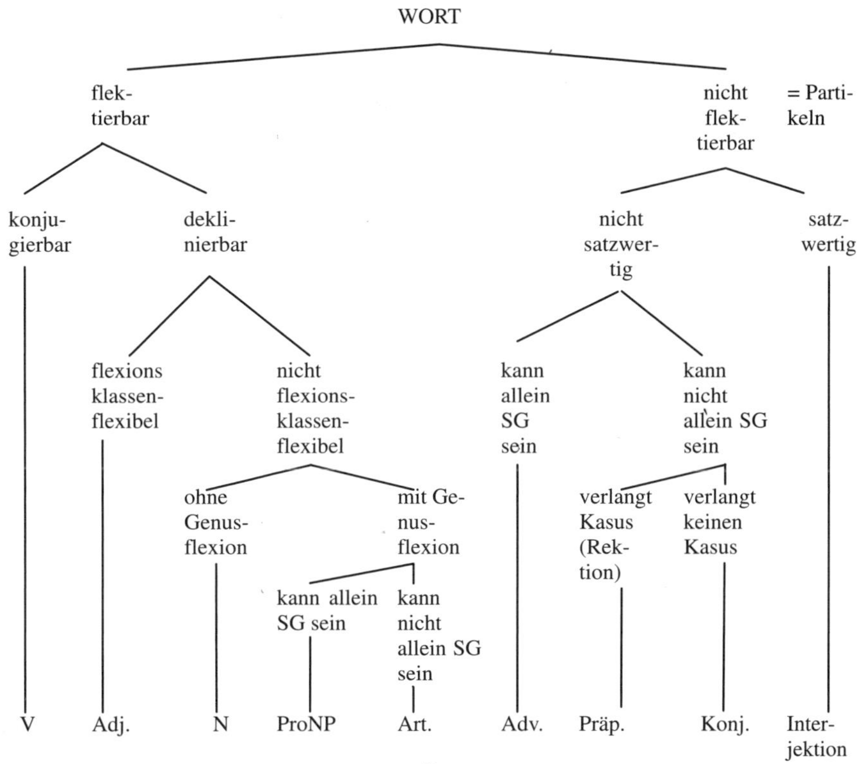

Das Schema gibt nur einen groben Überblick und ist auch nicht annähernd vollständig.

Literaturhinweise:

Busse, D. (1997): Wortarten und semantische Typen. Überlegungen zu den Grundlagen der lexikalisch-syntaktischen Wortarten-Klassifikation. – In: Dürscheid, Chr. e.a. (Hgg..), Sprache im Fokus. FS H. Vater (Tübingen: Niemeyer), S. 219-240.

Hoffmann, L. (Hg.) (2007): Handbuch der deutschen Wortarten. – Berlin etc.: de Gruyter. (= de Gruyter Lexikon)

2.2.4 Lexikalische Kategorien

2.2.4.1 Verb (V)

Durch die morphologischen Eigenschaften gut abgrenzbare Kategorie mit weitgehend stabilen Eigenschaften. Allerdings gibt es relativ viele defektive Verben.

- morphologische Markierung: Konjugation = Person + Numerus + Modus + Tempus + Genus Verbi. Beachte defektive Verben (= ohne vollständiges Paradigma: **ich notlande/lande not, *ihr prämienspart/spart prämien).*
- morphologische Fernwirkung: Rektion (→ 2.3.4.2, S. 46): *Jemand gibt jemandem etwas; jmd. erinnert sich einer Sache/jmd. erinnert sich an etwas* (nicht bei 0-wertigen Hauptverben, bei Modal-, Kopula-, Hilfsverben).
- Subkategorisierung nach den möglichen syntaktischen Funktionen:
  - Hauptverb (→ 3.1.1, S. 70): *regnen, fliegen, plappern, sich erinnern.*
  - Hilfsverb (→ 3.1.2, S. 70f.): *sein, haben, werden, bekommen, kriegen.*
  - Kopulaverb (→ 3.1.3, S. 71): *sein, werden, bleiben.*
  - Modalverb (→ 3.1.4, S. 71f.): *sollen, können, müssen, dürfen, wollen, werden* (?), *brauchen* (?).

Diese vier Gruppen werden hier, gegen die übliche Praxis, als syntaktische (Sub-)Funktionen betrachtet, nicht als Subkategorien, da die Zugehörigkeit zu einer dieser Gruppen erst im konkreten Gebrauch ersichtlich wird, und da sonst zahlreiche Verben mehreren Subkategorien angehören würden, z.B. *sein* den Haupt-, Hilfs- und Kopulaverben. – Eine gemeinsame Eigenschaft der Verben ist, dass sie Valenz haben (→ 5.1, S. 123ff.).

Literaturhinweis:

Bredel, U./Töpler, C. (2007): Verb. – In: Hoffmann, L. (Hg.), Handbuch der deutschen Wortarten (Berlin etc.: de Gruyter), S. 823-901. (= de Gruyter Lexikon)

2.2.4.2 Adjektiv (Adj.)

Durch die morphologischen Eigenschaften gut abgrenzbare Kategorie mit weitgehend stabilen Eigenschaften. Problematisch ist die Abgrenzung von Partizip I und II. Die Partizipien gelten als nicht komparierbar/mit *un-* präfigierbar.

- morphologische Markierung: **stark** (st.) (in NP ohne Artikel), **schwach** (sw.) (in NP mit definitem Artikel) und **gemischt** (gem.) (in NP mit *ein, kein* und Poss.Pron.); deklinierbar und komparierbar (nur relative Adjektive); nicht-komparierbare absolute Adj. (*tot, verheiratet, ledig* usw.: *Karl ist *verheirateter*). Beachte defektive Adjektive (treten nur in prädikativer Funktion auf): *abhold, abspenstig, allein, angst, anheischig, ausfindig, barfuß, egal, einerlei, eingedenk, feind, gar, getrost, gewahr, gewillt, gram, handgemein, leid, los, pleite, quitt, schade, schuld, teilhaftig, untertan, vorstellig, wett, zugetan* usw.
- morphologische Fernwirkung: In prädikativer Verwendung (und in darauf basierenden Adjektivphrasen) haben manche Adjektive kasusfordernde Valenz, also Rektion (→ 2.3.4.2, S. 46): *einer Sache würdig sein, jemandem dankbar sein/der seinem Retter dankbare Schwimmer.*
- mögliche syntaktische Funktionen:
  - attributiv: *der schnelle Otto* (pränominal kongruent zur Kern-NP, stark/

schwach/gemischt flektiert je nach Artikel); *Tchibo mild* (postnominal, unflektiert); nicht möglich bei *allein, entzwei* usw.
- prädikativ: *Klara ist tüchtig* (unflektiert); nur prädikativ verwendbar: *quitt, futsch, gram, untertan, zugetan* usw. (siehe oben!)
- (modal)adverbial: *Der Wagen fährt schnell* (unflektiert, ohne Adverb-Endung. Deshalb ist es hier nicht sinnvoll, von einem Adjektiv-Adverb zu sprechen).
- als prädikatives Attribut: *Karl trifft Maria allein im Park*; als Resultativ: *Anja streicht die Wände pink.*

Literaturhinweise:

Eichinger, L. M. (2007): Adjektiv (und Adkopula). – In: Hoffmann, L. (Hg.), Handbuch der deutschen Wortarten (Berlin etc.: de Gruyter), S. 143-188.(= de Gruyter Lexikon)

Eisenberg, P. (2002): Morphologie und Distribution – Zur Morphosyntax von Adjektiv und Adverb im Deutschen. – In: Schmöe, F. (Hgg.): Das Adverb – Zentrum und Peripherie einer Wortklasse (Wien: Edition Praesens), S. 61-76.

2.2.4.3 Substantiv (N)

Durch die morphologischen Eigenschaften relativ gut abgrenzbare Kategorie mit weitgehend stabilen Eigenschaften. Problematisch sind die substantivischen Verwendungen von Adjektiven, Infinitiven und Adverbien.

- Subkategorien:
  - Eigennamen: *Florian, Gödel, F. J. Strauß, Karl der Große* (meist ohne Artikel).
  - Stoffnamen: *Mehl, Holz, Wasser im Urzustand* (nur im Singular).
  - Abstrakta: *Klugheit, Eigensinn, Respekt.*
  - Gattungsnamen: *Wale sind Säugetiere.*
  - indefinite Pluralia: *Leute (im Voralpenland)* (ohne Artikel).
- morphologische Markierung: deklinierbar nach den Kategorien Kasus und Numerus. Genus ist keine morphologische, sondern eine lexikalische Kategorie von N (bis auf wenige Ausnahmen, siehe Movierungssuffixe: Altmann/Kemmerling [2]2005, 3.9.2.3.f., S. 116).
- morphologische Fernwirkung: v.a. in prädikativer Verwendung (und darauf beruhenden Verwendungen) haben manche Substantiva kasusfordernde Valenz und damit Rektion (→ 2.3.4.2, S. 46), v.a. deverbale Abstrakta: *Hoffnung auf etwas.*
- mögliche syntaktische Funktionen: als Kern/»Kopf« einer NP.

Literaturhinweise:

Meineke, E. (1996): Das Substantiv in der deutschen Gegenwartssprache. – Heidelberg: Winter (= Monographien zur Sprachwissenschaft 17).

Thielmann, W. (2007): Substantiv. – In: Hoffmann, L. (Hg.), Handbuch der deutschen Wortarten (Berlin etc.: de Gruyter), S. 791-822. (= de Gruyter Lexikon)

2.2.4.4 Pronomen (ProNP)

Eine Kategorie mit vielen – oft recht heterogenen – Subkategorien. Die genaue Abgrenzung zwischen Kategorie und Funktion ist etwa bei *der/die/das* (Artikel, Demonstrativ-, Relativ-Pronomina) schwierig. Deiktika sind eigentlich keine Proformen, werden aber wegen ihrer morphologischen Eigenschaften traditionell den Pronomina zugeordnet.

- Subkategorien:
  - Personal-Pronomen: *er, sie, es* (masc./fem./neutr. Sg.); *sie* (Pl.).
  - Rollendeiktika: *ich, du, wir, ihr.*
  - Demonstrativ-Pronomina: *der/die/das, dieser, jener, derjenige.*
  - Indefinit-Pronomina wie *jemand, man, etwas* und indefinite Quantoren wie *jeder, alle, nichts, viele, einige, manche.*
  - Reflexiv-Pronomen: nur *sich;* bei *mich/dich* usw. handelt es sich um reflexiv gebrauchte Personalpronomina (→ 8.2, S. 170).
  - Reziprok-Pronomen: *einander.*
  - *w*-Pronomen (als Frage-, Relativ-, Exklamativ-Pronomen gebraucht): *wer, welcher.*
  - *d*-Pronomen (als Relativ-/Demonstrativ-Pronomen gebraucht): *der, die.*
- morphologische Markierung: deklinierbar (Pronominal-Flexion), meist mit den Kategorien Kasus, Numerus und Genus;
  Achtung: Indeklinable wie *man* (nur Subj.), *es, was* (Subj. u. Akk.Obj.).
- keine Valenz und damit keine morphologische Fernwirkung.
- mögliche syntakt. Funktionen: für eine NP (in den unterschiedlichsten syntakt. Funktionen), jedoch nicht die (Rollen-)Deiktika; meist nicht attribuierbar; die Quantoren verhalten sich teilweise artikelähnlich: *jeder Mensch*, oder attributähnlich: *ein jeder <u>gute</u> Mensch* (antiquiert).

Literaturhinweise:

Ballweg, J. (1996): Determinative und gleichlautende Pronomina. – In: Pérennec, M.-H. (Hgg.): Pro-Formen des Deutschen (Tübingen: Stauffenburg), S. 1-12.

Graefen, G. (2007): Pronomen. – In: Hoffmann, L. (Hg.), Handbuch der deutschen Wortarten (Berlin etc.: de Gruyter), S. 657-706.(= de Gruyter Lexikon)

Zifonun, G. (2002): Das Pronomen. Teil I: Überblick und Personalpronomen. – Tübingen: Narr. (= Grammatik des Deutschen im europäischen Vergleich)

2.2.4.5 Artikel/Determinator (Art./Det.)

Es könnte sein, dass es sich primär nicht um eine Kategorie, sondern um eine syntakt. Funktion von Pronomina, Quantoren etc. handelt (→ 3.4.3, S. 96f.).

- Subkategorien:
  - definit: *der, die, das.*
  - indefinit: *einer, eine, ein; irgendein.*
  - möglicherweise auch quantifizierende: *jed-, all-, manch-.*

- morphologische Markierung: Pronominal-Flexion mit Kasus, Numerus und Genus, gesteuert via Kongruenz (bei Genus: Rektion) innerhalb einer NP.
- mögliche syntaktische Funktionen: nur Artikel (!) = Kategorie nach Funktion.

Literaturhinweise:

Hoffmann, L./Kovtun, O. (2007): Determinativ. – In: Hoffmann, L. (Hg.), Handbuch der deutschen Wortarten (Berlin etc.: de Gruyter), S. 293-356.(= de Gruyter Lexikon). [Darin umfangreiche Literaturhinweise]

Schwartz, L. (2000): Pronoun and article. – In: Booij, G./Lehmann, C./Mugdan, J. (Hgg.): Morphologie: Ein internationales Handbuch zur Flexion und Wortbildung, 1. Halbband (Berlin, New York: de Gruyter), S. 783-794.

Vater, H. (2001): Die Einsamkeit des »unbestimmten Artikels«. – In: Adamzik, K./Christen, H. (Hgg.): Sprachkontakt, Sprachvergleich, Sprachvariation. FS für G. Kolde zum 65. Geburtstag (Tübingen: Niemeyer), S. 379-397.

Vater, H. (2002): The word class »Article«. – In: Job, M./Lutzeier, P. R. (Hgg.): Lexikologie – Lexicology. Ein internationales Handbuch zur Natur und Struktur von Wörtern und Wortschätzen (Berlin, New York: de Gruyter), S. 621-628.

2.2.4.6 Adverb (Adv.)

Durch weitgehend fehlende morphologische Merkmale schwierig abzugrenzende Kategorie, v.a. gegenüber defektiven (nicht-flektierenden) Adjektiven wie *allein, entzwei* (→ 2.2.4.2, S. 34f.) und verschiedenen Partikel-Klassen (→ 3.5, S. 100-113).

- Formale Subkategorien: nach der Wortbildungsweise:
  - reine Adverbien: *gestern* (deiktische Adverbien), *gern, bald, überall, immer.*
  - Pro-Adverbien: *dort, dann, damals* usw.
  - »Präpositionaladverbien«, auch Pronominal-Adverbien (deikt. Adverb + Präposition): *dadurch, damit, hiermit, wofür* etc. Beachte Verwendung als Korrelat für extraponierte Präp.Obj.-Sätze (insofern Fehlbenennung).
  - Frageadverbien und Relativadverbien: *wann, wo, wie, wohin, woher* etc.
- Semantische Subkategorien: wenig Wert für die Syntax, ganz unterschiedliche Taxonomien.
  - Direktional-Adverbien: *dorthin, hinaus.* (Frage: *Woher? Wohin?*)
  - Lokal-Adverbien: *hier, dort, überall.* (Frage: *Wo?*)
  - Temporal-Adverbien: *dann, jetzt, abends, bald.* (Frage: *Wann?*)
  - Durativ-Adverbien: *bisher, lange, immer.* (Frage: *Wie lange?*)
  - Iterativ-Adverbien: *oft, manchmal.* (Frage: *Wie oft?*)
  - Modal-Adverbien: *so, genug, gern.* (Frage: *Wie?)*
  - Kausal-Adverbien: *daher, folglich.* (Frage: *Warum?*)
- morphologische Markierung: nicht flektierbar; einige wenige Adverbien sind komparierbar: *bald/eher/am ehesten, gern/lieber/am liebsten, viel/sehr/mehr/am meisten; oft – öfter*. Insofern keine Partikeln.

- mögliche syntaktische Funktionen: adverbial, prädikativ und attributiv: *er läuft dort – er ist dort – der Hund dort/dort der Hund.* Nicht alle Adverbien können alle diese Funktionen erfüllen. Subkategorien:
  - adverbial + prädikativ + attributiv: *dort, hier, da, draußen, drinnen, drüben, damals, gestern, morgen, heute* etc.
  - adverbial + attributiv: *dorthin, irgendwohin* etc.
  - adverbial + prädikativ: *anders, ebenso, so* etc.
  - nur adverbial: *dann, endlich, bald, viel* etc.
- die oft angeführten Kriterien (Vorfeldfähigkeit, Erfragbarkeit, Satzgliedwertigkeit) sind tatsächlich Eigenschaften der adverbialen Funktion, nicht der Kategorie Adverb (vgl. die Merkmale der attributiven Funktion).

Literaturhinweise:

Altmann/Kemmerling (^{2}2005), Kap. 5 zur Wortbildung der Adverbien, S. 153-168.

Eisenberg, P. (2002): Morphologie und Distribution – Zur Morphosyntax von Adjektiv und Adverb im Deutschen. – In: Schmöe, F. (Hgg.): Das Adverb – Zentrum und Peripherie einer Wortklasse (Wien: Edition Praesens), S. 61-76.

Hoffmann, L. (2007): Adverb. – In: Hoffmann, L. (Hg.), Handbuch der deutschen Wortarten (Berlin etc.: de Gruyter), S. 223-264. (= de Gruyter Lexikon)

Pittner, K. (2002): Adverbien der Art und Weise im Deutschen und Englischen: zu ihrer Stellung und Interpretation. – In: Schmöe, F. (Hgg.): Das Adverb – Zentrum und Peripherie einer Wortklasse (Wien: Edition Praesens), S. 43-59.

Rauh, G. (1999): Adverb oder Präposition? Von der Notwendigkeit einer Abgrenzung von Wortarten und grammatischen Kategorien und der Gefahr einer terminologischen Falle. – In: Eggers, E./Becker, J. (Hgg.): Florilegium linguisticum. FS für W. P. Schmid zum 70. Geburtstag (Frankfurt a. M.: Peter Lang), S. 367-392.

Schmid, W. P. (2001): Adverb und Adverbiale im Deutschen. – In: Schierholz, S. J. (Hgg.): Die deutsche Sprache in der Gegenwart. FS für D. Cherubim zum 60. Geburtstag (Berlin, Frankfurt a. M.: Peter Lang), S. 181-186.

2.2.4.7 Partikeln

Als Partikeln (im weitesten Sinn) gelten traditionell alle morphologisch nicht veränderbaren Wörter (soweit sie nicht als defektive Lexeme den Hauptwortarten zugeordnet werden, z.B. *allein, lila* zu den Adjektiven). Da diese Gruppe sehr groß und heterogen ist, hat man schon sehr früh versucht, Teilgruppen mit gut identifizierbaren Merkmalen (ihrer syntaktischen Funktionen!) herauszulösen, so die Adverbien, die koordinierenden und subordinierenden Konjunktionen, die Präpositionen. Die verbleibende Menge hat man dann jeweils als Partikeln im engeren Sinne bezeichnet. Diese hat man dann weiter anhand ihrer syntaktischen Funktionen aufzuspalten versucht. – Für die Restklasse der Partikeln kann man kaum gemeinsame syntaktische Merkmale angeben, deswegen hat man meist sehr vage semanto-pragmatische Eigenschaften vorgeschoben. – Da wir der Überzeugung sind, dass die Partikelsubkategorien nur parallel zu den syntaktischen Funktionen gebildet werden können, verzichten wir hier auf eine Darstellung und verweisen auf den Abschn. 3.5, S. 100-113.

2.2.5 Phrasenkategorien

2.2.5.1 Satzkategorie (S)

Folgende Strukturen sind zu unterscheiden:

- **satzförmig**: diese Strukturen bestehen aus einem regierenden (finiten) engen Verbalkomplex (einschließlich Prädikativ) und mindestens seinen (obligatorischen) Ergänzungen.
- **satzwertig** (aber nicht satzförmig): Diese Strukturen zeigen einige Merkmale eines Satzes (z.B. selbstständiges Tonmuster; → 2.5.3, S. 66f.), es fehlen aber an sich obligatorische (ergänzbare) Teile, z.B. bei Infinitiv-Gruppen Subjekt + Finitheit des Verbs (→ 6.5.7, S. 154f.), bei Koordination (fast) beliebige Teile, die aber ergänzt werden können (→ 6.2.4ff. S. 144ff.); daneben gibt es sog. infinite Hauptsatz-Strukturen (→ 7.2.6, S. 165f.), die nicht zu vollständigen Sätzen ergänzt werden können/dürfen.

  (2-15) *Er hasst es, <u>in die Uni (zu) gehen.</u>* (Infinitiv-Gruppe als Akk.Obj.)

  (2-16) *<u>Die Uni schwänzen</u> möcht ich heute schon ganz gern.* (Vollverbinfinitiv + finites Modalverb: e i n Verbalkomplex)

  (2-17) *Ja./Nein./Doch./Schon.* (Antwortpartikeln)

  (2-18) *Echt ätzend./Freilich./Nicht wahr?/Guten Tag!*

  (2-19) *Zurückbleiben!/Rasen nicht betreten!* (infinite Hauptsatz-Struktur)

Satzförmige Strukturen können nach den unterschiedlichsten Kriterien eingeteilt werden, z. B.

- uneingeleitet vs. eingeleitet (durch subordinierende Konjunktion): Uneingeleitete Sätze haben Verb-Erst- oder Verb-Zweit-Stellung. Die meisten uneingeleiteten Sätze sind selbstständig. Ausnahmen (→ 6.4.2, S. 148f.) bilden uneingeleitete Konditional-Sätze (2-20) und Verb-Zweit-Sätze nach verba dicendi et sentiendi (2-21).

  (2-20) *<u>Wäre jetzt nicht Seminar,</u> könnte ich im Biergarten sitzen.*

  (2-21) *Er sagte/meinte/fühlte, <u>es könne nur noch besser werden.</u>*

  Mit subordinierender Konjunktion eingeleitete Sätze haben Verb-Letzt-Stellung (→ 6.4, S. 147ff.).

  (2-22) *<u>Weil ich in die Uni muss,</u> kann ich nicht zum Baden gehen.*
- nach der Valenz (→ 5.1, S. 123-126) des regierenden Verbs/Prädikativs: (in)transitive Sätze.
- nach dem Satzmodus: Aussage-, Frage-, Imperativ-, Wunsch-, Exklamativ-Satz (→ 7., S. 157-166).

Literaturhinweis:

Ehlich, K. (1992): Zum Satzbegriff. – In: Hoffmann, L. (Hg.), Deutsche Syntax. Ansichten und Aussichten (Berlin: de Gruyter), S. 386-395.

2.2.5.2 Verbalphrase (VP)

Die Verbal-Phrase besteht aus verbalen Teilen (dem »engen« Verbalkomplex) mit dem regierenden Hauptverb/Prädikativ und seinen obligatorischen Ergänzungen (außer dem Subjekt) sowie den Angaben.

(a) (enger) Verbalkomplex: So bezeichnet man die rein verbalen Bestandteile der Verbal-Phrase (inkl. Prädikative). Mögliche Konstellationen:

(a1) Hauptverb (VV):

- mit unterschiedlicher Valenz:
  - nullwertig: *regnen, blitzen, schneien.*
  - einwertig: *weinen, frieren, schlafen.*
  - zweiwertig: *lieben, suchen, helfen.*
  - dreiwertig: *nennen, geben.*
  - mit unterschiedlicher Rektion:
    - mit NP im Genitiv: *seiner gedenken.*
    - mit NP im Dativ: *der Mutter helfen.*
    - mit NP im Akkusativ: *das Buch lesen.*
    - mit PP: *an das Gute glauben.*

(a2) finites Hilfsverb (HV) + infinites Vollverb:

- Perf.: *ist gegangen, hat genommen.*
- Fut.: *wird kommen, wird gestohlen haben.*
- *werden*-Pass.: *wurde gefragt.* (zum Passiv siehe 5.2.6.2, S. 131ff.)
- *kriegen-/bekommen*-Dativ-Passiv: *hat gesagt bekommen.*
- *sein-/haben*-Zustands-Passiv: *ist geschlagen.*

(a3) finites Modalverb (MV) + infinites Hauptverb (ohne *zu*): *kann kommen, muss gehen.*

(a4) fin. Kopulaverb (KV) + Prädikativ:

- Kopulaverb + prädikative NP: *ist/bleibt ein Schwindler, nennt ihn einen Lügner* (Objektsprädikativ).
- Kopulaverb + prädikatives Adjektiv: *wird groß, ist süchtig.*
- Kopulaverb + prädikative PP (→ 9.8, S. 177): *ist in Sorge, ist im Keller.*
- Kopulaverb + prädikatives Adverb: *ist vergebens.*

  Natürlich sind die Prädikative (NP/Adjektiv/PP/Adverb) keine verbalen Ausdrücke; trotzdem rechnet man sie überwiegend zum engen Verbal-Komplex. – Selbstverständlich sind alle denkbaren Kombinationen aus Hilfsverb, Modalverb, Hauptverb/Kopulaverb möglich, nicht nur zweigliedrige Kombinationen.

(b) Die nichtverbalen Bestandteile der Verbalphrase (Objekte, Adverbiale) werden an anderer Stelle behandelt (→ 3.2.2-3.3.3, S. 80-90).

Literaturhinweis:

Schrodt, R. (1984): Zur Geschichte des Prädikatsbegriffs in der deutschen Grammatik. – In: Linguistica et Philologica. Gedenkschrift f. B. Collinger (Wien), S. 413-443 (= Philol. Germ. 6).

2.2.5.3 Nicht-verbale Bestandteile des Satzes

Dafür kommen folgende Kategorien in Frage: NP, PP, Adv., Adj., (Teil-)Satz.

(a) Nominalphrase (NP):

- Kategoriale Füllung:
  - Nomen (N) (mindestens eingliedrig): *Wale, Albert Einstein, Außenminister Fischer.*
  - Artikel und Substantiv (mindestens zweigliedrig): *ein Maler, der Baum.*
  - nominalisierte Adjektive, Infinitive, Partikeln: *das Schöne, das Raten.*
  - Pronomina: *ich, jeder, viele.*
- Mögliche Erweiterungen der NP:
  - **Artikel** (Art.) (wo er nicht obligatorisch ist): Der Artikel steht immer vor dem substantivischen Kern: *ein F.J. Strauß, das München der zwanziger Jahre, *der er, eine Sie, das Ich, die alle, *die einige, ?die manchen* (zahlreiche Konstellationen, Verbindbarkeitsrestriktionen).
  - **Adjektiv-Attribute** (Adj.Attr.) (→ 3.4.1.3, S. 93f.)
    - pränominal (beachte die Kongruenz): koordinierend: *ein kleines, schmales Mädchen;* subordinierend: *ein neues (*und) literarisches Buch.*
    - postnominal: nicht iterierbar, morphologisch unmarkiert: *Röslein rot, Hänschen klein, Tchibo mild.*
  - **Genitiv-Attribute** (Gen.Attr.) (→ 3.4.1.1, S. 92):
    - pränominal: bei Eigennamen möglich, sonst stilistisch stark markiert; kaum iterierbar, Artikel-Unverträglichkeit: *Vaters/Egons Heimfahrt, ?des Vaters Feststellung, ?des Helfers der Politiker Untergang, Karls neues Haus, *dieses Karls neues Haus.*
    - postnominal: gut (subordinativ) iterierbar; steht vor PP-Attribut: *das Haus der Mutter meines Freundes am Waldrand; einige Straßen des Bundes im Oberland.*
  - **Präpositional-Attribute** (PP-Attr.) (→ 3.4.1.2, S. 93): Sie stehen am Ende der NP nach den postnominalen Genitivattributen, aber vor Relativsatzattributen: *das neue Haus der Eltern in der Innenstadt, die Hoffnung auf Wiederkehr.* Pränominale Position in mündlicher Rede häufig, aber nicht normgerecht: *am Weg ein Stein.*
  - **Attributsätze:**
    - **Relativsatz-Attribute** (Rel.S.Attr.) (→ 3.4.1.5, S. 95): Sie stehen am rechten Rand der NP, auch als indirekte *w*-Fragen: *das Fahrrad der Mutter von Karl, das gestern geklaut wurde; die Frage, was er tut.*
    - **Konjunktional-Satz-Attribute** (Konj.S.Attr.) (→ 3.4.1.6, S. 95f.): Der substantivische Bezugsausdruck ist meist eine deverbale Nominalisierung (Valenz-Vererbung): *die Hoffnung, dass er kommt; die Frage, ob sie kommt.*

- **adverbielle Attribute** (→ 3.4.1.4, S. 94f.): *der Baum dort – dort der Baum; die Verhältnisse damals – damals die Verhältnisse.* Voranstellung von präskriptiven Grammatiken meist verboten, kommt aber in Belegen relativ oft vor; erhalten normalerweise keinen Phrasenakzent.
- **partizipiale Attribute** (→ 3.4.1.3, S. 93f.), z.T. erweitert: Partizip und Ad-Attribute dazu (auf der Basis von Hauptverb und Ergänzungen/Angaben dazu) in pränominaler Position: *der vom lieben Gott mit Blindheit geschlagene Hiob; die jeden Angriff geschickt parierende Gutachterin (die Gutachterin pariert jeden Angriff geschickt)*

(b) Präpositionalphrase (PP): Als Kern/Kopf der PP wird üblicherweise die Adposition betrachtet. Die NP in der PP weist die üblichen Substrukturen auf (→ 2.2.5.3, S. 41).

Subkategorien nach Art der Adposition:
- Präposition: *vor dem Haus, in der Grube.*
- Postposition: *den Zaun entlang.*
- Zirkumposition: *um die Stadt herum.*

Subkategorien nach der Art der kategorialen Füllung des Kerns:
- Präp. + NP: *auf der steilen Straße, bei ihm.*
- Präp. + (reines) Adv.: *seit gestern, für heute.*
- Präp. + Pro-Adv.: *seit damals, bis dorthin.*
- Präpositionaladverb (= Pronominal-Adv.): dadurch, damit, stattdessen (siehe Altmann/Kemmerling [2]2005, 5.3, S. 157).
- Präp. + Satz: *außer dass er nichts weiß.*
- Präp. + Infinitivkonstruktion: *ohne/um/statt zu arbeiten* (oft auch als Infinitivkonjunktion klassifiziert).

Mögliche Erweiterungen der PP (außer den für eine NP üblichen):
- Adjektivische Erweiterungen nach links: *direkt am Weg, unmittelbar vor der Kreuzung.* Hierher könnte man auch Erweiterungen rechnen, die üblicherweise als Präpositionen klassifiziert werden: *bis auf den letzten Tag.*

(c) Adjektivphrasen: Sie können auch als (erweiterte) Attribute und Appositionen auftreten. Am besten kann man sie auf der Basis von prädikativen Strukturen verstehen: *mit den Feinheiten nicht vertraut sein/mit den Feinheiten nicht vertraute Besucher, den Deutschen sehr fremd.* Man beachte, dass die Erweiterungen, die in der prädikativen Verwendung als Satzglieder, z.B. Dativobjekt, analysiert werden, innerhalb eines erweiterten Attributs nur als Ad-Attribute analysiert werden können.

Literaturhinweis:
Valentin, P. (Hg.) (1992): Rechts von N. Untersuchungen zur Nominalgruppe im Deutschen. – Tübingen: Narr.

2.3 Morphologische Mittel

2.3.1 Grundbegriffe

Morphologische Kategorie: Klassifikation morphologischer Merkmale unter funktionalem Aspekt, z.B. Kasus, Numerus, Tempus etc. Das Ergebnis sind Klassen von Merkmalen mit gleichen funktionalen Eigenschaften.
Morphologische Markierung: Damit werden die konkreten Morpheme bezeichnet, z.B. kann die 3. Ps.Sg. beim finiten Verb durch *-et* (*sie redet*) im Präsens, durch *-ete* (*sie redete*) im Präteritum ausgedrückt werden.
Als **morphologisches Merkmal** bezeichnet man die Klassifikation der konkreten morphologischen Markierung, z.B. 3. Ps. Sg. Ind. Präs. Akt.

2.3.2 Verbmorphologie

2.3.2.1 Finites Verb

Die finite Kennzeichnung eines Verbs sichert seine Zuordnung zum engen Verbalkomplex.

- Person: 1., 2., 3. Ps.
- Numerus: Sg., Pl.
- Modus: Indikativ (Ind.), Konjunktiv (Konj.), Imperativ (Imp.) (!)
- Tempus: Präs., Prät., Perf., Plusquamperfekt (Pqp.), Fut. I und II.
- Genus verbi: Aktiv, Passiv.

2.3.2.2 Infinites Verb

Die infin. Kennzeichnung (→ 6.5, S. 150-155) kann, muss aber nicht Zugehörigkeit zum engen Verbalkomplex ausdrücken.

- Infinitiv I (*laufen*)
- Partizip I (*laufend*) und II (*gelaufen*); das Partizip I rechnen wir zu den Adjektiven (vgl. Altmann/Kemmerling ²2005, S. 37)

Zugehörigkeit zum engeren V-Komplex:

(2-23) *hatte gesagt gehabt* (Part. II ohne Flexion, sog. »Streckform«)

Zugehörigkeit zur NP:

(2-24) *Das Laufen* (nominalisierter Inf.) *ist gesund.*

(2-25) *einem geschlagenen Manne* (Part. II mit adj. Flexion)

2.3.3 Nominalmorphologie

Sie tritt beim Substantiv, Adjektiv, Pronomen, Artikel und Infinitiv auf. Die Kasusmorphologie hilft bei der Festlegung der syntaktischen Funktion.

2.3.3.1 Person (Ps.)

1., 2., 3. Ps. Bei Pronomina (*er, sie, es*) und Rollendeiktika (*ich, du, wir, ihr*) in Subjektfunktion herrscht Person-Kongruenz zwischen Subj. und finitem Verb.

2.3.3.2 Numerus (Num.)

Sg. und Pl. Numerus-Kongruenz besteht innerhalb der NP und zwischen dem Subjekt und dem finiten Verb.

2.3.3.3 Kasus (Kas.)

Nominativ (Nom.), Genitiv (Gen.), Dativ (Dat.), Akkusativ (Akk.). Kasuskongruenz besteht innerhalb der NP; die Rektion des Verbs, des Prädikativs oder der Präposition bestimmt den Kasus der regierten NP:

(2-26) *den Hofgarten* (Akk.) *retten.*

- **Nominativ**: Subjekt-NP (→ 3.2.1, S. 78f.):

  (2-27) *Der Mann/Er/Jener unbekannte Fremde öffnet die Türe.*

  – prädikative NP (→ 3.1.9, S. 75f.):

  (2-28) *Stefan ist ein engagierter Lehrer.*

  Beachte: Nominativ tritt nie aufgrund der Rektion eines Verbs oder einer Präposition auf (ist also kein regierter Kasus).
- **Genitiv**: Genitivobjekt-NP (→ 3.2.2, S. 80f.):

  (2-29) *der Verstorbenen gedenken.*

  – Genitivattribut (→ 3.4.1.1, S. 92f.):

  (2-30) *der Wagen meiner Mutter/Egons neues Auto.*

  – genitivisches Adverbiale:

  (2-31) *eines Tages.*

  (2-32) *wegen seines Alters* (Rektion der Präposition).
- **Dativ**: Dativobjekt-NP (→ 3.2.3, S. 82f.):

  (2-33) *dem Mann helfen.*

  (2-34) *der Polizei das Auto nehmen.*

  – freie Dative (→ 3.3.2, S. 89):

  (2-35) *Mach mir keinen Ärger!* (dativus ethicus).

  (2-36) *Er fährt ihr das Auto in die Garage.* (dativus commodi).

  – Rektion der Prä-/Postposition (Adverbiale, Präpositionalobjekte):

  (2-37) *mit ihm.*

  (2-38) *ihr zuliebe.*

- **Akkusativ**: Akkusativobjekt-NP (→ 3.2.4, S. 83f.):
  (2-39) *jemanden lieben.*
  – Maßadverbiale im Akkusativ:
  (2-40) *den ganzen Weg laufen* (*wieviel laufen?* Aber auch: *was laufen?*)
  – Rektion der Prä-/Postposition (Adverbiale, Präpositionalobjekte):
  (2-41) *in die Gosse fallen/den Fluss entlang gehen.*
  (2-42) *auf die Stufen achten.*

2.3.3.4 Genus

Maskulinum (masc.), femininum (fem.) und neutrum (neutr.) bei Pronomina und Artikeln. **Beachte:** Beim Substantiv ist Genus eine inhärente, lexikalische Kategorie (siehe etwa Genusschwankungen wie *der/das Teller*). Es gibt aber genusändernde Movierungssuffixe (z.B. *-in*: *Lehrer-in*) und genusspezifische Nominalisierungssuffixe; so sind Substantiva auf *-ung, -heit, -keit* Feminina (vgl. Altmann/Kemmerling ²2005, 3.9, S.109-124). – Beim Adjektiv gibt es zwar genusabhängige Flexionsvarianten, aber keine eigentliche Genusmorphologie.

2.3.3.5 Komparation

Positiv *(schnell)*, Komparativ *(schneller)* und Superlativ *(am schnellsten)*. Tritt nur bei relativen Adjektiven *(gut, besser, am besten)* und wenigen Adverbien auf, teilweise mit Suppletivformen *(bald/eher/am ehesten, gern/lieber/am liebsten, viel/sehr/mehr/am meisten, oft/öfter/am öftesten)*.

2.3.4 Morphologische Fernwirkungen

2.3.4.1 Kongruenz

Als **Kongruenz** bezeichnet man eine symmetrische Relation zwischen zwei oder mehr Teilausdrücken in bestimmten Kategorien, die durch notwendige Merkmalsgleichheit gesichert wird. Dabei können die Merkmale unterschiedlich oder auch gar nicht morphologisch realisiert sein:

– Numerus-/Personkongruenz zwischen Subjekt und finitem Verb:
  (2-43) *Paula* (Sg., 3.Ps. nicht markiert!) *liebt* (3.Ps.Sg.) *alle Männer.*
  Paula lieben (3.Ps.Pl.) *alle Männer* (Pl., 3.Ps. nicht markiert!).
  Fehlt in diesem Fall ein Subjekt mit einem Numerusmerkmal, z.B. in unpersönlichen Konstruktionen wie *mich friert* oder bei einem Subjektsatz, dann erhält das finite Verb per default die Markierung 3.Ps.Sg.
– Kasus-/Numeruskongruenz innerhalb einer NP:
  (2-44) *eines* (Gen.Sg.) *begabten* (Gen.Sg.) *Kindes* (Gen.Sg.)

Beachte, dass *begabten* auch Dat.Sg.fem., Akk.Sg.masc. usw. sein könnte und erst in der konkreten NP zu Gen.Sg.ntr. disambiguiert wird.
Kasuskongruenz in der Koordination *(bei mir und meinem Freund)*, bei Appositionen *(die Vorschläge des Kollegen, eines scharfen Kritikers)* und Vergleichsstrukturen *(den Hund als den Freund des Menschen)*.
In manchen Fällen gibt es Verletzungen der Kongruenzregel:

(2-45) *Du* (2.Ps.) *und deine Frau* (3.Ps.) *kommt* (2.Ps.)/*kommen* (3.Ps.) *heute nicht.* (›Ihr kommt heute nicht.‹)

(2-46) *1 Kilo* (Sg.) *Äpfel* (Pl.) *kostet* (Sg.) *2 Euro./2 Kilo* (Sg.!) *Äpfel* (Pl.) *kosten* (Pl.) *4 Euro.*

2.3.4.2 Rektion

Rektion ist die Bezeichnung für eine asymmetrische Relation zwischen sprachlichen Ausdrücken, wobei die regierende Konstituente (Regens) eine morphologische Kategorie des abhängigen Ausdrucks (Rektum) bestimmt, ohne selbst diese Kategorie aufzuweisen. Das regierende Element ist ein Verb, Adjektiv, Substantiv oder eine Präposition.

- **Rektion des Verbs (Valenz)**: das regierende Verb bestimmt die Kasus seiner obliquen Ergänzungen (→ 3.2.2, ff. S.80-84), bzw. beim Präpositionalobjekt (→ 3.2.5, S. 84ff.) die Art der Präposition:
  (2-47) *Er überließ sie ihrem Schicksal.*
  (2-48) *Alle glauben an die Metaphysik.*
- **Rektion des Adjektivs und Substantivs:** das Prädikativ (und darauf bezogene Strukturen) bestimmt den Kasus seiner obliquen Ergänzung:
  (2-49) *Karin ist dieser Auszeichnung würdig.*
  (2-50) *die dieser Auszeichnung würdige Karin.*
- **Rektion der Präposition**: Präpositionen regieren oblique Kasus der NP. Dabei können semantisch bedingte und freie Rektionsalternanten auftreten:
  (2-51) *auf der Straße gehen* vs. *auf die Straße gehen.*

2.3.5 Wortbildung

Über verschiedene Wortbildungsverfahren, z.B. Ableitung, Konversion, Transposition, kann sich die Wortart und mit ihr die syntaktische Kategorie und dadurch die gesamte Satzsemantik ändern (vgl. Altmann/Kemmerling ²2005, 1.4.8ff. S. 37ff.):

(2-52) *Er will ihr missTRAUen* (Partikelpräfixverb)/*Er will ihr MISStrauen.* (Substantiv, Konversion des Partikelverbs; beachte den Unterschied in der Position des Wortakzents).

2.3.6 Übung zur Morphologie

(2-53) *Natürlich wissen wir, dass für die »Schönheit« eines Satzes seine Form ebenso entscheidend ist wie sein Inhalt, und zur Form eines Satzes gehört nun einmal neben seinen Wörtern die Grammatik, mit der diese Wörter zu einem Satz zusammengefügt sind.*

(2-54) *Wo eine Menge sonderbare Sachen herumliegen.* (Th. Mann)

(2-55) *Die Leute hier, vor allem die Landbevölkerung, ist nie nationalsozialistisch gewesen.* (Der SPIEGEL)

1. Geben Sie bei allen flektierten Wörtern in (2-53) die morphologische Markierung an, und zwar nicht nur die aufgrund der syntaktischen Funktion realisierte, sondern alle möglichen Zuordnungen!
2. Geben Sie alle Fälle von Rektion und Kongruenz in (2-53) an!
3. Was fällt an (2-54) und (2-55) stilistisch auf?

2.4 Reihenfolgemarkierung

Sie wird auch **topologische Markierung** genannt. Wenn die Markierungsfunktion der Reihenfolgeeigenschaften verstanden werden soll, dann kann man das nicht nur punktuell dort besprechen, wo diese Konstellation auftritt, sondern man muss das Gesamtsystem wenigstens in groben Zügen darstellen (für eine detaillierte Darstellung siehe Altmann/Hofmann ^{2}2008). – Im Deutschen haben wir eine relativ klare Hierarchie der topologischen Ebenen:

– die Verbstellungstypen (→ 2.4.1, S. 47-50).
– die Klammerstrukturen (→ 2.4.2, S. 50-54).
– die Stellungsfelder (→ 2.4.3, S. 54ff.).
– die Herausstellungsstrukturen (sie werden hier nicht behandelt).
– die Satzgliedfolge in den Stellungsfeldern (→ 2.4.5, S. 58f.).
– die Wortfolge in den Stellungsgliedern (→ 2.4.6, S. 59f.).
– die Partikel-Positionen (→ 3.5, S. 100-113).

2.4.1 Topologischer Aufbau bei den drei Verbstellungstypen

Die topolog. Basis jedes Satzes bildet der **Stellungstyp des finiten Verbs.** Im Deutschen unterscheidet man drei Stellungstypen, die Erst-, Zweit- und Letzt-Stellung. Diese drei Verbstellungstypen kennzeichnen unmittelbar syntaktische Strukturen. Verb-Erst und Verb-Zweit kennzeichnen i.d.R. so genannte Hauptsätze, selbstständige Sätze, während Verb-Letzt i.d.R. unselbstständige, untergeordnete Sätze kennzeichnet (für eine detaillerte Diskussion und Ausnahmen → 6.4.2, S. 148):

(2-56) *Er kann die Brigitte nicht leiden./Kann er die Brigitte nicht leiden?/...weil er die Brigitte nicht leiden kann.*

Neben der Markierung selbstständiger und unselbstständiger Sätze hat die Verbstellung auch die Funktion, bei der Fixierung der Satztypen im Satzmodussystem mitzuwirken. So hat der normale Aussagesatz Verb-Zweit-Stellung, der Entscheidungsfragesatz Verb-Erst-Stellung, und der Imperativsatz sowohl Verb-Erst- wie Verb-Zweit-Stellung. Aber auch selbstständige Verb-Letzt-Typen kommen vor. Für das Gesamtsystem der Satzmodi und die Bedeutung der Verbstellung als konstituierendes Element → 7., S. 157-167. – In den nachfolgenden schematischen Darstellungen sind die obligatorisch realisierten Bestandteile grau hinterlegt dargestellt.

2.4.1.1 Verb-Zweit-Satz

Typische Verb-Zweit-Sätze sind der Aussagesatz (→ 7.2.1.1, S. 159) und der *w*-Fragesatz (→ 7.2.1.3, S. 159f.).

Verbstellung			fin. V = V-2				
Klammerstruktur			= klammeröffn.		infin. Verb = klschl.		
Stellungsfelder		Vorfeld, 1 SG		Mittelfeld 0-X SG		Nachfeld, 0-2 SG	
Herausstellungsstrukturen	Herausst. nach links			Appos., Parenthese			Herausstell. nach rechts
Beispiel: Aussagesatz	*Die Brigitte,*	*die*	*kann*	*er, blöd wie er ist, nun einmal nicht*	*leiden*	*im Seminar,*	*der Karl*
Beispiel: *w*-Fragesatz		*Wie*	*bist*	*du gestern nach Hause*	*gekommen*	*so spät am Abend?*	

Für weitere selbstständige Verb-Zweit-Sätze wie den *w*-Verb-Zweit-Exklamativsatz und den Verb-Erst-/Verb-Zweit-Exklamativsatz finden sich Beispiele in Kap. 7, S. 158-162, über den Satzmodus. – Für unselbstständige Verb-Zweit-Sätze wie indirekte Rede nach verba dicendi et sentiendi finden sich Beispiele im Abschnitt 6.4.2, S. 148. Dabei handelt es sich um markierte Fälle. Bitte beachten Sie, dass angesichts der Tatsache, dass sowohl selbstständige als auch unselbstständige Sätze mit dieser Verbstellung auftreten, ausgeschlossen ist, dass Verb-Erst/ Zweit Selbstständigkeit bedeutet.

2.4.1.2 Verb-Erst-Satz

Typische Verb-Erst-Sätze sind der Entscheidungsfragesatz (→ 7.2.1.2, S. 159), der Imperativsatz (→ 7.2.1.4, S. 160) und der Wunschsatz (→ 7.2.2.1, S. 160).

Verb-stellung		finites Verb = Verb-Erst				
Klammer-struktur		= klammer-öffnend		infin. Verb = klschl.		
Stellungs-felder			Mittelfeld, 0-X SG		Nachfeld 1-2 SG	
Heraus-stellung	Herausstell. nach links		Appos., Parenthese			Heraus-stell. nach rechts
Beispiel: Entschei-dungs-fragesatz	*Was die Brigitte betrifft,*	*kann*	*er die eigentlich*	*leiden*	*so privat,*	*der Karl?*
Beispiel: Imperativ-satz	*Was die Party heute abend betrifft,*	*räum'*	*erst 'mal den Müll*	*auf*	*in deinem Zimmer,*	*du Faul-pelz!*
Beispiel: Wunsch-satz		*Wär*	*ich doch nur zu Hause*	*geblieben*	*mit meinem Fieber,*	*ich Esel!*

Für Verb-Erst-/Verb-Zweit-Exklamativsatz und Verb-Erst-Aussagesatz finden sich Beispiele in Kap. 7, S. 158-162, über den Satzmodus. – Für unselbstständige Verb-Erst-Sätze wie uneingeleitetes Konditional und irreales Konditional mit *als* finden sich Beispiele in Abschnitt 6.4.2, S. 148.

2.4.1.3 Verb-Letzt-Satz

Typische Beispiele für Verb-Letzt-Sätze sind der Konjunktionalsatz (→ 3.4.1.6, S. 95) und die *w-/d*-Relativsätze (→ 3.4.1.5, S. 93).

Verb-stellung				finit. Verb = Verb-Letzt		
Klammer-struktur		subord. Konj. = klamm.öffn.		(+ infinit. Verb) = klamm.schl.		
Stellungs-felder			Mittelfeld, 0-X Satzgl.		Nachfeld, 0-2 Satzgl.	
Heraus-stellungs-strukturen	Herausst. nach links		Apposition, Parenthese			Herausstel lung nach rechts
Beispiel: Konjunk-tionalsatz	*Was die Brigitte betrifft,*	*dass*	*er die, blöd wie er ist, nicht*	*leiden kann,*	*im Seminar,*	*der Karl,* ...
Beispiel: Relativsatz		*(Wer)*	*(Wer) immer nur*	*rastet, ...*		

Literaturhinweis:
Altmann/Hofmann ([2]2008), Topologie, S. 24-69. [Mit ausführlichen Literaturhinweisen]

2.4.2 Klammerstrukturen

Die nächste Ebene der topologische Hierarchie ist die **Klammerstruktur.** Wenn wir uns nicht täuschen, hat diese Klammerstruktur in ihren verschiedenen Ausprägungen keine andere als eine rein topologische Funktion. Sie dient nur dazu, das topologische Räderwerk in Gang zu halten.
Alle Klammerstrukturen bestehen aus dem

- **klammeröffnenden Ausdruck (klö.)**: Er ist in allen finiten Strukturen realisiert und besteht fast immer nur aus einem Wort. Dieser Ausdruck bildet die linke Mittelfeldgrenze und, soweit ein Vorfeld vorhanden ist, die rechte Vorfeldgrenze.
- **klammerschließenden Ausdruck (klschl.)**: Er ist nur bei Verb-Letzt obligatorisch realisiert und kann aus mehreren Wörtern bestehen. Soweit realisiert bildet er die rechte Mittelfeld- und die linke Nachfeld-Grenze.

Beide Teile der Klammerstruktur umschließen das Mittelfeld. Dies ist vermutlich auch die einzige Funktion der Klammerstruktur. Die Ausprägungen der Verbklammer bei Verb-Letzt einerseits und bei Verb-Erst/Verb-Zweit andererseits sind grundlegend verschieden. – Die Klammerteile sind zwar teilweise vorfeldfähig, aber nicht nachfeldfähig und nicht mittelfeldfähig oder gar frei im Mittelfeld verschiebbar.

2.4.2.1 Verb-Letzt-Klammer (»Gliedsatzklammer«)

Sie ist immer komplett realisiert, nie als so genannte »offene Klammer« (siehe 2.4.2.2, Punkt g)). Deshalb ist es oft nützlich, Verb-Erst- oder Verb-Zweit-Sätze in Verb-Letzt-Sätze umzuformen, um sie zu testen:

(2-57) *Er befand sich mehrere Tage in der Universität.*
klö. klschl.?

(2-58) ..., *dass er sich mehrere Tage (*befand) in der Universität befand.*

→ *in der Universität* kann nicht im Nachfeld stehen, es könnte aber Teil des klammerschließenden Ausdrucks sein.

(2-59) *Er befand sich in der Universität mehrere Tage.*
klö. klschl.?

(2-60) ..., *dass er sich in der Universität (befand) mehrere Tage befand.*

→ *mehrere Tage* kann nicht klschl. Ausdruck sein, da im Nachfeld.

Klammeröffnender Ausdruck ist in diesem Fall das Einleitungselement, das Verb-Letzt steuert. Dabei sind die echten subordinierenden Konjunktionen (*dass, ob*) sowie die adverbialen subordinierenden Konjunktionen (*weil, als, während, solange, obwohl ...*) problemlos (→ 3.5.4.2, S. 105f.).

Dagegen sind die Relativpronomina aller Art (*d*/*w*-Relativa, adverbiale Relativa) problematisch, weil sie Satzgliedstatus haben und insofern auch im Mittelfeld stehen könnten. Da die uns zur Verfügung stehenden Kriterien hier nichts entscheiden, nehmen wir an, dass die Relativpronomina sowohl klammeröffnender Ausdruck als auch erster Ausdruck im Mittelfeld sind.

Klammerschließender Ausdruck ist hier der enge Verbalkomplex (→ 3.1, S. 69-77), also infinite (so vorhanden) und finite Verbformen, und zwar in dieser Anordnung, außer wenn ein Fall von **Modalverbregel** vorliegt. Diese normative Regel legt fest, dass bei einem engen V-Komplex aus infinitem Vollverb, Modalverb und finitem Hilfsverb letzteres den anderen Verbformen vorausgeht (vgl. (2-63)).

(2-61) ..., *weil er seiner Freundin ein Buch geschenkt hat heute früh.*
klö. klschl.

(2-62) ..., *als wir befragt worden waren von ihm.*
klö. klschl.

(2-63) ..., *er, der/*wer sie die Arie hatte singen hören wollen.*
klö. + MiF klschl.

Die Klammerteile sind praktisch nicht verschiebbar.

2.4.2.2 Klammerstrukturen bei Verb-Erst- und Verb-Zweit-Sätzen

Hierbei ist der klammeröffnende Ausdruck obligatorisch das finite Verb, der klammerschließende Ausdruck ist fakultativ, er muss nicht realisiert sein. Die Grenze zwischen Mittelfeld und Nachfeld kann also fließend sein. Daraus resultieren zahlreiche Schwierigkeiten, denen man mit Hilfe einer Liste von möglichen klammerschließenden Ausdrücken zu begegnen sucht.

In der nachfolgenden Liste sind die klammerschließenden Ausdrücke so angeordnet, dass die plausibelsten am Anfang, die umstrittensten am Ende stehen. Einigkeit herrscht in der Literatur nur bei den ersten zwei Typen.

a) Verbale Klammer (bei mehrteiligem Verbkomplex)
Klammeröffnender Ausdruck ist das finite Verb; klammerschließender Ausdruck können hier alle denkbaren Kombinationen aus infinitem Hilfsverb, Modalverb oder Vollverb sein, je nach der inneren Struktur des engen Verbalkomplexes.

(2-64) *Er musste* (klö.) *seiner Schwester das Buch geben* (klschl.).

b) Partikelverbklammer
Klammeröffnender Ausdruck ist hierbei der finite Verbstamm, klammerschließender Ausdruck die trennbare Verbpartikel. Unter diesen Typ fallen nicht nur die Partikelverben im engeren Sinn, sondern alle komplexen Verben, die trennbar sind (→ Altmann/Kemmerling [2]2005, 2.5, S. 82-94).

(2-65) *Der Zug fährt* (klö.) *um 7 h ab* (klschl.) *vom Bahnhof.*

Ein Problem bilden hierbei allerdings Ausdrücke, bei denen man nicht klar zwischen syntaktischer Struktur und Wortbildungsstruktur unterscheiden kann.

(2-66) *Ich gebe* (klö.) *dem Kind den Ball wieder.* (klschl.) (?)
(*wieder* als Verbpartikel oder freies Temporal-Adverbiale)

(2-67) *Erschrocken schaut* (klö.) *er in die Grube hinein.* (klschl.) (?)
(*in die Grube hin**ein**schauen* oder *in die Grube hinein **schau**en*?)

c) Teile eines verbalen Idioms (nicht allgemein akzeptierter Klammertyp)
(z.B. Objektinkorporationen, Funktionsverbgefüge (→ 3.1.6ff. S. 74f.). Klammeröffnender Ausdruck ist das finite Verb; als klammerschließender Teil wird der nominale Verbbestandteil angesehen.

(2-68) *Ich fahre sehr gerne Rad/Auto im Sommer.* (Objektinkorporat.)
klö. klschl.

(2-69) *Er bringt* (klö.) *das Delikt zur Anzeige.* (klschl.) (FVG)

(2-70) *Leider ging* (klö.) *im Prüfungsstress die Beziehung in die Brüche.* (klschl.) (verbales Idiom)

d) Obligatorische Lokal- oder Direktionaladverbiale (→ 3.2.6, S. 86f.)
Auch sie werden oft als klammerschließende Ausdrücke gewertet; sie treten bei Verben der Befindlichkeit (z.B. *sich irgendwo befinden*) und bei Verben der gerichteten Bewegung (z.B. *sich irgendwohin begeben*) auf. Wir werten es dagegen als obligatorische Position am Mittelfeldende. Klö: das finite Verb.

(2-71) *Er stellte die Kiste mit einem großen Knall auf den Tisch.*
klö. klschl.

e) Prädikativklammer (→ 3.1.9, S. 75ff.)
Klammeröffnend ist dabei die finite Kopula, klammerschließender Ausdruck das Prädikativ. Dabei ist zu beachten, dass Adjektive, NPn, PPn und Adverbien als Prädikative auftreten können. Hier ist besonders schwer zu entscheiden, ob das Prädikativ wirklich klammerschließender Ausdruck ist (da vorfeldfähig, nicht nachfeldfähig, nicht im Mittelfeld frei verschiebbar), oder ob es nicht doch dem Mittelfeld angehört. Wir werten es dagegen als obligatorische Position der Prädikative am Mittelfeldende. Diese Konstellation ist kaum von einem klammerschließenden Ausdruck zu unterscheiden. – Bei prädikativen PPn und Adverbien könnte die Kopula als ein Verb der Befindlichkeit interpretiert werden, die Prädikative als obligatorische Lokaladverbiale. Schon deswegen lehnen wir eine Prädikativklammer ab.

(2-72) *Die Alpen* (klö.) *sind wirklich schön* (klschl.) *bei Sonne.* (Adj.)
(2-73) *Er ist* (klö.) *seit seiner Kindheit ein großer Gourmet.* (klschl.)
(2-74) *Die Mutter* (klö.) *war den ganzen Tag in großer Sorge.* (klschl.)
(2-75) *Maria* (klö.) *ist seit gestern Abend dort.* (Adv.) (klschl.)

f) Die Negationsklammer
Dieser Klammertyp wird nur von wenigen Forschern vertreten. Klammeröffnend ist auch hier das finite Verb. Die Satznegation *nicht* gilt dann als klammerschließender Ausdruck. Wir selber halten diesen Klammertyp nicht für plausibel, vor allem weil diese Hypothese bei abhängigen Sätzen mit Verb-Letzt zu ganz unplausiblen Konstrukten führt (vgl. (2-77)).

(2-76) *Er traf* (klö.) *ihn im Kino nicht* (klschl.)
Er traf (klö.) *ihn nicht* (klschl.) (?) *im Kino.*
(2-77) ..., *dass* (klö.) *er ihn im Kino nicht traf* (klschl.) (?)
..., *dass* (klö.) *er ihn nicht* (~~klschl.~~) *im Kino traf.* (klschl.)
..., *dass* (klö.) *er ihn nicht traf* (klschl.) *im Kino.*

g) Die »offene« Satzklammer
Sie ist ein sehr problematisches Konstrukt. Mit ihm versucht man die Tatsache zu erklären, dass bei V-1 und V-2 auch ohne klammerschließenden Ausdruck eine Art Nachfeld auftreten kann. Das Mittelfeld reicht also in diesen Fällen nicht bis zum Satzende. Gezeigt werden kann dieser Sachverhalt durch Umformung in V-L: Bei intuitiv richtiger Platzierung des klschl. Elementes kann man dann ggf. das Nachfeld sichtbar machen. Genaugenommen müsste man dabei aber auch die intonatorischen Verhältnisse stabil halten, man dürfte also z.B. den Satzakzent nicht verlagern.

(2-78) *Er denkt* (klö.) *an sie* ∅ (klschl.) *bei Tag und Nacht.*
(2-79) *Er hat* (klö.) *an sie gedacht* (klschl.) *bei Tag und Nacht.*

Wichtig ist das Konstrukt der »offenen« Satzklammer für die Position von Gliedsätzen und Gliedteilsätzen im Mittelfeld oder Nachfeld (= extraponiert).

Eine der möglichen Regeln hierfür lautet, dass Gliedsätze nie im Mittelfeld, sehr wohl aber im Vorfeld und Nachfeld auftreten können. Für Gliedteilsätze gilt diese Einschränkung nicht (→ 2.4.3.4, S. 56f.).

(2-80) *Fritz* *hat* (klö.) *seinem Freund, *dass sich Sprachwissenschaftler gerne Einhörner halten,* (MiF) *klar gemacht*. (klschl.)

Literaturhinweise:

Altmann/Hofmann (²2008), Topologie fürs Examen, 3., S. 70-79. [Dort auch weitere Literatur]

Engel, U. (1970): Studie zur Geschichte des Satzrahmens und seiner Durchbrechung. – In: Moser, H. (Hg.), Studien zur Syntax des heutigen Deutsch. FS für P. Grebe (Düsseldorf: Schwann), S. 45-61.

Eroms, H.-W. (1999): Linearität, Kohärenz und Klammerung im deutschen Satz. – In: Redder, A./ Rehbein, J. (Hgg.): Grammatik und mentale Prozesse (Tübingen: Stauffenburg), S. 195-222.

Lenerz, J. (1995): Klammerkonstruktionen. – In: Jacobs, J. e.a. (Hgg.): Syntax. Ein internationales Handbuch zeitgenössischer Forschung. 2. Halbband. (Berlin, New York: de Gruyter), S. 1266-1277.

Presch, G. (1974): Die Satzklammer im Deutschen: Syntaktische Beschreibung, Dekodierungsstrategien. Universität Konstanz, Zentrum I Bildungsforschung, SFB 23. Forschungsberichte 14. Konstanz.

Rüdig, A. (1998): Verbale Klammerkonstruktion im Deutschen. – Essen: Universität Essen (= Linguistic Agency, University of Duisburg. 466).

2.4.3 Stellungsfelder: Vorfeld, Mittelfeld, Nachfeld und Extraposition

Die Stellungsfelder sind die dritte Ebene der topologischen Strukturierung nach der Verbstellung und den Klammerstrukturen. Sie umfassen das Vorfeld, das ist der Bereich vor einem Verb in Zweitposition; dann das Mittelfeld innerhalb der Klammerstruktur, und schließlich das Nachfeld nach dem klammerschließenden Ausdruck. In ihnen sind Satzglieder, Stellungsglieder und Partikeln angeordnet – und darin besteht auch ihre einzige Funktion: Sie wirken als solche nicht mit beim Aufbau syntaktischer Strukturen, haben aber wichtige Funktionen im Bereich der Informationsstruktur.

2.4.3.1 Das Vorfeld (VoF)

Das Vorfeld ist konstitutiv für Verb-Zweit (→ 2.4.1.1, S. 48), doch treten vorfeldähnliche Erscheinungen auch bei Verb-Letzt auf. – Vorfeldfähigkeit gilt als eines der Kriterien für Satzgliedhaftigkeit (→ 3.2, S. 78) und ist d a s Kriterium für Stellungsgliedhaftigkeit. – Das Vorfeld erstreckt sich von der linken Satzgrenze (siehe aber Altmann/Hofmann ²2008, S. 81ff.) bis zum Beginn des klammeröffnenden Elements. Die rechte Grenze ist bei Verb-Zweit das finite Verb, und zwar bei allen denkbaren Satztypen mit Verb-Zweit.

(2-81) *Wo sind eigentlich Müller, Notz und Zipfel?* (*w*-V-2-Fragesatz)

Literaturhinweise:

Altmann/Hofmann (²2008), Topologie, 4.1, S. 81-96 [mit zahlreichen Literaturhinweisen].

Fandrych, C. (2003): Zur Textlinguistik des Vorfelds. – In: Thurmair, M./Willkop, E. (Hgg.): Am Anfang war der Text – 10 Jahre »Textgrammatik der deutschen Sprache« (München: Iudicium), S. 173-196.

Müller, S. (2005): Zur Analyse der scheinbar mehrfachen Vorfeldbesetzung. – In: Linguistische Berichte 203, S. 297-330.

2.4.3.2 Das Mittelfeld (MiF)

In ihm manifestiert sich am deutlichsten die Satzgliedfolge. Es ist bei allen drei Verbstellungstypen fakultativ, und zwar bei Verb-Letzt bei unpersönlichem Passiv wie *dass getanzt wird*, bei Verb-Erst wohl nur bei Imperativsätzen der 2.Ps.Sg./Pl., wenn das Subjektspronomen nicht realisiert ist und ein höchstens einwertiges Verb vorliegt.

(2-82) *Geh!/Trink!/Lass <u>das Kind die Milch in der Flasche</u> trinken!*

Bei Verb-Zweit kann es immer dann entfallen, wenn ein höchstens einwertiges Verb vorliegt.

(2-83) *Peter schläft.*

Die rechte Grenze des Mittelfelds bildet bei Verb-Letzt der klammerschließende Ausdruck. Die linke Grenze bildet der klammeröffnende Ausdruck, außer wenn dieses aus einem *d-* oder *w-*Relativpronomen besteht. In diesem Fall lassen die Trennungskriterien eine klare Entscheidung nicht zu, so dass man davon ausgehen muss, dass das Relativpronomen sowohl als Klammerausdruck wie auch als erster Mittelfeldausdruck einzustufen ist. – Bei Verb-Erst- und Verb-Zweit-Sätzen ist die linke Grenze eindeutig durch das klammeröffnende Element gegeben. Die rechte Grenze kann entweder der Beginn des klammerschließenden Ausdrucks sein, oder das Satzende, wenn bei offener Satzklammer ein Nachfeld, eine Extraposition oder eine Herausstellung fehlen. Liegt dagegen ein Nachfeld usw. vor, dann reicht das Mittelfeld bis zum Beginn des Nachfelds.

Literaturhinweis:
Altmann/Hofmann ([2]2008), Topologie, Kap. 4.2, S. 97-100. [S. 100 Literaturhinweise].

2.4.3.3 Das Nachfeld (NaF) (auch: Ausklammerung)

Das Nachfeld ist in allen Konstellationen grundsätzlich fakultativ (abgesehen von der »obligatorischen« Gliedsatz-Extraposition (→ s.u.!)). – Die linke Grenze des Nachfelds bildet der klammerschließende Ausdruck. Sollte der Umfang des klammerschließenden Ausdrucks problematisch sein, so empfiehlt sich eine Umformung in Verb-Letzt, da dann das finite Verb am Ende des klammerschließenden Ausdrucks steht. Dies gilt auch für den Fall der »offenen Satzklammer«: Hierbei ist das Mittelfeldende die linke Nachfeldgrenze. – Die rechte Nachfeldgrenze bildet das Satzende.

(2-84) *Was hast du denn geMACHT <u>den lieben langen Tag über</u>?*
Was MACHST du denn <u>den lieben langen Tag über</u>?

Literaturhinweise:

Altmann/Hofmann ([2]2008), Topologie fürs Examen (Göttingen: Vandenhoeck & Ruprecht), Kap. 4.3, S. 100-105. [S. 105 Literaturhinweise].

Filpus, R. (1994): Die Ausklammerung in der gesprochenen deutschen Sprache der Gegenwart. – Tampere: Universität (= Acta Universitatis Tamperensis 423).

2.4.3.4 Die Extraposition

Ein Sonderfall der Nachfeldfüllung ist die so genannte Extraposition. Darunter versteht man die Nachfeldposition von Glied- und Gliedteilsätzen. Die Funktion der Extraposition ist offensichtlich die Entlastung der Klammerstruktur und des Mittelfelds, insbesondere die Vermeidung einer fast unentwirrbaren Schachtelung von Klammerstrukturen. Stehen außer einer extraponierten Satzstruktur auch noch Satzglieder im Nachfeld, so gehen diese den Satzstrukturen voraus. Die Extrapositionsstruktur ist intonatorisch integriert. Folgende Positionseigenschaften lassen sich unterscheiden:

- Attribut-Sätze (→ 3.4.1.5ff., S. 95f.): Sie können zusammen mit dem Bezugsausdruck im Vorfeld und im Mittelfeld stehen, aber auch im Nachfeld, wenn der Bezugsausdruck als solcher nachfeldfähig ist. Ferner kann der Bezugsausdruck im Mittelfeld, der Attributsatz extraponiert im Nachfeld stehen. Liegt eine »offene Satzklammer« vor, so kann bei Kontaktstellung von Bezugsausdruck und Attributsatz am Satzende nicht entschieden werden, ob Gliedteilsatz-Extraposition vorliegt oder nicht.

  (2-85) *Da redete mich plötzlich ein MANN freundlich an, den ich gar nicht KANNte.* (Relativsatz-Attribut, restriktiv)

  (2-86) *Morgen beginne ich (in einem Haus) meinen Dienst (in einem Haus), das ich noch nie gemocht habe.* (Beachte die offene Satzklammer!)

- Gliedsätze: Sie können im Vorfeld und im Nachfeld (extraponiert) stehen, im Mittelfeld jedoch nur die freien Relativsätze. Bei Extraposition kann im Vorfeld oder Mittelfeld ein Platzhalter stehen (je nach intendierter Semantik des Matrixsatzprädikats). Im Falle von Subjekt- und Akk.Obj.-Satz handelt es sich dabei um *es*, das nur als Platzhalter interpretiert werden kann (→ 10.2, S. 179f.). Beim Präp.Obj. (→ 3.2.5, S. 84ff.) können Präpositionaladverbien wie *dadurch* sowohl Bezugsausdruck für einen Attributsatz (mit dem Akzent auf *da-*) als auch Platzhalter für einen extraponierten Präp.Obj.-Satz (mit schwachem Akzent auf dem Präpositionalteil) sein.

  (2-87) *Es gehört zu einem gigantischen Geflecht/hat zu einem gigantischen Geflecht gehört, was Ende Januar eröffnet wurde.* (Freier Relativsatz in Subjektfunktion mit Platzhalter *es*, deswegen nur extraponiert)

(2-88) *Die erste Fossiliensuche hatte (es) schon bewiesen, dass in der Messel noch viele Entdeckungen zu machen sind.* (Akk.Obj.-Satz, extraponiert, fakultativ mit Platzhalter-*es*)

(2-89) *Martin hat ganz fest daMIT/DAmit gerechnet seit einiger Zeit, dass Becker die Sache vor Gericht bringen würde.* (Präp.Obj.-Satz in Extraposition mit Platzhalter *daMIT* oder Bezugsausdruck *DAmit* mit extraponiertem Attributsatz, dazu ausgeklammertes Temporaladverbiale).

Literaturhinweise:
Altmann/Hofmann (^{2}2008), Topologie, Kap. 4.3.7, S. 105-108 [S. 109f. weitere Literaturhinweise].
Zu den hier nicht behandelten Herausstellungsstrukturen siehe:
Altmann/Hofmann (^{2}2008), Kap.6, S. 143-162. [Dort zahlreiche weitere Literaturhinweise].

2.4.4 Übung zu Klammerstruktur und Stellungsfeldern

(2-90) *Wieder ist, wie Du, lieber Max, wahrscheinlich bereits festgestellt hast, ein Jahr vergangen, und ich weiß nicht, ob es Dir so geht wie mir:*

(2-91) *allmählich wird mir dieser ewigwährende Zyklus ein wenig leid, wozu verschiedene Faktoren, deren Urheber ich in diesem Zusammenhang, um mich keinen Unannehmlichkeiten, deren Folgen, die in Kauf zu nehmen ich, der ich gern Frieden halte, gezwungen wäre, nicht absehbar wären, auszusetzen, nicht nennen möchte, beitragen.*

(2-92) *Jedenfalls bin ich gegen das neue Jahr bestens gerüstet, bin gegen Diebstahl, Feuer, Hagel und Leben versichert, nicht zu reden von höherer Gewalt, über die ich selten rede, eigentlich nur, wenn sie sich bemerkbar macht, und selbst dann nicht immer, ja vielleicht sogar gerade dann nicht.*

(2-93) *Der Hund liegt begraben, die Schäfchen sind im Trockenen, das Huhn ist im Topf, der Topf hat seinen Deckel, der Hase liegt im Pfeffer, die Flinte im Korn, unter einer steigenden Schneedecke, nach der zu strecken ich den stürzenden – verzeih das Wort – Pistenfahrern überlasse.*
(aus: W. Hildesheimer, Mitteilungen an Max)

1. Geben Sie die klammeröffnenden und klammerschließenden Ausdrücke an!
2. Nennen Sie jeweils den Typ der Klammer!

2.4.5 Satzgliedfolge im Mittelfeld

Die Satzgliedfolge im Mittelfeld gilt im Deutschen als weitgehend frei, was heißt, dass die Position eines Satzglieds »normalerweise« nicht zur Identifikation seiner syntaktischen Funktion beiträgt. »Normalerweise« bedeutet: Wenn die morphologische Markierung, d.h. die Kasusmarkierung deutlich genug ist. Setzt sie aus, dann greift hilfsweise die »Normalstellung« ein und fixiert die Satzgliedfunktionen eindeutig, etwa durch die Regel »Subjekt vor allen anderen Satzgliedfunktionen«.

(2-94) ..., *dass die Mutter* (Subj.) *die Tochter* (Akk.Obj.) *liebt.*
..., *dass die Tochter* (Subj.) *die Mutter* (Akk.Obj.) *liebt.*

Diese Konstellation lässt sich auch nicht durch intonatorische Anstrengungen (→ 2.5 S. 61ff.), etwa durch einen besonderen Akzent auf dem ersten Satzglied, verändern.

Die **»Normalstellungsregeln«** lauten etwa folgendermaßen: Subjekt vor allen anderen Satzglied-Funktionen; Dat.Obj. vor Akk.Obj./Gen.Obj./Präp. Obj./obligator. Adverbiale.

Es sei noch kurz darauf hingewiesen, dass die normale Satzgliedfolge im Mittelfeld bei den sog. Inversionsverben nicht gilt (vermutlich wegen einer untypischen Kasusrollenzuordnung aufgrund der Verbsemantik). Dazu zählen u.a.: *(jmdm.) grauen/schwindeln, (jmdn.) frieren/schaudern; (jmdm.=* Dativ *etw.* = Nominativ) *behagen/fehlen/freistehen/genügen/gebühren/gehören/imponieren/schaden/schmecken/vorschweben/einfallen/geschehen/gelingen/misslingen/passieren/ widerfahren/zustoßen ...*

(2-95) ..., *dass mir* (Dat.Obj.) *etwas* (Subj.) *imponieren könnte./*
...., *dass etwas mir imponieren könnte.*

Andere Faktoren bestimmen teilweise deutlich stärker als die syntaktische Funktion die Abfolge der Satzglieder im Mittelfeld:

- die kategoriale Füllung: Pronominale Satzglieder (soweit sie anaphorisch gebraucht sind) stehen tendenziell am Anfang des Mittelfelds in der sog. »Wackernagel-Position«, und zwar in der festen Reihenfolge Subjekt – Akk.Obj. – Dat.Obj. (sog. **»Pronominalregel«**).

  (2-96) ..., *dass er* (Subj.) *es* (Akk.Obj.) *ihr* (Dat.Obj.) *GIBT.*
- die **Definitheitsbedingung**: Definite Satzglieder (tendenziell Hintergrundsausdrücke) stehen vor indefinitem Satzglied (tendenziell Fokusausdrücke).

  (2-97) ..., *dass die Murmel* (Akk.Obj.) *ein KIND* (Subj.) *fand.*
- die **Fokusbedingung**: Fokale Satzglieder stehen tendenziell nach nicht-fokalen Ausdrücken (Hintergrund). Vgl. (2-97).

Diese und weitere Bedingungen interagieren miteinander und erzeugen eine feinteilige Akzeptabilitätsskala.

Literaturhinweise:
Altmann/Hofmann (^{2}2008), Kap. 5, S. 109-142; dort zahlreiche weitere Literaturhinweise.
Frey, W./Pittner, K. (1998): Zur Positionierung der Adverbiale im deutschen Mittelfeld. – In: Ling. Ber. 176, S. 489-534.
Hayakawa, T. (1999): Zum Verhalten der Indefinitpronomen *jemand* und *niemand* im Mittelfeld. In: Kawaguchi, H./Itoh, M. (Hgg.): Die deutsche Syntax im Kreuzfeuer. FS für T. Hayakawa anläßlich seines 70. Geburtstags (Tokyo: Dogakusha), S. 1-16.
Hofmann, U. (1994): Zur Topologie im Mittelfeld: Pronominale und nominale Satzglieder. – Tübingen: Niemeyer (=Ling. Arb. 307).
Jacobs, J. (1988): Probleme der freien Wortstellung im Deutschen. – In: Sprache und Pragmatik. Arbeitsberichte 5, S. 8-37.
Velde, M. van de (1998): Nominales Subjekt und pronominales Objekt im Mittelfeld. – In: Donhauser, K./Eichinger, L. M. (Hgg.), Deutsche Grammatik: Thema in Variationen; FS für H.-W. Eroms zum 60. Geburtstag (Heidelberg: Winter), S. 75-92.
Velde, M. van de (2001): Die Stellungseigenschaften unbetonter Pronomina im Mittelfeld im Deutschen und im Niederländischen. – In: Bassola, P./Engel, U. e.a. (Hgg.) Wortstellung im Sprachvergleich (deutsch-niederländisch-polnisch-ungarisch) (Tübingen: Groos), S. 121-161.

2.4.6 Wortstellung in Satzgliedern

Im Gegensatz zur Satzgliedfolge ist die Wortfolge in den Satzgliedern sehr streng geregelt und lässt kaum Wahlmöglichkeiten, was darauf hindeutet, dass die Teilfunktionen wesentlich über die topologische Markierung mit bestimmt werden. – Hüten muss man sich vor der Vorstellung, dass z.B. Gen.Attr. (→ 3.4.1.1, S. 92f.) und Adj.Attr. (→ 3.4.1.3, S. 93f.) nur in e i n e r Position auftreten könnten. Fast alle Teilfunktionen, abgesehen vom Artikel (→ 3.4.3, S. 98f.) und von den Attributsätzen (→ 3.4.1.5f., S. 95f.), können auf beiden Seiten des nominalen Kerns auftreten, allerdings ist die Struktur deutlich asymmetrisch: Die gleichen Teilstrukturen unterliegen pränominal anderen Restriktionen als postnominal.

In der folgenden Übersicht sollen nur die wichtigsten Gesetzmäßigkeiten kurz erwähnt werden. Die Details finden sich in der Übersicht über die syntaktischen Funktionen, v.a. über die sekundären Funktionen (→ 3.4, S. 91-96) und die Partikel-Funktionen (→ 3.5, S. 100-113). Hier geht es zunächst um die Wortfolge innerhalb der NP.

Am linken Rand der NP steht immer der (definite oder indefinite) Artikel, soweit einer vorhanden ist, oder statt seiner Ausdrücke, die artikelähnlich wirken, z.B. das weitgehend auf Eigennamen beschränkte (nicht prototypische) pränominale Gen.Attr., das Poss.Pron. oder die meisten Quantoren (in einer ihrer Stellungsvarianten). Noch vor dem Artikel kann ein Adverb- oder PP-Attribut stehen, allerdings dann gegen die Regeln normativer Grammatiken oder Stilistiken. Auf diese Ausdrücke folgen pränominale (prototypische) Adj.Attr., die iteriert sein und untereinander in einem koordinativen oder subordinativen Verhältnis stehen können. An ihrer Stelle können auch Partizipien sowie deren Ergänzungen stehen, die sich dann vor den partizipialen Valenzträgern anordnen wie bei Verb-Letzt. Danach folgt der nominale Kern der NP. Dahinter sind die (nicht prototypischen) postnominalen unflektierten Adj.Attr. angeordnet, die untereinander nur im koordinativen Verhältnis stehen können. Das in seiner kategorialen Füllung überhaupt nicht beschränkte (prototypische) postnominale Gen.Attr. ist allerdings mit vorausgehenden postnominalen Adj.Attr. kaum verträglich. Es kann iteriert werden, und die einzelnen Elemente können untereinander in einem koordinativen und subordinativen Verhältnis stehen. Danach folgen die (prototypischen) postnominalen adverbiellen und PP-Attr., die wiederum koordinativ und subordinativ iteriert sein können, und am NP-Ende schließlich folgen die konjunktionalen und relativischen Attributsätze, die ebenfalls iteriert sein können, aber auch extraponiert: Sie stehen dann am Ende des Nachfelds. In der folgenden Übersicht stehen auf jeweils einer Zeile die Ausdruckstypen, die sich gegenseitig ersetzen können, die Zeilen stehen in der Abfolge, wie sie oben behandelt wurden.

(2-98) *dort/gestern ... im Hauptbahnhof/im vorigen Monat*
der/ein/unser ... Ramonas/Josephs ... alle/beide/viele
schnelle/schöne/traurige/dem Trunk geneigte/sämtliche ...
Auto/Lenor/Karl/die Tatsache ...
mild und aprilfrisch/mild und fein
Ramonas/des Vaters ...
dort/gestern ... im Hauptbahnhof/im vorigen Monat
dass sie mich grüßte/der mir die Nachricht brachte

Bitte beachten Sie, dass die Verhältnisse im Einzelnen viel komplizierter sind. So etwa kann jedes Gen.Attr. als NP wieder dieselbe Binnenstruktur aufweisen. (Für einige Details → 3.4, S.91-96).

Literaturhinweise:

Altmann/Hofmann (^{2}2008), Kap. 7, S. 163-180. [Dort zahlreiche weitere Literaturhinweise].
Vater, H. (1986): Zur NP-Struktur im Deutschen. – In: Vater, H. (Hg.), Zur Syntax der Determinantien (Tübingen: Narr), S. 123-145.
Schachtl, S. (1992): Zur Distribution des attributiven Relativsatzes im Deutschen. – In: Ling. Ber. 142, S. 437-450.
Marschall, G. R. (1992): Überlegungen zum nachgestellten Adjektiv im Deutschen. – In: Valentin, P. (Hgg.), Rechts von N. Untersuchungen zur Nominalgruppe im Deutschen (Tübingen: Narr), S. 71-82.
Schierholz, S. J. (2001): Präpositionalattribute. Syntaktische und semantische Analysen. – Tübingen: Niemeyer (= Linguistische Arbeiten 447).

2.4.7 Übung zur Reihenfolge/Attribuierung innerhalb eines Satzglieds

(2-99) *Egons schöner junger, seinem Herrn völlig treu ergebener Hund der Terriergattung mit einem wertvollen Halsband, das er jüngst bei einem Modejuwelier erstanden hat ...*

Kennzeichnen Sie alle zum Kern-Substantiv *Hund* gehörigen Attribute und geben Sie deren syntaktische Eigenschaften an.

2.4.8 Partikelpositionen

Die Positionsmöglichkeit der Partikeln sind so vielgestaltig, dass sie besser bei den einzelnen Partikelfunktionen (→ 3.5, S. 98-111) behandelt werden.

Literaturhinweis:
Altmann/Hofmann (^{2}2008), Kap.8, S. 180-193. [Dort zahlreiche Literaturhinweise].

2.5 Intonatorische Markierung

Nun zu der intonatorischen Markierung. Ihre Behandlung in diesem Rahmen stellt sicherlich die höchsten Ansprüche an den Leser, nicht weil sie so kompliziert wäre (die anderen Markierungssysteme sind auch nicht gerade einfach strukturiert), sondern weil es kaum eine Tradition der Behandlung intonatorischer Phänomene im Rahmen der Sprachwissenschaft gibt, weil sie deshalb häufig ignoriert werden, und weil sie schließlich dann, wenn sie nicht ignoriert werden, gerne in die pragmatische Ecke abgedrängt werden, oder weil ihnen gar der Zeichencharakter abgesprochen wird, weil sie zum bloßen Anzeichen degradiert werden. Dagegen spricht aber das Kriterium der Konventionalität, missverständlich auch als Arbitrarität (dt. ›Beliebigkeit‹) bezeichnet. Wenn Intonation nicht konventionell wäre, dann dürfte sie nicht einzelsprachspezifisch organisiert sein. – Einige intonatorische Merkmale sind sicher universal organisiert: Hohe Tonlage gilt als Anzeichen für klein und hilfsbedürftig, hohe Tonlage kombiniert mit großer Lautstärke und schriller Charakteristik als Anzeichen für Angst, Gefahr und Schmerzen, tiefe Tonlage kombiniert mit geringer Lautstärke als Anzeichen für Beruhigung, tiefe Tonlage kombiniert mit großer Lautstärke als Anzeichen für Größe, Kraft und Bedrohung. Man braucht sich da bloß manche männlichen und weiblichen lautsprachlichen Verhaltensweisen über alle Kulturen hinweg anzusehen/-hören.

Daneben aber gibt es viele offensichtlich konventionell geregelte Bereiche. So werden z.B. nicht einmal im Deutschen alle Fragen durch steigenden Tonverlauf in der Satzakzentsilbe angezeigt:

(2-100) *Wer hat das EINgekauft?*

Dieser Ergänzungsfragesatz kann sowohl mit steigender als auch mit Fallkontur geäußert werden. Wirft man einen Blick auf andere Sprachen, so sieht man, dass dort Fragen teilweise ganz anders intonatorisch indiziert werden, im Finnischen z.B. durch große Tonhöhe am Äußerungsanfang und deutlichen Abfall über die gesamte Äußerung hinweg.

(2-101) *Kuinka kauan Mattka voi kestä?* (›Wie lange kann die Reise dauern?‹)

Die Intonation buchstabiert auch keineswegs nur bereits vorhandene syntaktische Strukturen aus, wie in der generativen Grammatik immer noch angenommen wird, sondern sie wirkt aktiv an der Markierung der Strukturen mit. Ein Beispiel ist das vorher erwähnte: die Markierung von Fragesätzen, oder allgemeiner, von Satztypen im Satzmodussystem (→ 7., S. 157-167). Dabei drückt die Intonation nicht, wie oft angenommen, unmittelbar Bedeutungen (z.B. ›Frage‹) aus, sondern ist Teil eines kombinatorischen Markierungssystems wie die anderen auch.

Literaturhinweis:
Altmann/Ziegenhain ([2]2007), Phonetik, Phonologie und Graphemik fürs Examen, 2.4, S. 49-53; 3.6, S. 104-119. [Dieser Hinweis gilt für den gesamten Abschnitt 2.5]

2.5.1 Das Akzentsystem

Eine **akzentuierte Silbe** ist eine Silbe, die durch irgendwelche Mittel gegenüber den nicht-akzentuierten hervorgehoben ist. Diese Mittel können darin bestehen, dass die Akzentsilbe gegenüber den nicht-akzentuierten Silben gelängt ist, dass sie deutlicher ausgesprochen wird, dass sie eine signifikante Tonhöhenänderung aufweist, vielleicht auch, dass sie lauter ist als die nicht-akzentuierte Umgebung – aber das weiß man noch nicht so genau.

2.5.1.1 Der Wortakzent

Wörter als die Grundeinheiten der Syntax sind über den **Wortakzent** als Wörter identifizierbar, gleichgültig, wie wir nun die Regel der Wortakzent-Platzierung formulieren. Es empfiehlt sich eine Teilung in native und nicht-native Wörter, wobei für die nativen Wörter die alte Regel der Akzentuierung der Stammanfangssilbe sinnvoll ist, während die nicht-nativen Wörter überwiegend (Ante)Pänultima-Akzent (also auf der vorletzten Silbe, und auf der drittletzten Silbe, wenn die vorletzte nicht akzentuierbar ist) aufweisen.

Man kann übrigens zweifeln, ob der Wortakzent im Satzverband noch eine wesentliche Rolle spielt (doch damit würde er auch bei der Worterkennung ausfallen). – Da sich die verschiedenen Wortbildungsprodukte syntaktisch unterschiedlich verhalten, muss auch der **Wortbildungsakzent** berücksichtigt werden (→ Altmann/Kemmerling [2]2005, 1.3.2, S. 25f.).

(2-102) *umFAHren* (Partikelpräfix-Verb) – *UMfahren* (Partikel-Verb)
(2-103) *missTRAUen* (V) – *MISStrauen* (N)

Bis jetzt war allerdings nur von **strukturellen Akzenten** die Rede; sie werden realisiert, wenn das betreffende Wort isoliert ausgesprochen wird. Dieser **Normalakzent** kann beim Einbau des Wortes in eine komplexere Struktur durchaus verlagert werden, und diese Verlagerung ist typisch für bestimmte Strukturen. So können wir in Isolation segmental identische Steigerungsbildungen und Determinativkomposita durch das Akzentmuster unterscheiden:

(2-104) *BLUTarm* (›arm an Blut‹, anämisch; Determinativkompositum)

(2-105) *blutARM* (›sehr arm‹, also so jemand wie Mutter Teresa).

Als attributives Adjektiv (→3.4.1.3, S. 91f.) haben beide fatalerweise dasselbe Gebrauchsakzentmuster:

(2-106) *das BLUTarme Mädchen, die BLUTarme Nonne*

Die akzentuierte Silbe wird in diesem Buch durch Versalien markiert.

2.5.1.2 Der Phrasenakzent

Jede syntaktisch relevante Einheit, also jede Phrase, hat einen **Phrasenakzent**, der strukturspezifisch ist. Er stuft einen Wort(bildungs)akzent hierarchisch auf und markiert tendenziell die rechte Grenze einer Phrase, im Gegensatz zum Wort(bildungs)akzent, der in nativen Wörtern tendenziell die linke Grenze der Wörter markiert. So erhalten in einer NP nie die pränominalen Bestandteile den Normalakzent, sondern nur der nominale Kern selbst, wenn kein weiteres Element folgt, oder die nachfolgenden Modifikatoren, es sei denn, es handelt sich um reine Adverbien. Insoweit kann der Phrasenakzent auch zwischen verschiedenen Strukturierungen ambiger Ausdrücke unterscheiden, bei denen kategoriale, morphologische und topologische Markierung keine Disambiguierung bewirken können. Hier ist also der Phrasenakzent Hilfsmerkmal, sonst scheint er eher zusätzliches Merkmal zu sein.

(2-107) *Das rote RÖSlein/Röslein ROT*

(2-108) *Vaters AUto/das Auto des VAters*

(2-109) *Das Röslein auf der HEIde/das RÖSlein dort*

(2-110) *Er hat /den starken MANN / in der ParTEIzentrale / getroffen.*

(2-111) *Er hat / den starken Mann in der ParTEIzentrale / getroffen.*

Neben dem Normalakzent gibt es natürlich auch markierte Akzente, z.B. auf pränominalen Attributen zur Markierung der Restriktivität dieser Attribute:

(2-112) *Geben Sie mir bitte das ROte Röslein.*

Nicht ganz in dieses Schema passt die Regelung für den Normalakzent in der VP (→ 2.2.5.2, S. 40). Bei null- und einwertigen Verben liegt der Normalakzent meist auf dem Vollverb (bzw. auf dem Prädikativ), bei zweiwertigen auf dem Nicht-Subjekt, also nicht am rechten Rand, bei dreiwertigen auf dem letzten Nicht-Subjekt in Normalstellung. Dagegen liegt der Phrasenakzent in allen diesen Fällen auf dem Valenzträger, wenn die letzte Ergänzung vor dem Verb im Mittelfeld eine (anaphorische) Proform ist.

(2-113) *REGnen, TRÄUmen, ein NARR sein, KLUG sein, daHEIM sein.*

(2-114) *ein BUCH lesen/etwas LEsen; in die GRUbe fahren; der EHrung würdig sein; dem Kind einen BALL geben; ihn mir GEben;*

Immerhin führt diese Regelung aber dazu, dass bei Verb-Erst und Verb-Zweit und Normalabfolge die letzte volle lexikalische Phrase den VP-Akzent erhält:

(2-115) *Er fährt in die GRUbe./Er gibt dem Kind einen BALL.*

2.5.1.3 Der Satzakzent

Mit den Regeln für die VP hat man gleichzeitig die Hauptregeln für die Zuordnung des normalen **Satzakzents** erreicht: Der normale VP-Akzent wird, bei normaler Satzgliedfolge, zum normalen Satzakzent aufgestuft. Auch dieser markiert tendenziell den rechten Rand der Satzstruktur.

(2-116) *Es hat geREGnet.*

(2-117) *Karl liest ein BUCH./Karl ist ein NARR.*

Tatsächlich ist aber diese strukturelle Funktion des Satzakzents nicht seine Hauptfunktion: Die besteht in der Einordnung eines Satzes in einen Äußerungskontext. Danach steht der Hintergrundausdruck tendenziell am Satzanfang, der fokussierte Ausdruck mit dem Satzakzent steht tendenziell am Satzende: Also decken sich an dieser Stelle strukturelle Position des Satzakzents und informationelle. Die dabei relevanten Kontexte können durch den sog. Fragetest (→ 4.5.1, S. 118ff.) nachgebildet werden. Er zeigt uns, dass Sätze mit normaler Satzgliedfolge und Normalakzent in vergleichsweise die meisten Kontexte passen:

(2-118) *Was war denn los? [Hans hat Sina ein RÖSchen geschickt.]*

(2-119) *Was hat Hans gemacht? Hans/Er [hat Sina ein RÖSchen geschickt.]*

(2-120) *Was hat Hans mit Sina gemacht? (Hans/Er hat Sina) [ein RÖSchen geschickt.]*

(2-121) *Was hat Hans Sina geschickt? (Hans hat Sina) [ein RÖSchen] (geschickt).*

Der Umfang des Fokus wird dabei durch die eckigen Klammern angegeben. – Wichtig daran ist v.a., dass es sich um immer denselben Satz mit gleicher Satzgliedfolge und gleicher Position des Satzakzents handelt.

2.5.1.4 Weitere Akzente

Die anderen Akzente seien hier nur kurz erwähnt, da sie nur am Rande auch bestimmte syntaktische Strukturen kennzeichnen. Das ist einmal der **kontrastive Satzakzent.** Er tritt typischerweise in *nicht – sondern*-Kontexten auf:

(2-122) A: *Hans hat Sina einen BRIEF geschrieben.*

B: *Aber nein. (Hans hat Sina) ?keinen/nicht einen BRIEF (geschrieben), sondern nur eine POSTkarte.*

Jeder normale Satzakzent kann zu einem kontrastiven Kontext werden, darüber hinaus kann der Kontrastakzent jede Wortakzentsilbe treffen, sogar einige nicht akzentuierbare Silben, soweit ein semantischer Kontrast möglich ist.

(2-123) *Er hat sie nicht BEraten, sondern hat sie VERraten.*

Der **emphatische Satzakzent** ist ein normaler Fokusakzent, doch ist der Fokus entweder enger, als er aufgrund der Satzgliedfolge sein könnte, oder er steht dort, wo normalerweise Hintergrundausdrücke in Topik-Funktion platziert sind (z.B. im Vorfeld oder am Mittelfeldanfang).

(2-124) A: *Wer hat Sina einen BRIEF geschrieben?*
B: *HANS hat Sina einen Brief geschrieben./Der HANS, DER hat Sina einen Brief geschrieben.*

Im Gegensatz dazu charakterisieren **nicht-fokale Akzente** in hohem Maße bestimmte Konstruktionen, oft als einzige Markierungsebene neben den Modalpartikeln: So zeigen Wunsch- und Exklamativsätze Akzente mit ganz spezifischen intonatorischen Merkmalen auf nicht-fokussierten Konstituenten. Sie dienen nicht der Anpassung an einen bestimmten Kontext.

(2-125) *Ach, WÄre ich doch nur zu HAUse geblieben!*

(2-126) *Hast DU es GUT! Du HAST es aber auch GUT!*

Zu den nichtfokalen Akzenten zählen auch die **Topik-Akzente**. Im nicht-markierten Fall steht das Topik einfach am Satzanfang, also im Vorfeld oder am Mittelfeld-Anfang, und wird durch einen gegenüber dem Fokusakzent abgeschwächten Topik-Akzent markiert. Daneben gibt es aber auch spezifische Topik-Strukturen wie Links- und Rechtsversetzung und Freies Topik, die den Topik-Akzent noch deutlicher zeigen.

(2-127) *Die MOnika kann ich schon GAR nicht leiden.*

(2-128) *Die MOnika, die kann ich schon GAR nicht leiden.* (Linksversetzung)

(2-129) *Nun ja, die MOnika. Also ich kann diese Person schon GAR nicht leiden.* (Freies Topik)

(2-130) *Ich kann sie schon GAR nicht leiden, die MOnika.* (Rechtsversetzung)

2.5.2 Die Pausenstruktur

Für die Gliederung einer komplexen Satzstruktur viel augenfälliger ist die **Pausenstruktur.** Dabei ist eine Pause nicht unbedingt ein artikulationsfreier Zeitraum, sondern die Grenzen werden durch sehr komplexe intonatorische Merkmale signalisiert, z.B. durch eine Längung der grenznahen Silben, durch einen typischen Tonhöhenverlauf, durch die Unterbindung von Assimilation über diese Grenze hinweg (Sandhi-Regeln). Ferner muss man derartige strukturell bedingte Grenzsignale unterscheiden von Planungs- und Zögerungspausen, die oft auf strukturelle Grenzen keine Rücksicht nehmen. Strukturen aller Komplexitätsgrade zwischen Wort und Satz werden an ihren Grenzen entsprechend markiert, doch werden mit zunehmender Sprechgeschwindigkeit die hierarchisch niedrigeren Grenzen schwächer bis gar nicht mehr angezeigt. So sind v.a. **Wortpausen** im Satzverband nur schwach entwickelt. **Phrasenpausen** dienen der strukturellen Gliederung von Sätzen und helfen, zusammen mit den Akzentstärken und -positionen, bei der Disambiguierung mehrdeutiger Ausdrücke.

(2-131) *Ich sehe / den Mann aus der Uni / kommen.* (= Der Mann stammt aus der Uni)

(2-132) *Ich sehe / den Mann / aus der Uni kommen.* (= Der Mann kommt aus der Uni)

Gliedsätze weisen an ihren Rändern normale Phrasenpausen auf, Gliedteilsätze nur untergeordnete Pausen. – **Satzpausen** kennzeichnen die Grenzen selbstständiger Sätze.

2.5.3 Tonmuster

Innerhalb von Satzpausen werden **Tonmuster** realisiert. Wie viele man unterscheidet und welche Faktoren man zu ihrer Beschreibung heranzieht, ist bis heute noch umstritten. Am wichtigsten ist dabei der Tonverlauf in der Hauptakzentsilbe, die meist eine fokale Satzakzentsilbe ist. Danach unterscheidet man eine Steigkontur und eine Fallkontur. Mit dem Tonverlauf verbunden ist die Tonhöhe am Äußerungsende: Bei Steigkontur ist sie hoch, bei Fallkontur ist sie tief. Ferner kann man, zumindest bei bestimmten Satztypen, die Tonhöhe am Äußerungsanfang berücksichtigen. Diese Tonmuster sind ein wichtiger Faktor bei der Kennzeichnung von Satztypen im Satzmodussystem (→ 7. S. 157-167). Hier nur kurz einige Beispiele:

(2-133) *Stellt IHR euch (doch) an!* (Imperativ-Satz)

(2-134) *Mein Gott! Stellt IHR euch (vielleicht) an!* (V-1-Exklamativsatz)

(2-135) *Stellt IHR euch (denn) an?* (V-1-Entscheidungsfragesatz)

(2-136) *Wer von euch stellt sich (denn) AN?* (*w*-V-2-Ergänzungsfragesatz)

(2-137) *Ihr stellt euch AN?* (Assertive Frage)

(2-138) *Ihr stellt euch jetzt AN!* (Aussagesatz)

Die Beispiele zeigen, dass aufgrund der reinen Lautfolge (und der Satzakzentposition) identische Sätze erst durch das Tonmuster einem bestimmten Satztyp zugeordnet werden können. Derartige Konstellationen treten relativ häufig auf, und die Intonation wirkt dann recht zuverlässig als Markierungssystem. In den anderen Fällen, in denen schon die reine Lautfolge für die Zuordnung zu einem Satztyp ausreicht, ist die Intonation nicht mehr im Markierungssystem belastet, kann also auch andere Funktionen übernehmen, z.B. zum Ausdruck des Sprecherinteresses an einer informativen Antwort auf eine Frage dienen. Doch dies ist noch nicht überzeugend nachweisbar.

Hinweis: So wichtig die Intonation als syntakt. Markierungssystem ist, so spielt sie doch in der Praxis der syntaktischen Analyse kaum eine Rolle. Erstens deshalb, weil die Analysetexte meist schriftliche Texte sind, bei denen die gemeinte Intonation durch den Leser rekonstruiert werden muss und die deshalb keine distinktive Funktion hat (die anderen syntaktischen Mittel übernehmen die Differenzierungsfunktion); zweitens, weil nach unserer Erfahrung die Intonation in der akademischen Lehre kaum eine Rolle spielt (und damit auch nicht im Prüfungswesen). Man kann also im Normalfall die intonatorischen Eigenschaften eines Analysesatzes weitgehend ignorieren.

Literaturhinweise:

Für eine ausführlichere Darstellung und Literaturhinweise siehe Altmann/Ziegenhain (^{2}2007), Phonetik, Phonologie und Graphemik fürs Examen, 2.4, S. 49-53 und 3.6, S. 104-119.

Stock, E. (1996): Deutsche Intonation. – Berlin/München: Langenscheidt.

2.6 Zusammenfassung

Mit den vorausgehenden Darlegungen zu den syntaktischen Mitteln haben wir folgende Ziele anvisiert:

Erstens haben wir gezeigt, dass syntaktische Strukturen nicht »vom Himmel fallen«, sondern dass sie aus Elementen, Eigenschaften, Verknüpfungssystemen aufgebaut sind. Die Eigenschaften komplexer Ausdrücke (als Gegenstand syntaktischer Untersuchungen) kann man durch systematische Beobachtung der syntaktische Mittel, die sie kennzeichnen, ermitteln (neben den Beziehungen zu verwandten Strukturen).

Zweitens liegen die Kategorien, die man bei der Beschreibung der syntaktischen Mittel anwenden will, nicht automatisch vor. Die zur Bildung der Kategorien verwendeten Kriterien sind immer eine Auswahl aus den möglichen Kriterien, und ob man die richtige Auswahl getroffen und damit eine nützliche Kategorisierung bewirkt hat, weiß man erst, wenn die syntaktische Beschreibung fertig ist. Fertig aber kann sie nie sein, dazu ist die Menge der möglichen Konstellationen einfach zu groß. Damit ist aber auch die Ordnung der syntaktischen Mittel nie abgeschlossen, aber man kann doch sagen, dass im Hinblick auf eine möglichst große Menge von berücksichtigten Struktureigenschaften eine bestimmte Kategorisierung etc. nützlich ist. Jede neu entdeckte und beschriebene syntaktische Eigenschaft muss Rückwirkungen auf die Beschreibung der syntaktischen Mittel haben, und eine geänderte Beschreibung der syntaktischen Mittel wird zwangsläufig zu einer geänderten Beschreibung syntaktischer Strukturen führen.

3. Syntaktische Funktionen

Syntaktische Funktion ist die Bezeichnung für eine Relation zwischen zwei konkreten Ausdrücken innerhalb desselben Satzes. Diese wird durch morphologische Markierung (Kasus) und/oder durch die strukturelle Relation (Stellung) der Ausdrücke zueinander bestimmt. So etwa erfüllt eine nominativische NP, die unmittelbare Konstituente (= direkter Bestandteil) eines Satzes ist, bezüglich dieses Satzes die Subjekt-Funktion (→ 3.2.1, S. 78ff.); eine akkusativische NP, die unmittelbare Konstituente einer Verbalphrase ist, erfüllt bezüglich dieser VP die Funktion des Akkusativ-Objekts (→ 3.2.4, S. 83f.). In der alltäglichen Redeweise vernachlässigt man leider die Angabe der definierenden Faktoren und spricht nur von »Subjekt«, »Akkusativ-Objekts« usw.

3.1 Verbale Funktionen

Zu ihnen zählen alle unmittelbaren Bestandteile des engen Verbalkomplexes. Diese Bestandteile sind im Deutschen kaum bzw. nur sehr umständlich erfragbar: *was tut ... ?* (Handlungsverben)/*was geschieht ...?* (Geschehensverben). Für Zustandsverben gibt es kaum akzeptable Frageformulierungen. – Die finiten Bestandteile bestimmen den Verbstellungstyp (→ 2.4.1, S. 47-50), die finiten und die infiniten gehören zur Klammerstruktur (→ 2.4.2, S. 50-54).

Wir ziehen den Ausdruck »Verbalkomplex« dem gängigen Ausdruck »Prädikat« vor, da letzterer primär logisch-semantisch orientiert und sehr vage bzgl. der Ausdehnung der gemeinten Ausdrücke ist. – Die Termini »Voll-/Hauptverb«, »Modalverb«, »Kopulaverb« und »Hilfsverb« werden meist für Subkategorien der Kategorie »Verb« verwendet. Wir ziehen es vor, sie für verbale Subfunktionen zu verwenden, um damit zu verdeutlichen, dass dasselbe Verb (z.B. *sein*) in allen vier Subfunktionen verwendet werden kann, dass man also erst in der konkreten Verwendung diese Zuordnung treffen kann. Natürlich kann man dann zu diesen verbalen Subfunktionen parallele Subkategorien bilden.

Literaturhinweis:

Schrodt, R. (1984): Zur Geschichte des Prädikatsbegriffs in der deutschen Grammatik. – In: Linguistica et Philologica. Gedenkschrift f. B. Collinger (Wien), S. 413-443 (= Philol. Germ. 6).

Bredel, U./Töpler, C. (2007): Verb. – In: Hoffmann, L. (Hg.), Handbuch der deutschen Wortarten (Berlin etc.: de Gruyter), S. 823-904. (= de Gruyter Lexikon)

3.1.1 Vollverb (VV) oder Hauptverb

- kategoriale Füllung: fast alle Verben.
- morphologische Markierung: bei finiter Verwendung nach Person (Ps.), Numerus (Num.), Modus (Mod.), Tempus (Temp.) und Genus Verbi (Gen. Verbi) markiert. – Falls Subjekt vorhanden, Kongruenz mit diesem bezüglich Ps. und Num.; in subjektlosen Strukturen 3. Ps.Sg. – Infinite Verwendung in Kombination mit Hilfsverb/Modalverb. – Träger der Rektion bezüglich der obliquen Ergänzungen (z.B. Akk.Obj., Gen.Obj.).
- intonatorische Markierung: bei null- und einwertigen Verben Fokusexponent (Träger des Normal-Satzakzents) (→ 2.5.1.3, S. 64).
- topologische Markierung: finit: klammeröffnend bei V-1 und V-2, klammerschließend bei V-L; infinit: immer klammerschließend (V-1, V-2, V-L), aber auch vorfeldfähig.
- Struktureigenschaften: kann (finit) allein den engen Verbalkomplex bilden oder (infinit) zusammen mit Hilfsverb/Modalverb. – Träger der Valenz (→ 5.1, S. 123-126) und der Rektion (→ 2.3.4.2, S. 46). – Subklassifikation nach transitiv/intransitiv bzw. Valenz, nach Aktionsart (imperfektiv = durativ; perfektiv = inchoativ/ingressiv/egressiv/terminativ etc.) oder nach verschiedenen semantischen Kriterien (Handlungs-, Vorgangs-, Zustandsverben, Verben der gerichteten Bewegung, der Befindlichkeit).

3.1.2 Hilfsverb (HV)

- kategoriale Füllung: *sein* (für Perf., Pqp., Fut. II), *haben* (für Perf., Pqp., Fut. II), *werden* (Fut. I und II, Vorgangspassiv), *sein/haben* (Zustandspassiv), *kriegen/bekommen* (Dativ-Passiv) (→ 5.2.6.2, S. 131-134).
- morphologische Markierung: Bei finiter Verwendung genau wie Vollverb; infinite Verwendung nur in Kombination mit weiteren (finiten) Hilfsverben/Modalverben möglich.
- intonatorische Markierung: Satzakzent nur bei Verum-Fokus (ausschließliche Behauptung der Wahrheit eines Sachverhalts) (→ 2.5.1.3, S. 64ff.).
- topologische Markierung: finit: wie Vollverb; infinit: immer klammerschließend, nicht vorfeldfähig.
- Struktureigenschaften: Kann nicht allein den engen Verbalkomplex bilden, sondern nur zusammen mit Vollverb/Kopulaverb. – Beachte die Nähe des *werden*-Futurs zu Modalverb-Vollverb-Konstruktionen (→ 3.1.4, S. 71f.)!
  (3-1) *Wir <u>werden</u> am Wochenende verreisen.*

Literaturhinweise:
Darski, J. (2002): Hilfsverben? / Auxiliarverben? – In: Rapp, Reinhard (Hgg.), Sprachwissenschaft auf dem Weg in das dritte Jahrtausend. Akten des 34. Ling. Koll. in Germersheim 1999. Teil I: Text, Bedeutung, Kommunikation (Frankfurt a. M.: Peter Lang), S. 309-317.
Kotin, Michail L. (1999): Die Basisrelationen des Deutschen und die Auxiliarisierung von *haben, sein* und *werden*. – In: ZS für deutsche Philologie 118, S. 391-419.
Reis, M. (1976): Zum grammatischen Status der Hilfsverben. – In: Kern, S. (Hg.), Löwen und Sprachtiger. Akten des 8. Ling. Kolloquiums Löwen (Leuven: Edition Peters), S. 267-284.

3.1.3 Kopulaverb (KV)

- kategoriale Füllung: vor allem *sein, werden, bleiben, scheinen; heißen, nennen* mit Objektsprädikativ.
  Achtung: Überschneidungen mit Hilfsverben (→ s.o.)!
- morphologische Markierung: Bei finiter Verwendung genau wie Vollverb; infinit nur in Kombination mit (finiten) Hilfs-/Modalverben.
- intonatorische Markierung: Satzakzent nur bei Verum-Fokus (→ 2.5.1.3, S. 64ff.).
- topologische Markierung: finit wie Vollverb; infinit: immer klammerschließend, nicht vorfeldfähig.
- Struktureigenschaften: kann nur zusammen mit einem Prädikativ (→ 3.1.9, S. 75ff.) den engen Verbalkomplex bilden. – Nicht allein Träger der Valenz- und Rektionseigenschaften. Kombinationen mit Hilfs- und Modalverben möglich, nicht jedoch Kombinationen mit Vollverben.
  (3-2) *neugierig <u>sein</u> auf etw.*
  (3-3) *Der Lehrer <u>wird</u> ein guter Schuldirektor.*
  (3-4) *Das Problem <u>ist</u> von Bedeutung.*

Literaturhinweise:
Lang, E./Geist, L. (Hgg.) (1999): Kopula-Prädikativ-Konstruktionen als Syntax-Semantik-Schnittstelle. (ZAS papers in linguistics 14).
Lenz, B. (1996): *Sein, bleiben* und *werden* im Negations- und Partizipial-Kontext. – In: Ling. Ber. 162, S. 161-182.
Steinitz, R. (1999): Die Kopula *werden* und die Situationstypen. – In: ZS für Sprachwissenschaft. 18, 1. S. 121-151.

3.1.4 Modalverb (MV)

- kategoriale Füllung: *dürfen, können, mögen, müssen, sollen, wollen*, ferner *möchten; brauchen* wird teilweise wie ein Modalverb, teilweise wie ein Modalitätsverb (→ 3.1.5, S. 73) verwendet. *werden* zeigt als Futur-Hilfsverb, aber auch als modalisierendes Verb z.T. die Eigenschaften eines Modalverbs; die Zuordnung von *lassen* ist umstritten.

- morphologische Markierung: bei finiter Verwendung genau wie Vollverb; infinite Verwendung nur in Kombination mit finitem Hilfsverb (Vollverb steht dann im »Infinitiv« ohne *zu* (→ 6.5.3, S. 151f.)). Die analytischen Verbalformen mit finiten Formen des Hilfsverbs *haben* werden nicht mit dem Part. II des Modalverbs, sondern mit dem Inf. I (sog. »Ersatzinfinitiv«) gebildet. Kein Imperativ; 3. Ps.Sg.Ind.Präs. ohne *-t*.
- intonatorische Markierung: Bedingungen für den Satzakzent unklar.
- topologische Markierung: finit: wie Vollverb; infinit: immer klammerschließend, nicht vorfeldfähig. – Bei V-L ist in Kombination mit einem finiten Hilfsverb und einem oder mehreren Vollverben die (normativ orientierte) **Modalverbregel** anzuwenden (→ Altmann/Hofmann ²2008, 2.5.3, S. 53f.): Die finite Hilfsverbform steht dann nicht am Ende der Verbformen, sondern an ihrem Anfang (Unsicherheit der Sprecher aufgrund dialektaler Variation):

  (3-5) *..., dass ich sie die Arie habe singen hören wollen.*
- Struktureigenschaften: Kann nur zusammen mit einem Vollverbinfinitiv ohne *zu* oder einer prädikativen Struktur den engen Verbalkomplex bilden (= definierende Eigenschaft); ohne Vollverbinfinitiv: elliptisch oder selber Vollverb. Kann keinen Imperativ bilden, besitzt aber das volle Tempusparadigma. – Ist nicht Träger der Valenz-/Rektionseigenschaften.

  (3-6) *Weihnachten durften wir länger aufbleiben.*

  (3-7) *Ich möchte einmal Bulgarien kennenlernen.*

  (3-8) *Er hat an Weihnachten länger aufbleiben dürfen.*

Literaturhinweise:

Abraham, W. (1990): Die Grammatikalisierung von Auxiliar- und Modalverben. – In: Beiträge 112, S. 200-208.

Askedal, J. O. (1991): »Ersatzinfinitiv/Partizipersatz« und Verwandtes. Zum Aufbau des verbalen Schlussfeldes in der modernen deutschen Standardsprache. – In: ZS für Germanist. Ling. 19, S. 1-23.

Askedal, J. O. (1997): *brauchen* mit Infinitiv. Aspekte der Auxiliarisierung. – In: Jahrbuch der Ungarischen Germanistik. 1997 (Berlin, New York: Mouton de Gruyter), S. 53-68.

Diewald, G. (2000): Die Modalverben im Deutschen. Grammatikalisierung und Polyfunktionalität. Tübingen: Niemeyer (= Reihe Germanist. Ling. 208).

Diewald, G. (2000): Die Modalverben im Deutschen. – In: Munske, H. H./Habermann, M. (Hgg.): Germanistische Linguistik in Erlangen. Eine Bilanz nach 50 Jahren (Erlangen: Universität Erlangen-Nürnberg), S. 86-91.

Helbig, G. (1995): Kontroversen über die deutschen Modalverben. – In: Deutsch als Fremdsprache 32, S. 206-214.

Lenz, B. (1996): Wie *brauchen* ins deutsche Modalverbsystem geriet und welche Rolle es darin spielt. – In: Beiträge zur Geschichte der deutschen Sprache und Literatur. 118, S. 393-422.

Öhlschläger, G. (1989): Zur Syntax und Semantik der Modalverben des Deutschen. – Tübingen: Niemeyer (=Ling. Arb. 144).

Reis, M. (2001): Bilden Modalverben im Deutschen eine syntaktische Klasse? – In: Müller, R./ Reis, M. (Hgg.), Modalität und Modalverben im Deutschen (Hamburg: Buske), S. 287-318. (= Ling. Ber. Sonderheft 9).

Zifonun, G. e.a. (1997): Grammatik der deutschen Sprache. – Berlin e.a.: de Gruyter (= Schriften des Inst. f. dt. Sprache 7). [S. 1252-1276, v.a. 1258f. u. 1285ff.].

3.1.5 Modalitätsverben (»Hilfsmodale«)

- kategoriale Füllung: (geordnet nach abnehmender Nähe zu den Modalverben und zunehmender Nähe zu AcI-Verben, → 6.5.6, S. 153f.): *brauchen, drohen, belieben; pflegen, bleiben; gedenken, planen, vermögen; gelten, geben* (i.S.v. ›deutlich machen‹); *kriegen, bekommen, wissen; beabsichtigen, geruhen, bitten, helfen; scheinen, versprechen, hoffen, wünschen, zögern, vermessen, verstehen; erlauben, finden;* die Phasenverben *anfangen, aufhören, anheben, beginnen; stehen,* sofern sie mit dem *zu*-Infinitiv eines Vollverbs oder eines Kopulaverbs ohne Satzgliedwert auftreten. Dieselben Verben können als Vollverben mit teilweise deutlich verschiedener Semantik und anderer Valenzstruktur auftreten. Die Trennung der beiden Lesarten ist ein ernstes Problem, damit auch die Abgrenzung der Modalitätsverben (→ 6.5.4, S. 152).
- morphologische Markierung:
  - bilden wie Modalverben **keinen Imperativ** (**Droh unterzugehen.*)
  - können wie Modalverben **kein Passiv** bilden: **Er wurde vermocht, die Leute zu beeindrucken.* Der Vollverbinfinitiv kann aber Passivformen annehmen: ..., *weil er von den Leuten beeindruckt zu werden vermochte./ An diese Sache scheint ernsthaft herangegangen zu werden.*
  - bilden kein analytisches Tempus: **Karl hatte zu schlafen geschienen.*
  - fordern einen Hauptverbinfinitiv mit *zu* (mit Problemen bei *brauchen*);
- topologische Markierung: Modalverbregel nicht anwendbar, da analytische Verbformen mit *haben* nicht möglich sind. (**Er hat unterzugehen gedroht.*)
- intonatorische Markierung: Bedingungen für den Satzakzent unklar.
- Struktureigenschaften:
  - zeigen eine deutlich von der Vollverb-Lesart verschiedene »**modale**« **Bedeutung**, ohne aber eine typische Modalverb-Bedeutung aufzuweisen.
  - Haben keinen eigenen **Valenzrahmen** und keine eigene Subjektselektion. Es gilt die Valenz des Vollverbs.

Literaturhinweise:

Askedal, J.O. (1983): Über *scheinen* als Modalitätsverb im gegenwärtigen Deutsch. – In: Askedal, J.O. e.a. (Hgg.), FS für Laurits Saltveit (Oslo), S. 30-39.

Diewald, G. (2001): *scheinen*-Probleme: Analogie, Konstruktionsmischung und die Sogwirkung aktiver Grammatikalisierungskanäle. – In: Müller, R./Reis, M. (Hgg.), Modalität und Modalverben im Deutschen (Hamburg: Buske), S. 87-110. (= Ling. Ber. Sonderheft 9).

Gunkel, L. (2000): Selektion verbaler Komplemente. Zur Syntax der Halbmodal- und Phasenverben. – In: Fuhrhop, N./Thieroff, R./Teuber, O./Tamrat, M. (Hgg.), Deutsche Grammatik in Theorie und Praxis (Tübingen: Niemeyer), S. 111-122.

Pfeffer, J. A. (1973): *brauchen* als Vollverb, Hilfsmodal und Modalverb. – In: Wirkendes Wort 2, S. 86-92.

Weber, Heinrich (2002): Ist *lassen* ein Modalverb? – In: Rapp, Reinhard (Hgg.), Sprachwissenschaft auf dem Weg in das dritte Jahrtausend. Akten des 34. Ling. Kolloquiums in Germersheim 1999. Teil I: Text, Bedeutung, Kommunikation (Frankfurt a. M.: Peter Lang), S. 255-265.

Zifonun, G. e.a. (1997): Grammatik der deutschen Sprache. – Berlin e.a.: de Gruyter (= Schriften des Inst. f. dt. Sprache 7). [S. 1276-1285, v.a. 1285ff.].

3.1.6 Objektinkorporationen

- kategoriale Füllung: artikel- und attributloses Substantiv + Vollverb; beim Verb keine besonderen Selektionen.
- morphologische Markierung: N ist unmarkiert (akkusativische Markierung nicht mehr zweifelsfrei erkennbar), Verb wie üblich.
- intonatorische Markierung: N erhält Normalakzent.
- topologische Markierung: Verb wie Vollverb, N teilweise wie Akk.Obj. (Ende des Mittelfelds), teilweise wie Verbpartikel (dann Teil des klammerschließenden Ausdrucks).
- Struktureigenschaften: N in Objektinkorporation ist irreferentiell, d.h.:
  - artikel- und attributlos.
  - nicht pronominalisierbar, nicht erfragbar.
  - Negation: *nicht* (*kein* in dieser Lesart nicht möglich).

  (3-9) *Auto fahren, Rad fahren, Trübsal blasen, handarbeiten, preisgeben, haushalten* (alles in reformierter Orthographie!).

Hinweis: Es handelt sich dabei um Ausdrücke auf dem Weg von syntaktischen Strukturen (wie *Mitteilung machen*) zu Zusammenrückungen (wie *Rad fahren*). Die reformierte Orthographie unterscheidet hier nicht. – Das N in der Objektinkorporation zählt nicht als Ergänzung, der gesamte Ausdruck gilt als Valenzträger. – Beachte, dass es oft parallele Ausdrücke mit normaler Bedeutung gibt, die als normale syntaktische Strukturen zu analysieren sind: *Rad fahren* i.S.v. ›sich mit einem Rad vorwärts bewegen‹ vs. *ein luxuriöses Rad fahren.*

3.1.7 Funktionsverbgefüge (FVG)

- kategoriale Füllung: Verb + PP, Verb + NP; das Verb ist ein Vollverb; selten austauschbar, Valenz (→ 5.1, S. 123-126) eher vom N gesteuert, Präposition scheint vom Verb gesteuert. – Falls Artikel, dann enklitisch an Präposition. Im Normalfall aber N artikel- und attributlos; N meist Verbalabstraktum (deshalb Funktionsverbgefüge teilweise durch Basisverb ersetzbar).
- morphologische Markierung: wie Vollverb.
- topologische Markierung: Verb wie Vollverb. PP ähnlich wie Präp.Obj. (dann Ende des Mittelfelds), teilweise wie Verbpartikel (dann Teil des klammerschl. Ausdrucks).

  (3-10) *ins Stocken geraten, zur Aufführung bringen, Lob zollen.*

Hinweis: Wie bei den Objektinkorporationen ist das N in der PP irreferentiell (artikellos, attributlos, nicht erfragbar) das gesamte FVG gilt als Träger der Valenz (die PP wird also nicht als Präp.Obj. oder Adverbiale analysiert). Und wieder gibt es parallele syntaktische Strukturen mit normaler Semantik: *in Aussicht stellen* vs. *in die Aussicht stellen.*

Literaturhinweise:
Heine, A. (2007): Funktionsverbgefüge in System, Text und korpusbasierter (Lerner-)Lexikographie. – Frankfurt etc.: P. Lang. (= Finnische Beiträge zur Germanistik Bd. 18)
Meola, C. di (1994): *Kommen* und *gehen*. Eine kognitiv-linguistische Untersuchung der Polysemie deiktischer Bewegungsverben. – Tübingen: Niemeyer (= Ling. Arbeiten 325).
Polenz, P. v. (1987): Funktionsverben, Funktionsverbgefüge und Verwandtes. Vorschlag zur satzsemantischen Lexikographie. – In: ZS f. Germ. Ling. 15, S. 169-189.
Polenz, P. v. (1994): Funktionsverben im heutigen Deutsch. – In: Hotz, K. (Hgg.), Deutsche Sprache der Gegenwart. Entwicklungen und Tendenzen. Für die Sekundarstufe (Stuttgart: Reclam), S. 121-138.
Pottelberge, J. v. (2001): Verbonominale Konstruktionen, Funktionsverbgefüge. Vom Sinn und Unsinn eines Untersuchungsgegenstandes. – Heidelberg: Winter (Germanistische Bibliothek 12).

3.1.8 Verbale Idiome

Ihre Bedeutung ist nicht aus der Einzelbedeutung der Bestandteile sowie der Strukturbedeutung erschließbar. Dies gilt z.T. auch für Objektinkorporationen und Funktionsverbgefüge. Nach Abzug dieser beiden Strukturtypen verbleiben noch zahlreiche Untertypen, die aber hier nicht im Detail behandelt werden sollen.

(3-11) *ins Gras beißen, in die Binsen gehen, auf die Folter spannen, hinters Licht führen, ins Bild setzen, Fersengeld geben.*

Achtung: Die Abgrenzung zwischen Objektinkorporation, Funktionsverbgefüge und verbalem Idiom ist äußerst heikel!

3.1.9 Prädikativ (Präd.)

Die Zuordnung der Prädikative zu den verbalen Formen ist umstritten. Natürlich handelt es sich nicht um Verben, aber als Valenzträger bilden sie zusammen mit den Kopulaverben eine Art engen Verbalkomplex; andererseits zeigen prädikative NP und PP teilweise Merkmale von Satzgliedern (→ 3.2, S. 78) bzw. Ergänzungen (aber nicht alle!)

- kategoriale Füllung:
  - Adjektiv: *<u>hübsch</u> sein* (problematische Trennung von Modaladverbiale (*<u>schnell</u> laufen*) (→ 3.3.1, S. 88f.) und prädikativem Attribut (*<u>krank</u> heimkommen*) (→ 3.3.3, S. 90). Eine Reihe von nicht-flektierbaren Ad-

jektiven tritt nur in prädikativer Funktion auf: *abhold, abspenstig, allein, angst, anheischig, ausfindig, barfuß, egal, einerlei, eingedenk, feind, gar, getrost, gewahr, gewillt, gram, handgemein, leid, los, pleite, quitt, schade, teilhaftig, untertan, vorstellig, zugetan.*

- NP (typischerweise indefinit oder artikellos): *ein Wohltäter werden* (problematische Trennung von Identitätsaussagen).
- Adverb: *da/dort/heute sein* (problematische Trennung von Vollverb + Adverbiale).
- prädikative PP: *in München/von gestern sein.*
- Möglicherweise gibt es auch Prädikativsätze und prädikative Infinitivkonstruktionen:

(3-12) *Er ist (so), wie mein Bruder war./Das bleibt zu überlegen.*

- morphologische Markierung:
  - NP: Nominativ (in wenigen Fällen auch Genitiv: *des Teufels/guter Laune/anderer Ansicht/guten Mutes/guter Dinge sein).*
  - Akk.: Objektsprädikativ: *Sie nennt ihren Mann einen Lügner.*

  Achtung: Abgrenzung der präd. NP zum Subjekt (→ 3.2.1, S. 78ff.) problematisch; Adjektiv: unmarkiert (also nicht Nominativ); Adverb: unmarkiert; PP werden von der entsprechenden Präposition regiert (beachte Nähe zu Präp.Obj.: *von großem Wert sein, zu Asche werden)*; Prädikativsätze: unmarkiert. Prädikative können Valenz- bzw. Rektionseigenschaften haben (→ 2.3.4.2, S. 46): *stolz sein auf etw./jemanden, einer Sache würdig sein.*
- intonatorische Markierung: tendenziell mit Fokusakzent, wenn keine oblique Ergänzung vorhanden ist.
- topologische Markierung: am Mittelfeldende, evtl. Nähe zum klammerschließenden Element bzw. selbst klammerschließendes Element.
- Struktureigenschaften: Zwischenstellung zwischen normalem Satzglied und Verbkomplexen. – Obligatorisches Auftreten zusammen mit Kopulaverb wie *sein, werden, bleiben.*

  Achtung: problematische Abgrenzung zu Objektsprädikativen und prädikativen Attributen (→ 3.3.3, S. 90): *Er kommt krank nach Hause. > *Das Nachhausekommen erfolgt in kranker Weise. = Er kommt nach Hause, und dabei ist er krank.*
  - Erfragbarkeit: problematisch, allenfalls mit *wie/was;* bei Adverb und PP mit *wo, wann, wie* usw.

    Achtung: ganz unterschiedliche Eigenschaften der Teilgruppen; untereinander nicht koordinierbar, nicht mit gleichem Fragewort erfragbar. *wie, was, wo/warum, wohin.*

(3-13) *Du bist des Teufels *und dumm.*

(3-14) *Die Gespräche waren gestern *und in der Turnhalle/*und erfolgreich.*

Prädikative geben eine Eigenschaft des Subjekt-Referenten an.

Der Valenzträger ist das Prädikativ zusammen mit der Kopula:

(3-15) *Er wird ihrer eingedenk sein .*

(3-16) *Aber ganz hold war ihm die Norne doch nicht.*

Imperativbildung meist möglich:

(3-17) *Sei kein Frosch, ...*

Literaturhinweise:

Maienborn, C. (1999): Situationsbezug und die Stadien/Individuen-Distinktion bei Kopula-Prädikativ-Konstruktionen. – In: Lang, E./Geist, L. (Hgg.), Kopula-Prädikativ-Konstruktionen als Syntax-Semantik-Schnittstelle. ZAS papers in linguistics 14, S. 41-64.

Maienborn, C. (2000): Zustände – Stadien – stative Ausdrücke: Zur Semantik und Pragmatik von Kopula-Prädikativ-Konstruktionen. – In: Ling. Ber. 183, S. 271-307.

Plank, F. (1985): Prädikativ und Koprädikativ. – In: ZS f. Germ. Ling. 13, S. 154-185.

Schrodt, R. (1984): Zur Geschichte des Prädikatsbegriffs in der deutschen Grammatik. – In: Linguistica et Philologica. Gedenkschrift f. B. Collinger (Wien), S. 413-443 (= Philol. Germ. 6).

Steinitz, R. (1997): Valenznotwendige Präpositionalphrasen: weder Argument- noch Adjunktposition. – In: Dürscheid, Chr. e.a. (Hgg.), Sprache im Fokus. FS H. Vater (Tübingen: Niemeyer), S. 329-352.

Urbas, M. (1993): Numeruskongruenz und Numeruskonflikte in Kopulasätzen. – Düsseldorf.

3.1.10 Übung zu den verbalen Funktionen

(3-18) *Hören Sie, sagt mein Nachbar.*

(3-19) *Das müssen Sie doch auch gehört haben.*

(3-20) *Ich schaue ihn an.*

(3-21) *Er wird ungeduldig.*

(3-22) *Sagen Sie bloß, das haben Sie nicht gehört.*

(3-23) *Ich schüttle den Kopf und entschließ mich zu der Frage: Was denn?*

(3-24) *Na, hören Sie mal, sagt der Mann, leicht entrüstet.*

(3-25) *Das konnte man doch gar nicht überhören.*

(3-26) *Langsam werde ich auch ungeduldig.*

(3-27) *Was hat er?*

(3-28) *Ich habe nichts gehört.*

(3-29) *Na, gestern Abend, sagt mein Nachbar.*

(3-30) *Es muss die junge Frau gewesen sein, die mit dem Kind, die allein ist.*

(3-31) *Und? frage ich.*

(aus: Freitag vom 19.3.99)

Geben Sie die verbalen Funktionen in (3-18) bis (3-31) an!

3.2 Valenznotwendige Ergänzungen

Hierunter versteht man alle Satzglieder, die – im Gegensatz zu den freien Angaben (→ 3.3, S. 88ff.) – von der Valenz des übergeordneten Verbalkomplexes gefordert werden.

Satzglieder haben folgende Eigenschaften:

- vorfeldfähig und -füllend (= Stellungsglied), nur gesamthaft verschiebbar.
- nur in ganz wenigen Fällen kann ein Teilausdruck aus einem Satzglied »herausbewegt« werden:

  (3-32) *Die Pferde haben wir alle eingefangen.* (»Quantorenfloating«)

  (3-33) *Radis gibt es dort recht schöne.* (»Attributfloating«)

  Gleiches gilt für Attributsätze in Extraposition (→ 2.4.3.4, S. 56f.).
- erfragbar (mit wenigen Ausnahmen bei den Adverbialen).
- pronominalisierbar bzw. gesamthaft ersetzbar.
- gefüllt mit Substantivgruppen (NPn), Präpositionalphrasen (PPn), Gliedsätzen oder Infinitivkonstruktionen.

Grammatikmodelle:

- Valenzgrammatik: Alle Satzglieder sind, soweit es sich um Ergänzungen handelt, gleichrangig. Unterschieden werden sie nur nach der Morphologie.
- Konstituentenstruktur-Grammatiken: hierarchisch-konfigurationell, z.B. Subjekt = diejenige NP, die direkt vom Satz-Knoten dominiert wird und linke Schwesterkonstituente der Verbalphrase ist.
- Kategorialgrammatik: nach Verbnähe, z.B. Subjekt = am verbfernsten (wird zuletzt abgebunden).

Literaturhinweise:

Eroms, H.-W. (2000): Syntax der deutschen Sprache. – Berlin, New York: de Gruyter. [Valenz]

von Stechow, A./Sternefeld, W. (1988): Bausteine syntaktischen Wissens. Ein Lehrbuch der generativen Grammatik. – Opladen: Westdeutscher Verlag. [gut verständliche, datenorientierte Darstellung der KS-Grammatik/generativen Grammatik]

Zifonun, G./Hoffmann, L./Strecker, B. e.a. (1997): Grammatik der deutschen Sprache. 3 Bde. – Berlin etc.: de Gruyter. (= Schriften des IdS Bd. 7.1-7.3) [kategorialgrammatischer Ansatz]

3.2.1 Subjekt (Subj.)

- kategoriale Füllung: Alle Arten von NP, fast alle Arten von Gliedsätzen; und Infinitivkonstruktionen; beachte auch Pseudo-Subjekt-*es* (nicht weglassbar, nicht erfragbar/ersetzbar; → 10.4, S. 180f.):

  (3-34) *Es regnete gestern viel./Gestern regnete es viel.*

  – sog. »freie Relativsätze«:

  (3-35) *Wer rastet,(der) rostet.* (freier *w*-Relativsatz)

(3-36) *Der ich bin, grüßt trauernd den, der ich könnte sein.* (freier d-Rel.-Satz; antiquiert)

– atypische Subjektsätze mit adverbialen Einleitungselementen:

(3-37) *Wie man beim Bremsen »stottert«, ist vielen bekannt.* (untypischer Subj.-Satz mit modaladverbialem Einleitungselement)

– Infinitiv-Konstruktionen:

(3-38) *Diese Aufgabe zu lösen ist schwer.*

– morphologische Markierung: immer Nominativ (an den Flexionsendungen oft nicht erkennbar, dann ist die Position ausschlaggebend):

(3-39) *Katzen fressen Mäuse/Ratten./Ratten fressen Mäuse.*

(3-40) *Söhne lieben Mütter/Mütter lieben Söhne.*

Achtung: Abgrenzung zu prädikativer NP (→ 3.1.9, S. 75ff.) ist problematisch. Subjekt = tendenziell definit (Referenz auf Entitäten), prädikative NP = tendenziell indefinit (Referenz auf Eigenschaften).

(3-41) *Mord ist eine heimtückische Tötung aus niederen Motiven.*

(3-42) *Der Olympiaturm ist der Münchner Fernsehturm.* (Identitätsaussage, da symmetrisch definit; »Gleichsetzungsnominativ«).

Das Subjekt kongruiert meist mit dem finiten Verb in Person und Numerus:

(3-43) *Eine Schar Kinder spielte/spielten im Hof.*

Bei Subjektsätzen, Infinitivkonstruktionen usw. wird 3.Ps.Sg. gewählt.

– intonatorische Markierung: unspezifisch; tendenziell Topik (»Satzgegenstand«) sowie Hintergrund (»vorerwähnt«). Relativ oft mit Topik-/Thema-Akzent im Vorfeld. Häufig Fokusexponent bei einwertigen Verben (*bellen, wehen*): *Die PoliZEI kommt* vs. *Die Polizei schaute ZU.*

– topologische Markierung: Normalposition im Vorfeld oder an erster Stelle im Mittelfeld, vor allem, wenn die morphologische Markierung nicht eindeutig ist. Späterstellung bei Fokalität möglich, bei Inversionsverb normal:

(3-44) *Heute gelingt mir aber auch rein gar nichts.*

Mittelfeld-Anfangsposition bei Häufung von Pro-NP; Enkliseregel.

(3-45) *Heute habe ich es ihm/ich ihm das/ich ihm's/*ihm ich das/*ihm das ich gesagt.*

Gliedsätze (außer freien Relativsätzen) können nur im Vorfeld oder extraponiert stehen (→ 2.4.3.4, S. 56f.):

(3-46) *Allgemein ist, *dass Linksparken verboten ist, wohlbekannt.*

Nachfeld-Position nur unter Sonderbedingungen:

(3-47) *Jetzt ist ans Rednerpult getreten H. Wehner.*

(3-48) *Wer war denn alles dabei?* (Quantorenfloating)

– Struktureigenschaften: Immer obligatorisch, weglassbar in der Ellipse (→ 6.2, S. 141ff.); **Achtung** bei unpersönlichen = subjektlosen Konstruktionen:

(3-49) *Mich friert (es)/Ich friere.*

(3-50) *<u>Es</u> regnet.*

(3-51) *<u>Es</u> wurde/Da wird getanzt und gelacht.*

(3-52) *Darauf ist zu achten.*

Subjekt im Aktivsatz entspricht fakultativer *von*-Phrase im Passiv. (→ 5.2.6.2, S. 131-134); Subjekt fehlt immer bei Infinitiv- (→ 6.5.7, S. 154f.) und oft bei Imperativ- Strukturen (→ 7.2.1.4, S. 160):

(3-53) *<u>Gretchen</u> glaubt sich vor Heinrich zu fürchten.*

(3-54) *Fürchte (<u>du</u>) dich/er sich nicht!/Fürchten <u>Sie</u> sich nicht!*

- Kasusrolle: Im Subjekt wird die jeweils hierarchisch höchste semantische Kasusrolle kodiert. Agens (→ 5.3.1, S. 135f.) bei transitiven Verben; charakterisierte Entität (→ 5.3.2, S. 137) bei intransitiven Verben.
- Erfragbarkeit durch *wer* (bei Personen) oder *was* (bei Sachen; Achtung: kasusunspezifisch!) (→ 4.5.1, S. 118ff.)
- Stärkstes Antezedens für Reflexivierung (→ 8.1, S. 169ff.)/Pronominalisierung.

(3-55) *<u>Meyer</u> spricht ungern mit Müller <u>über sich/ihn</u> und seine Probleme.*

Literaturhinweise:

Haider, H. (1994): (Un-) heimliche Subjekte. – In: Linguistische Berichte. 153. S. 372-385.

Oppenrieder, W. (1991): Von Subjekten, Sätzen und Subjektsätzen. – Tübingen: Niemeyer (= Ling. Arb. 241).

Schumacher, F. (2001): Zur Frage der subjektlosen Sätze: Anregungen aus der Role and Reference Grammar. – In: Waßner, U. H. (Hgg.), Lingua et Linguae. FS für C.-P. Herbermann (Aachen: Shaker Verlag), S. 363-389.

Starke, G. (1999): Syntaktische und lexikalisch-semantische Voraussetzungen für den Gebrauch deutscher Infinitivgruppen in Subjektposition. – In: Freudenberg-Findeisen, R. (Hgg.), Ausdrucksgrammatik versus Inhaltsgrammatik. Linguistische und didaktische Aspekte der Grammatik (München: Iudicium), S. 79-88.

3.2.2 Genitivobjekt (Gen.Obj.)

- kategoriale Füllung: alle Arten von NP, als Gliedsätze wohl nur freie Relativsätze ((3-59), mit *wessen/dessen* kasusrichtig eingeleitet); evtl. Infinitivstruktur (3-56) (→ 6.5.7.2, S. 154f.).

(3-56) *Sie wurde sich erst jetzt bewusst, <u>seine Liebe unterschätzt zu haben.</u>* (prädikatives Adj. mit Infinitivkonstruktion als Gen.Obj.)

(3-57) *?Sie waren sich immer (dessen) bewusst, <u>dass sie ihre wirklichen Eltern nicht hatten.</u>* (präd. Adj. mit Gliedsatz/Bezugsausdruck + Gliedteilsatz als Gen.Obj.)

(3-58) *Herr, ich bin nicht würdig, <u>dass du eingehest unter mein Dach.</u>* (prädikatives Adj. mit Gen.Obj.-Satz).

(3-59) *Ich bedarf, dessen/wessen ich bedarf.* (Vollverb mit freiem Rel.-Satz als Gen.Obj.)

- morphologische Markierung: Der Genitiv muß offenbar eindeutig erkennbar sein außer bei satzwertiger Füllung wie in (3-58):

  (3-60) *Ich gedenke *Menschen/der Menschen.*

  (3-61) *Ich kann mich entsinnen, häufig gelobt worden zu sein.*

  Unterliegt der Rektion (→ 2.3.4.2, S. 46) des regierenden Verbalkomplexes. Achtung bei Abgrenzung von adverbialen Genitivstrukturen wie *des Öfteren, allen Ernstes, eines schönen Tages* sowie prädikativen Genitiven (→ 3.1.9, S. 75): *des Teufels sein, weit älteren Datums sein.* – Auch Prädikativ mit Genitivobjekt: *einer Sache eingedenk/würdig sein.*
- intonatorische Markierung: unspezifisch. Fokusexponent bei zweiwertigen Verben (Subjekt, Genitivobjekt).
- topologische Markierung: Vorfeld-Position scheint nur bei klarer Genitivmorphologie möglich; tendenziell am Mittelfeldende als Fokusexponent; Ausklammerung nur unter Sonderbedingungen (vgl. (3-63)):

  (3-62) *Dass sie ihre wirklichen Eltern nicht hatten, ?*(dessen) waren sie sich bewusst.*

  (3-63) *Sogar seine Mutter konnte sich nicht erwehren ?eines Lächelns.*

  Pronominalhäufung: Gen.Obj. nach Subj. und Akk.Obj. (→ 2.4.5, S. 58f.):

  (3-64) *..., dass er ihn dessen/?seiner beschuldigte.*
- Struktureigenschaften: immer obligatorisch; existiert nur bei wenigen (v.a. »juristischen«) Verben

  2-wertig: *sich einer Sache annehmen/bedienen/befleißigen/bemächtigen/besinnen/enthalten/entledigen/entsinnen/erfreuen/erinnern//schämen/unterstehen/versichern, einer Sache bedürfen/entbehren/entraten/ermangeln/gedenken/harren/pflegen/walten;*

  3-wertig: *jmdn. einer Sache anklagen/berauben/beschuldigen/entbinden/entheben/entsagen/rühmen/überführen/verdächtigen/würdigen;*

  und bei Prädikativen: *einer Sache bedürftig/bewusst/eingedenk/fähig/gewiss/müde/sicher/schuldig/würdig sein.*

  Wird wohl durch Präpositional- (→ 3.2.5, S. 84ff.) und Akk.Obj. (→ 3.2.4, S. 83f.) abgelöst (*(an) eine Sache erinnern*); keine einheitliche Kasusrolle.
- Erfragbarkeit mit *wessen* (bei Personen) bzw. *welcher Sache* (→ 4.5.1, S. 118f.). Unveränderlich in allen Passivarten (→ 5.2.6.2, S. 131-134).

Literaturhinweise:

Lauterbach, S. (1993): Genitiv, Kompositum und Präpositionalattribut – zum System nominaler Relationen im Deutschen. – München: Iudicium (= Studien Deutsch 15).

Lenz, B. (1998): Objektvariation bei Genitiv-Verben. – In: Papiere zur Linguistik 58, S. 3-34.

Schrodt, R. (1992): Die Opposition von Objektsgenitiv und Objektsakkusativ in der deutschen Sprachgeschichte.– In: Beiträge zur Geschichte der dt. Sprache und Literatur 114, S. 361-394.

Zitterbart, J. P. (2002): Zur korrelativen Subordination im Deutschen. – Tübingen: Niemeyer. (= Ling. Arb. 464).

3.2.3 Dativobjekt (Dat.Obj.)

- kategoriale Füllung: Alle Arten von NP, als Gliedsätze wegen der weitgehenden Bindung an [+HUM]-NPn wohl nur freie Relativsätze (mit *wem/dem/denen* »kasusrichtig« eingeleitet), vermutlich keine Infinitivkonstruktionen (→ 6.5.7, S. 154f.).
  (3-65) *Ich helfe, wem ich helfen will.* (freier *w*-Relativsatz, »kasusrichtig« eingeleitet).
  (3-66) *?Die Frau hatte sich widersetzt, ins Freie gebracht zu werden.* (Infinitivkonstruktion)
  (3-67) *(Der Annahme,) *Dass der Fahrer angehalten hat, widerspricht, dass keine Bremsspur zu sehen ist.*
- morphologische Markierung: Dativ; zahlreiche Überschneidungen mit anderen Kasus:
  (3-68) *Er gleicht das Niveau der Böschung der Straße an.*
  (3-69) *Er überlässt (der) Julia (die) Iris./Er überlässt (die) Julia (der) Iris.*
  Unterliegt der Rektion des regierenden Verbalkomplexes (→ 2.3.4.2, S. 46)
- intonatorische Markierung: tendenziell fokal. Fokusexponent bei zweiwertigen Verben (Subjekt + Dat.Obj.), wenn am Ende des Mittelfelds.
- topologische Markierung: vorfeldfähig/-füllend; im Mittelfeld Normalposition nach Subjekt, vor Akk.Obj. (→ 2.4.5, S. 58f.).
  (3-70) *..., dass Peter das Bild seinem FREUND schenkt/seinem Freund das BILD schenkt/*ein Bild seinem FREUND schenkt/seinem Freund ein BILD schenkt.*
  Achtung: Inversion Akk.Obj./Dat.Obj., wenn das Akk.Obj. pronominal gefüllt ist (sog. Pronominalregel, → 2.4.5, S. 58f.):
  (3-71) *..., weil ich dem Kind den BALL schenke./..., weil ich ihn dem KIND schenke./..., weil ich ihn ihm SCHENke.*
  Nur unter Sonderbedingungen nachfeldfähig. Dat.Obj.-Sätze sind nicht mittelfeldfähig, außer vielleicht bei freien Rel.Sätzen:
  (3-72) *Ich habe immer, wem ich helfen will, auch wirklich geholfen.*
- Struktureigenschaften: immer obligatorisch, teilweise aber weglassbar; oft Dativ der Person (Kasusrolle Correspondent, → 5.3.4, S. 138); aber auch [-BEL]-Referenten, z.B. *einer Sache zustimmen.* Bei *kriegen-/bekommen*-Passiv. (→ 5.2.6.2, S. 131-134) Umwandlung zum Subjekt, das ursprüngliche Subjekt wird zur fakultativen *von*-Phrase.
  (3-73) *Maria hat Karl eine geschallert./Karl hat von Maria eine geschallert bekommen/gekriegt.*

– Erfragbarkeit mit *wem* bei Personen bzw. *welcher Sache* bei Sachen (→ 4.5.1, S. 118). – Problematische Trennung von (obl.) Dat.Obj. und (fak.) »freiem Dativ« (→ 3.3.2, S. 89).

Literaturhinweise:
Molnarfi, L. (1998): Kasusstrukturalität und struktureller Kasus – zur Lage des Dativs im heutigen Deutsch. – In: Ling. Ber. 176, S. 535-580.
Wegener, H. (1985): Der Dativ im heutigen Deutsch. – Tübingen: Narr.
Zitterbart, J. P. (2002): Zur korrelativen Subordination im Deutschen. – Tübingen: Niemeyer. (= Ling. Arbeiten 464) [S. 107f. zu Dativsätzen].

3.2.4 Akkusativobjekt (Akk.Obj.)

– kategoriale Füllung: Alle Arten von NPn, Gliedsätzen (v.a. mit *dass* und *ob;* beachte auch sog. »freie Relativsätze« und »untypische Akk.Obj.-Sätze« mit adverbialen Einleitungselementen (3-74)), Infinitivkonstruktionen.
(3-74) *Erzähl doch mal, wie du das hingekriegt hast.*
Dazu uneingeleitete V-2-Sätze bei indirekter Rede nach verba dicendi et sentiendi (→ 6.4.2, S. 148f.)*:*
(3-75) *Er sagte, er habe keine Zeit mehr.*
es tritt bei Objektsatz-Extraposition fakultativ als Platzhalter auf (→ 10.2, S. 179f.); dazu formales Akk.Obj. bei: *es gut meinen mit jemandem, es auf jemanden abgesehen haben.* Beachte auch Objekt-Inkorporation (*Rad fahren, Auto fahren*) (→ 3.1.6, S. 74) und Infinitiv-Konstruktionen (*Ich liebe es nicht, in die Vorlesung zu gehen*) (→ 6.5.7.2, S. 154f.)

– morphologische Markierung: Akkusativ; meist unmarkiert, oft ambig (formgleich mit Nominativ) oder gar nicht vorhanden (bei Gliedsätzen). Unterliegt der Rektion des regierenden Verbalkomplexes.
Achtung bei Abgrenzung zu den adverbialen Akkusativen, vor allem Maßakkusativen.
(3-76) *Heike läuft (die) hundert Meter schon in zehn-null.*
(3-77) *Gewähre mir noch drei Tage (lang Zeit).*
(3-78) *Er wohnt 15 km (weit) von hier.*
Beachte auch doppelten Akk. (*jemanden etw. lehren/kosten/fragen*), oft mit Dissimilation zu [+HUM]-Dativobjekt und [–HUM]-Akkusativobjekt, sowie AcI- (→ 6.5.6, S. 154) und Raising-Konstruktionen (*Er suchte sie zu überreden*) (vgl. Bußmann [4]2008, s.v. »Raising«).

– intonatorische Markierung: tendenziell Fokusexponent am Mittelfeldende bei zwei- und dreiwertigen Verben.

– topologische Markierung: vorfeldfähig; Normalposition am Mittelfeldende nach dem Dativobjekt, pronominal vor diesem (sog. Pronominalregel, → 2.4.5, S. 58f.), nur unter Sonderbedingungen nachfeldfähig. Gliedsätze können nur im Vorfeld oder extraponiert (evtl. Platzhalter-*es* im Mittelfeld) stehen. Freie Relativsätze können auch im Mittelfeld stehen.

(3-79) *Hast du (es) ihm (*wie du das hingekriegt hast,) schon erzählt, wie du das hingekriegt hast.*

Bei doppeltem Akkusativ steht der Akkusativ der Person immer vor dem Akkusativ der Sache:

(3-80) *..., weil der Pastor die Kinder das Beten lehrte.*

- Struktureigenschaften: immer oblig., teilweise aber weglassbar (*(etw.) essen*); oft Akk. der Sache; bei Vorgangs-/Zustands-Pass. (→ 5.2.6.2, 131-134) Umwandlung ins Subj.

  (3-81) *Maria ohrfeigt Milli./Milli wird (von Maria) geohrfeigt./Milli ist geohrfeigt.*
- Kasusrolle i.d.R. Patiens (affiziertes/effiziertes Obj.) (→ 5.3.3, S. 137f.).
- Erfragbarkeit mit *wen* (Personen) oder *was* (Sachen; kasusunspezifisch!) (→ 4.5.1, S.118ff.). Das Akk.Obj. im Aktiv entspricht einem Subjekt im Vorgangs-Passiv (→ 5.2.6.2, S. 131f.), aber:

  (3-82) *Karl erhält das Wertpapier kostenlos/*Das Wertpapier wird kostenlos (von Karl) erhalten.* (Besitzwechsel-Verb, nicht passivierbar)

  (3-83) *Mich friert./*Ich werde gefroren.* (subjektlose Sätze)

  Reflexivpronomen bei obligatorisch reflexiven Verben (→ 8.4, S. 171): Kein Akk.Obj., sondern Verbbestandteil. Kasus morphologisch unklar.

  (3-84) *Es fragt sich, .../Etwas sagt sich leicht* (etc.).

Literaturhinweise:

Bausewein, K. (1990): Akkusativobjekt, Akkusativobjektsätze und Objektsprädikative im Deutschen. – Tübingen: Niemeyer. (= Ling. Arb. 251).

Leys, O. (1995): Dativ und Akkusativ in der deutschen Sprache der Gegenwart. – In: leuvense bijdragen 84, S. 39-62.

Sandberg, B. (1998): Zum *es* bei transitiven Verben vor satzförmigem Akkusativobjekt. – Tübingen: Narr (= Tübinger Beiträge zur Linguistik 443).

3.2.5 Präpositionalobjekt (Präp.Obj.) (→ 9.6, S. 176)

- kategoriale Füllung: PP aller Art, auch Präpositionaladverb, Gliedsätze (mit oder ohne Präpositionaladverb-Platzhalter) oder Präpositionaladverb als Bezugsausdruck mit Gliedteilsatz, Infinitivkonstruktionen als Attribut.

  (3-85) *Ich habe daRAN gedacht, dich zu ehelichen.* (Platzhalter für extraponierten Präp.Obj.-Infinitivkonstruktion)*/DAran gedacht, dich zu ehelichen.* (Bezugsausdruck für extraponierten Attributsatz, zusammen das Präp. Obj.)

Die Präposition ist nicht immer eindeutig festgelegt (Bedeutungsvarianten! Damit nicht immer desemantisiert)

(3-86) *über/von etw. berichten; über/von etw. mit/zu jemandem reden; mitwirken an/bei.*

(3-87) *auf sein Recht/auf den Tisch* (Dir.Advb.)/*an die Tür pochen.* (Dir. Advb.)

(3-88) *Martin rechnete ganz fest ?(damit), dass Becker die Sache vor Gericht bringen würde.*

Problematische Trennung von Funktionsverbgefügen (→ 3.1.7, S. 74f.; 9.7, S. 176): *in Betrieb nehmen.* – Nicht immer strikt obligatorisch, dazu Rektionsalternativen, v.a. zum Akk.Obj.

(3-89) *Und morgen berichtest du mir (über den Ablauf der Sitzung).*

(3-90) *Glaubst du denn nicht (daran), dass ich dir treu bin?* (*etw. glauben* = Akk.Obj. oder *an etw. glauben* = Präp.Obj.)

- morphologische Markierung: je nach der Rektion der Präposition. Diese ist meist semantisch leer und wird durch den regierenden Verbalkomplex bestimmt, z.B. *glauben an, reden von/über, vertrauen auf, rechnen mit, bitten um, gierig auf* .... Strukturen wie *reden mit* werden heute überwiegend zu den Komitativ-Adverbialen gerechnet. – Proform bei [+HUM] Präposition + Personalpronomen (*an ihn*), bei Sachen Präpositionaladverb (*daran*).
- intonatorische Markierung: tendenziell fokal; bei zwei- und manchmal auch bei dreiwertigem Verb Fokusexponent.
- topologische Markierung: vorfeldfähig (aber nicht in Satzform. Normalposition am Ende des Mittelfelds, dadurch Nähe zum klammerschließenden Ausdruck; oft im Nachfeld (3-92). – Präp.Obj.-Satz nur vorfeldfähig, wenn Präposition vorhanden (= Linksversetzung):

  (3-91) **Dass ich dir treu bin, (daran) zweifelst du?*

  (3-92) *Ich konnte ihn (dazu) überreden, an der Demo teilzunehmen.*

  Präp.Obj.-Satz nicht mittelfeldfähig (dagegen durchaus Präpositionaladverb als Bezugsausdruck + Gliedteilsatz):

  (3-93) *Martin glaubte (DAran/*daRAN), ?dass Becker die Sache vor Gericht bringen würde, ganz fest.*
- Struktureigenschaften: Immer obligatorisch, teilweise aber weglassbar (*bitten (um etw.)*); sehr variable Kasusrollen (aff./eff. Obj., Patiens, Experiencer? Nicht die typischen adv. Kasusrollen wie Instrument) (→ 5.3, S. 135-139).

  Achtung: Abgrenzung von obligatorischen Adverbialen (→ 3.2.6, S. 86f.; 9.5f., S. 175f.) ist problematisch!
- Erfragbarkeit je nach der Präposition mit Präpositionaladverb bei Sachen und Präposition + ProNP bei Personen: *worum, worauf ... auf wen, woran ... an wen* (→ 4.5.1, S. 119). Passiv-*von*-PP = Entsprechung des Aktiv-

Subjekts wird heute meist als adverbiale Angabe, nicht als Präp.Obj. gewertet (→ 9.1, S.173). Evtl. treten mehrere Präp.Obj. in einem Teilsatz auf:

(3-94) *Sie hat sich mit ihm auf ein Abenteuer eingelassen.*

Präp.Obj.-Sätze müssen teils mit, teils ohne Präpositionaladverb als Korrelat auftreten:

(3-95) *Martin rechnete ganz fest *(damit)/glaubte ganz fest (daran), dass ...*

Beachte Rektionsalternativen mit Akkusativ und Genitiv: *(an) eine Sache glauben, sich einer Sache/an eine Sache erinnern.*

Literaturhinweise:

Breindl, E. (2006): 69. Präpositionalphrasen. – In: Agel, V./Eichinger, L. M./Eroms, H.-W./ Hellwig, P./Heringer, H. J./Lobin, H. (Hgg.), Dependenz und Valenz. Ein internationales Handbuch der zeitgen. Forschung (Berlin etc.: de Gruyter), S. 936-952.

Hundt, M. (2001): Grammatikalisierungsphänomene bei Präpositionalobjekten in der deutschen Sprache. – In: Zeitschrift für germanistische Linguistik. 29:2, S. 167-191.

Rostila, J. (2005): Zur Grammatikalisierung von Präpositionalobjekten. – In: Leuschner, T. e.a. (Hgg.), Grammatikalisierung im Deutschen (Berlin etc.: de Gruyter), S. 135-167. (= Linguistik, Impulse und Tendenzen 9)

Zitterbart, J. P. (2002): Zur korrelativen Subordination im Deutschen. – Tübingen: Niemeyer. (= Ling. Arb. 464). [zu Präp.Obj.-Sätzen S. 133ff.].

3.2.6 Obligatorisches Adverbiale (obl. Advb.) (→ 9.5, S. 175)

Die hier beschriebenen syntaktischen Funktionen, nämlich

- nach Verben der gerichteten Bewegung obligatorisches Direktionaladverbiale wie *sich begeben, setzen, kommen* etc.): *Ich lege das Buch dorthin.*
- nach Verben der Befindlichkeit wie *sich befinden, wohnen* etc.).
  - obligatorisches Lokaladverbiale: *Er wohnt in München.*
  - obligatorisches Modaladverbiale: *Sie verhielt sich korrekt.*
  - obligatorisches prädikatives Attribut: *Sie wohnt allein.*
- nach Verben der Zeiterstreckung wie *dauern* obligatorisches Temporaladverbiale: *Die Sitzung dauerte lang.*
- obligatorische Analogievergleiche: *Der Professor gilt als Experte./Dieses Medikament wirkt wie ein Beruhigungsmittel.*

warten mit einer ganzen Reihe von Problemen auf: Es gibt parallel ganz ähnliche syntaktische Strukturen mit dem Status einer Angabe; ihr Valenzstatus ist einzeln und als Gruppe umstritten; entscheidend ist die Semantik der regierenden Verben.

Empfehlung: Die wenigen Fälle lassen sich ganz gut auswendig lernen.

- kategoriale Füllung: Wie generell bei den Adverbialen reine Adverbien wie *überallhin ...* ; deiktische Adverbien wie *so, da, dorthin ...*; Proadverbien wie *so, da ...*; Adjektive (bei obl. Modaladverbialen) wie *korrekt, komfortabel ...*; PP wie *in der Unterstadt ...*; Präpositionaladverbien wie *darunter, darin ...*; Adverbialsätze, typischerweise mit adverbialen subordinierenden Konjunktionen und adverbialen Relativa: *wo, wie, solange ...* ; NP (adverbialer Genitiv oder Akkusativ) wie *20 km lang/weit,* soweit die Semantik den Selektionsbedingungen der regierenden Verben entspricht.

- morphologische Markierung: je nach Rektion der Präposition (wobei die Rektion der lokalen/direktionalen Präposition je nach Semantik variieren kann, z.B. Dat. = lokal, Akk. = direktional). Adverbien, Adjektive und Adverbialsätze sind morphologisch unmarkiert, unterliegen also nicht der Rektion des regierenden Verbalkomplexes (→ 2.3.4.2, S. 46).
- intonatorische Markierung: äußerst variabel; oft Fokusexponenten, wenn am Mittelfeldende.
- topologische Markierung: im Vorfeld, Mittelfeld und (sehr eingeschränkt) im Nachfeld möglich; sehr komplizierte Stellungsregularitäten, aber tendenziell als Fokusexponent am Mittelfeldende. Mittelfeldposition von Adverbialsätzen evtl. möglich (oder parenthetisch eingeschoben):

(3-96) *Er wohnt, wo alle reichen Leute wohnen, schon seit seiner Geburt.*

- Struktureigenschaften: Erfragbarkeit je nach dem semantischen Typ: *wohin/woher, wo, wie, wie lange.* Weglassbarkeit abhängig von der Differenziertheit der Verbsemantik: nicht weglassbar bei *sich begeben, sich befinden;* weglassbar, wenn differenziertere Verbsemantik wie bei *torkeln, humpeln* Fokussierung auf Modus der Bewegung statt auf ihr Ziel zulässt.

Literaturhinweise:

Hahnemann, S. (1999). Vergleiche im Vergleich. – Tübingen: Niemeyer. (= Ling. Arb. 397) [zu obligator. Analogievergleichen S. 67-120].

Pittner, K. (1996): Valenz und Relevanz. Eine informationsstrukturelle Erklärung für »obligatorische« Adverbiale. – In: Pittner, K./Pittner, R. (Hgg.), Vorträge der 4. Münchner Linguistik-Tage (München usw.: Lincom Europa), S. 95-106.

Pittner, K. (1999): Adverbiale im Deutschen. Untersuchungen zu ihrer Stellung und Interpretation. Tübingen: Stauffenburg (= Studien zur deutschen Grammatik 60).

Schmid, Wolfgang P. (2001): Adverb und Adverbiale im Deutschen. – In: Schierholz, Stefan J. (Hgg.), Die deutsche Sprache in der Gegenwart. FS für Dieter Cherubim zum 60. Geburtstag (Berlin, Frankfurt a. M.: Peter Lang), S. 181-186.

Steinitz, R. (1997): Valenznotwendige Präpositionalphrasen: weder Argument- noch Adjunktposition. – In: Dürscheid, Chr. e.a. (Hgg.), Sprache im Fokus. FS H. Vater (Tübingen: Niemeyer), S. 329-352.

Steinitz, R. (1992): Durative und inchoative Prädikate und die Adverbialkomplemente von Verben. In: Hoffmann, L. (Hg.), Deutsche Syntax. Ansichten und Aussichten (Berlin: de Gruyter), S. 186-205.

3.3 Freie Angaben

Hierunter versteht man alle Satzglieder, die nicht von der Valenz des Verbs (→ 2.3.4.2, S. 46; → 5.1, S. 123-126) gefordert werden. Neben den freien Adverbialen (→ s.u.!) werden auch die sog. »freien Dative« (dativus commodi/ incommodi, dativus ethicus usw. → 3.3.2, S. 89) oft hierher gestellt. – Die Satzglied-Eigenschaften (→ 3.2, S. 78) gelten auch für diese Satzglieder analog. Freie Angaben sind meist durch den *und-zwar*-Test (→ 4.5.2, S. 120) identifizierbar, der zwar nur zwischen obligatorischen und fakultativen Satzgliedern zuverlässig trennt, aber durch Lesartwechsel meist auch eine Trennung zwischen weglassbaren Ergänzungen und Angaben erlaubt.

3.3.1 Fakultatives Adverbial (fak. Advb.) (→ 9.4, S. 175)

- kategoriale Füllung: NP (genitivisches und akkusativisches Maßadverbiale etc.), PP, Adj., Adverb, adverbiale Infinitiv-Konstruktion, Gliedsatz.
- morphologische Markierung: in PP je nach Rektion der Präposition; Adverb, Adjektiv und Adverbialsätze sind morphologisch unmarkiert. Sie unterliegen nicht der Rektion des regierenden Verbs/Prädikativs (→ 2.3.4.2, S. 46). – Teilweise auch genitivisch (*des anderen Tags*) und akkusativisch (Maßadverbiale: *wiegt einen Zentner*) markierte NP.
- intonatorische Markierung: unspezifisch; oft Fokusexponenten, wenn am Mittelfeldende.
- topologische Markierung: Möglich sind Vor-, Mittel- und Nachfeld (außer reine Adv. und Pro-Adv.); im Mittelfeld sehr komplizierte Stellungsregularitäten je nach semant. Subtyp und kategorialer Füllung (→ Altmann/Hofmann ^{2}2008, Kap. 5.2, S. 112ff.).
  (3-97) ..., *weil (<u>am Morgen</u>) der Vater (<u>am Morgen</u>) dem Kind (<u>am Morgen</u>) den Ball (<u>am Morgen</u>) gab.*
- Struktureigenschaften: syntaktische Beschreibung unbefriedigend; meist semantische Subklassifikation: Lokal- (Direktional- etc.), Temporal- (Zeitpunkt, Dauer, Beginn etc.), Modal-, Instrumental-, Kausal-, Konditional-, Final- (*um fremde Länder zu erobern*); Komitativ- (*mit jemandem gehen*); Bereichs-Adverbiale (*ärztlich*) etc.
- Erfragbarkeit je nach semantischem Typ mit *wo/wohin/woher, wann/wie lange/wie oft, wie, warum, wozu, womit* usw. (→ 4.5.1, S. 118ff.).

Literaturhinweise:

Maienborn, C. (1991): Bewegungs- und Positionsverben: Zur Fakultativität des lokalen Arguments. In: Klein, E. e.a. (Hgg.), Betriebslinguistik und Linguistikbetrieb. Bd. 2. (Tübingen: Niemeyer), S. 95-106 (= Ling. Arb. 260).

Steinitz, R. (1988): Adverbial-Syntax. 4. unveränd. Aufl. – Berlin: Akademie Verlag (=Studia Grammatica Bd. X)

Zhou, H. (1995): Attribut oder Koprädikativ oder Adverbial? – Ein Beitrag zur Typologie der deutschen Adverbiale. – In: Bærentzen, P. (Hgg.), Aspekte der Sprachbeschreibung: Akten des 29. Ling. Koll. Aarhus 1994 (Tübingen: Niemeyer), S. 293-297.

3.3.2 Freie Dative

Die Eigenschaften der Freien Dative unterscheiden sich kaum von denen der Dativobjekte (→ 3.2.3, S. 82f.) (abgesehen von der Valenzbindung).

- kategoriale Füllung: NP [+HUM]; fast immer Personalpronomen, Eigenname oder definiter Artikel + N.
  - (3-98) *Du bist mir vielleicht ein Früchtchen!* (dativus ethicus, manchmal auch als Modalpartikel eingeordnet)
  - (3-99) *Karin fährt mir das Auto in die Garage.* (dativus commodi)
  - (3-100) *Das Herz springt mir im Leib.* (Pertinenz-Dativ)
  - (3-101) *Mir ist schon wieder ein Weißbierglas zerbrochen.* (dativus incommodi)
  - (3-102) *Er holte ihr die Medizin.* (dativus possessivus)
- morphologische Markierung: Dativ; unterliegt nicht der Rektion des regierenden Verbs (→ 2.3.4.2, S. 46).

  Achtung! Bei Abgrenzung zu den Dativobjekten Fall von Homonymie:
  - (3-103) *Ich schreibe ihm einen Brief (wegen der Rechnung)* – ›an ihn‹ (Dativobjekt)
  - (3-104) *Ich schreibe ihm einen Brief (an das Arbeitsamt)* – ›im Auftrag, für ihn‹ (freier Dat.)
- topologische Markierung: wie Dativobjekt im Vorfeld und Mittelfeld, normalerweise zwischen Subjekt und Akkusativobjekt (→ 2.4.5, S. 58f.). Nur unter Sonderbedingungen nachfeldfähig.
- intonatorische Markierung: Der dativus ethicus erhält nie den Fokusakzent. Die übrigen Typen sind normalerweise nicht Satzakzentträger (→ 2.5.1.3, S.64).
- Struktureigenschaften: weglassbar;
  - Erfragbarkeit: durch *wem, für wen* erfragbar (außer dativus ethicus).

Literaturhinweise:

Helbig, G. (1981): Die freien Dative im Deutschen. – In: Deutsch als Fremdsprache 18, S. 321-332.

Rosengren, I. (1986): Gibt es den freien Dativ? – In: Deutsch als Fremdsprache 23, S. 274-287.

Schmid, J. (1988): Untersuchungen zum sog. freien Dativ in der Gegenwartssprache und auf Vorstufen des heutigen Deutsch. – Frankfurt: Peter Lang.

3.3.3 Prädikatives Attribut (präd.Attr.)

- kategoriale Füllung: (einige) Adj., Part.: *einsam, allein, krank.*
- morphologische Markierung: im Standarddeutschen unmarkiert (lat. und bair. Kongruenz mit Bezugs-NP Subjekt oder Akk.Obj.); je nachdem näher an Modaladverbiale oder Prädikativ.
- topologische Markierung: fast identisch mit adjektivischem Modaladverbiale (→ 3.3.1, S. 88f.). Kaum Nachfeldposition.
- intonatorische Markierung: keine klaren Tendenzen. Sowohl Hintergrund als auch Fokus(akzentträger).
- Semantische Funktion: gibt eine Eigenschaft des Subjekt-/Akk.Obj.-Referenten zum Zeitpunkt der Gültigkeit der Prädikation an:

  (3-105) *Ich treffe Maria allein = Ich treffe Maria, und dabei bin ich/ist Maria allein.*

Achtung: Keine klare Frageformulierung, keine plausible Pro-Form. Sehr unterschiedliche Bezeichnungen in der Literatur. Trotz der Bezeichnung »Attribut« keine Gliedteil-, sondern (eher) Satzgliedeigenschaften. – Beachte auch die Nähe zu Subjekts-/Objektsprädikativen (*jmdn. dumm nennen, heißen*) und Resultativen (*das Haus blau streichen*).

Literaturhinweise:

Bausewein, K. (1990): Akkusativobjekt, Akkusativobjektsätze und Objektsprädikate im Deutschen. Tübingen: Niemeyer. (= Ling. Arb. 251). [zu Objektsprädikaten S. 201-208, 250f.; zu Resultativen S. 236-243; zu prädikativen Attributen S. 244-249].

Chang, L. (2003): Resultativkonstruktionen im Deutschen mit einem Exkurs zu chinesischen Resultativkonstruktionen. – München: H. Utz. (= phil. Diss. München).

Helbig, G. (1984): Was sind Objektsprädikate, Objektsprädikative und prädikatives Attribut? – In: Deutsch als Fremdsprache 21, S. 78-89.

Shima, N. (1997): Prädikatives Attribut im Deutschen und Informations-Verpackung. – In: Sophia Linguistica. 41, S. 131-148.

3.3.4 Übung zu den Ergänzungen und Angaben

(3-106) *Das Verhältnis von öffentlicher Sprachkritik und wissenschaftlicher Sprachforschung ist in Deutschland von jeher gespannt.*

(3-107) *Während Nichtlinguisten sich gerne sprachkritisch äußern, ist die moderne Linguistik auf diesem Feld eher zurückhaltend, man kann sogar von sprachkritischer Abstinenz sprechen.*

(3-108) *Statt zu verkünden, wo in der deutschen Sprache die Trennung zwischen »richtig« und »falsch« verläuft, schwelgen die Sprachforscher in verstiegenen wissenschaftlichen Diskussionen.*

(3-109) *Sie diskutieren sprachtheoretische Haarspaltereien, malen Baumdiagramme und registrieren in großangelegten Untersuchungen*

absurde Sprachphänomene, die bisher in keiner Grammatik verzeichnet waren.
(aus: FAZ vom 2.10.1996, leicht modifiziert)

Geben Sie die syntaktische Funktion der unterstrichenen Wörter/Phrasen an.

3.4 Sekundäre syntaktische Funktionen

Unter sekundären Funktionen versteht man alle nicht satzgliedhaften (→ 3.2, S. 78) oder wenigstens stellungsgliedhaften (→ 2.4.3.1, S. 54) syntaktischen Funktionen, aber üblicherweise nicht die Partikel-Funktionen (→ 3.5, S. 100-113). In der Hauptsache geht es hier um die Attribute.

3.4.1 Attribut (Attr.)

Abgeleitet von lat. *attribuere* ›(ein Merkmal) hinzufügen‹. Attribute stellen keine selbstständigen Stellungsglieder dar, sondern sind immer nur Teil eines Satzglieds, d.h. sie sind nicht allein vorfeldfähig, nicht allein herausstellbar. Attribute lassen sich in der Regel nur zusammen mit ihrem Bezugsausdruck im Satz verschieben (Ausnahme: sog. »Attribut-Floating«, → Altmann/Hofmann ^{2}2008, 7.1.4, S. 172f.). Man kann sie meist auf eine prädikative Grundstruktur zurückführen (abgesehen von sog. »unlogischen« Adjektivattributen wie *der vermutliche Mörder* und Attributen mit dem Status von Argumenten wie in *die Schwester der Braut*). Der Terminus Attr. wird oft als Bezeichnung für Beifügungen zu jeder syntaktischen Kategorie im Satz (mit Ausnahme des Verbs!) verwendet. Wir beschränken den Terminus auf Adjektiv-, Genitiv-, adverbielle, PP-, Infinitiv-, (Relativ- und Konjunktional-)Satz-Attribute. Appositionen (→ 3.4.2.3, S. 97f.) und Parenthesen (→ 3.4.2.2, S. 96f.), die ebenfalls oft zu den Attributen gerechnet werden, behandeln wir wegen ihrer stark abweichenden Eigenschaften als eigene Strukturtypen. – Die Abgrenzung von Adjektiv-Attributen gegenüber artikelähnlichen Quantoren (→ 3.4.4, S. 99f.) und Pronomina als Begleiter von NPn (→ 2.2.1, S. 28) ist teilweise problematisch. Der jeweilige Bezugsausdruck bildet den Kern der Attributkonstruktion. Als Bezugsausdrücke fungieren in der Mehrheit Substantiva, daneben aber auch einige wenige Pronomina, substantivierte Adjektive, Partikeln sowie Adverbien (mit temporaler oder lokaler Bedeutung).

- Allgemeine Struktureigenschaften:
  - Erfragbarkeit: *Welch- ... ? Wessen ... ? Was für ein ... ?* (jeweils plus Bezugsausdruck).
  - Ersetzbarkeit: durch Proformen wie *so ein, solch-*, Präp.-Adv. o.ä.

- nicht vorfeldfähig, nicht herausstellbar; in engen Grenzen Attribut-floating.
- Semantische Funktion: Attr. schreiben ihrer Bezugs-NP i.d.R. eine identifizierende Eigenschaft zu. Als problematisch erweist sich dies jedoch bei den sog. »Bereichs-Adj.«: *Der mutmaßliche Mörder/Die ärztliche Betreuung/Die politische Aussage.* Die genannten Adj. geben nicht eine den jeweiligen Referenten identifizierende Eigenschaft an (keine prädikative Paraphrase), sondern liefern nur eine Eingrenzung des Gültigkeitsbereichs des Kern-Substantivs.

Zu beachten ist, dass zwischen dem Bezugsausdruck und dem Attribut Valenzbeziehungen herrschen können, insbesondere dann, wenn der Bezugsausdruck eine deverbale Nominalisierung ist (*antworten auf etw./die Antwort auf etw.*). Zu berücksichtigen sind aber auch substantivische und adjektivische Valenzen.

Literaturhinweise:

Schmidt, J. E. (1994): Die Serialisierung attributiver Rechtserweiterungen in der deutschen Gegenwartssprache. – In: Beckmann, S./Frilling, S. (Hgg.), Satz – Text – Diskurs. Akten des 27. Ling. Koll. Münster 1992. Bd. 1 (Tübingen: Niemeyer), S. 35-42.

3.4.1.1 Genitivattribut (Gen.Attr.)

- kategoriale Füllung: genitivische NP: *Jockels neues Paper/das neue Paper des Dozenten.* Pränominal nur Eigennamen und eigennamenähnliche Ausdrücke, postnominal keine Beschränkungen. Hier auch beliebig iterierbar.
- morphologische Markierung: Genitiv.
- intonatorische Markierung: Das pränominale Gen.Attr. erhält nie den Normalakzent, kann aber einen Kontrastakzent erhalten (und wird dann restriktiv = die Referenzmenge begrenzend interpretiert). Das postnominale Gen.Attr. erhält den Normalakzent, wenn es am Ende der betreffenden NP steht. Dann besteht Ambiguität zur restriktiven Interpretation (→ 2.5.1.2, S. 63f.).
- topologische Markierung: Deutliche Asymmetrie zwischen prä- und postnominaler Stellung. Pränominal in absoluter Spitzenstellung vor Adjektivattributen, postnominal unmittelbar nach dem Kernsubstantiv, vor PP- und Satzattributen (→ 2.4.6, S. 59f.).
- Struktureigenschaften: pränominal überwiegend ohne Artikel: *?des Vaters neues Haus*; in dieser Position artikelähnliche Funktion (nicht kombinierbar mit Artikel zum Kern-Substantiv), nicht iterierbar. Postnominal iterierbar.

Literaturhinweise:

Ballweg, J. (1998): Eine einheitliche Interpretation des attributiven Genitivs. – In: Vuillaume, M. (Hgg.), Die Kasus im Deutschen. Form und Inhalt (Tübingen: Stauffenburg), S. 153-166.
Lauterbach, S. (1993): Genitiv, Komposition und Präpositionalattribut – zum System nominaler Relationen im Deutschen. – München: Iudicium (= Studien Deutsch 15).

Lindauer, T. (1995): Genitivattribute: Eine morphosyntaktische Untersuchung zum deutschen DP/NP-System. – Tübingen: Niemeyer (= Reihe Germanist. Ling. 155).
Marillier, J.-F. (1992): Pränominaler und postnominaler Genitiv. – In: Valentin, P. (Hg.), Rechts von N. Untersuchungen zur Nominalgruppe im Deutschen (Tübingen: Narr), S. 47-58.
Pérennec, M.-H. (1998): Zur Widerstandsfähigkeit des adnominalen Genitivs. – In: Vuillaume, M. (Hg.), Die Kasus im Deutschen. Form und Inhalt (Tübingen: Stauffenburg), S. 167-179.

3.4.1.2 Präpositionalattribut (PP-Attr.) (→ 9.2, S. 173f.)

- kategoriale Füllung: PP, ProPP: *das Haus in der Sperlingsgasse; das Auto vor ihr*.
- morphologische Markierung: entsprechend der Rektion der Präposition (→ 2.3.4.2, S. 46).
- intonatorische Markierung: Pränominal kann das PP-Attr. keinen Phrasennormalakzent erhalten, sondern nur einen Kontrastakzent, postnominal aber sehr wohl, wenn es am Ende der NP steht (→ 2.5.1.2, S. 63f.).
- topologische Markierung: postnominal nach Gen.Attr., vor Attributsatz, iterierbar; relativ selten vor der gesamten NP (→ 2.4.6, S. 59f.): *am Weg ein Stein;* manchmal auch disloziert: *War das neulich ein Aprilscherz mit dem städtischen Preis für den besten ungeschriebenen Roman?*

Literaturhinweise:

Lauterbach, S. (1993): Genitiv, Komposition und Präpositionalattribut: Zum System nominaler Relationen im Deutschen. – München: Iudicium.
Lehmus, U. (1983): Attribut oder Satzglied? Untersuchungen zum postnominalen Präpositionalausdruck unter einem syntaktischen, semantischen und kommunikativ-pragmatischen Aspekt. – Helsinki: Suomalainen tiedeakatemia.
Schierholz, S. J. (2001): Präpositionalattribute. Syntaktische und semantische Analysen. – Tübingen: Niemeyer (= Linguistische Arbeiten 447).
Wiegand, H. E. (1996): Über primäre, von Substantiven ›regierte‹ Präpositionen in Präpositionalattributkonstruktionen. – In: Harras, G./Bierwisch, M. (Hgg.), Wenn die Semantik arbeitet: Klaus Baumgärtner zum 65. Geburtstag (Tübingen: Niemeyer), S. 109–148.

3.4.1.3 Adjektivattribut (Adj.Attr.), (erweitertes) partizipiales Attribut

- kategoriale Füllung: Adjektive wie in *das neue Kleid, Forelle blau;* Partizipien I wie in *das weinende Kind*; Partizipien II wie in *der geprügelte Hund.* Adjektive wie Partizipien können auch in der attributiven Funktion Aspekte ihrer Valenz behalten, wobei der Status dieser »Valenzglieder« (meist als Ad-Attribute gedeutet) unklar ist: *der der Ehrung würdige Volksvertreter; die ihr Unglück beklagende Frau; der von seinem Besitzer häufig geprügelte Hund.* In diesen Fällen empfiehlt sich eine Umformung in eine Satzstruktur: *die Frau, die ihr Unglück beklagt; der Hund, der von seinem Besitzer häufig geprügelt wurde.* Beachte, dass die Satzgliedfunktionen bei der Rückumformung in eine attributive Struktur zu Ad-Attributen werden!! Warnung vor beträchtlichen Schwierigkeiten bei der Analyse!

Achtung: Nicht alle Adjektive sind attributiv verwendbar, z.B. *entzwei, schade, allein* (also die nicht flektierbaren, → 2.2.4.2, S. 34f.).

- morphologische Markierung (→ 2.2.2, S. 29f.): pränominal kongruent mit Kern-Substantiv (nach definitem Artikel schwach flektiert; nach indefinitem Artikel usw. gemischt flektiert; ohne Artikel stark flektiert); postnominal unflektiert.
- intonatorische Markierung: Wenn das pränominale Adj.Attr. akzentuiert ist, wird es restriktiv verwendet (Einschränkung der Referenzmenge) bzw. kontrastiv (*der GEgenwärtige Papst*); wenn der nominale Kern akzentuiert ist, ist das Adj.Attr. charakterisierend verwendet (*der gegenwärtige PAPST*). – Das postnominale Adj.Attr. erhält, wenn es am Ende der NP steht, den normalen Phrasenakzent (→ 2.5.1.2, S. 63f.; → 2.5.1.4, S. 64f.).
- topologische Markierung: meist pränominal zwischen Artikel/Gen.Attr. und Kern-Substantiv; koordiniert: *ein kleines (und) schmales Mädchen;* subordiniert: *ein neues, (*und) literarisches Buch* (→ 2.4.6, S. 59f.). – Selten (v.a. in fachsprachlichen Textsorten) postnominal: *Tchibo mild und fein*; nicht iterierbar, aber koordinierbar. – Attr.-Floating: *Blumen hat er recht schöne.* (Distanz zum Kern-Substantiv)

Literaturhinweise:

Brandt, M. (1993): Zur Grammatik und Pragmatik von Partizipialattributen. – In: Rosengren, I. (Hg.), Satz und Illokution, Bd. 2. (Tübingen: Niemeyer), S. 193-229 (= Ling. Arb. 279).

Eichinger, L. M. (1991): Ganz natürlich – aber im Rahmen bleiben. Zur Reihenfolge gestufter Adjektivattribute. – In: Deutsche Sprache. 19, S. 312-329.

Faucher, E. (1993): Komma zwischen Attributadjektiven. Zur vergleichenden Ethologie der Zeichensetzung. – In: Vuillaume, M./Marillier, J.-F./Behr, I. (Hgg.), Studien zur Syntax und Semantik der Nominalgruppe (Tübingen: Narr), S. 131-143.

Lötscher, A. (1990): Variation und Grammatisierung in der Geschichte des erweiterten Adjektiv- und Partizipialattributs des Deutschen. – In: Betten, A./Riehl, C. (Hgg.), Neuere Forschungen zur historischen Syntax des Deutschen (Tübingen: Niemeyer), S. 14-28.

Marschall, G. R. (1992): Überlegungen zum nachgestellten Adjektiv im Deutschen. – In: Valentin, P. (Hg.), Rechts von N. Untersuchungen zur Nominalgruppe im Deutschen (Tübingen: Narr), S. 71-82.

Schecker, M. (1993): Zur Reihenfolge pränominaler Adjektive im Rahmen einer kognitiv orientierten Grammatik. – In: Vuillaume, M./Marillier, J.-F./Behr, I. (Hgg.), Studien zur Syntax und Semantik der Nominalgruppe (Tübingen: Narr), S. 105-129.

Sichelschmidt, L. (1989): Adjektivfolgen. Eine Untersuchung zum Verstehen komplexer Nominalphrasen. – Opladen: Westdeutscher Verlag (= Psycholinguistische Studien).

Weber, H. (1994): Erweiterte Partizipialattribute: Nur eine schriftsprachliche Konstruktion?. – In: Bresson, D./Dalmas, M. (Hgg.), Partizip und Partizipialgruppen im Deutschen (Tübingen: Narr), S. 149-162.

3.4.1.4 Adverbielles Attribut (adv. Attr.)

- kategoriale Füllung: alle Arten von Adverbien: *das Haus dort, dort das Haus.*
- morphologische Markierung: unmarkiert.

- intonatorische Markierung: Die postnominale Version erhält (wohl wegen des geringen informationellen Gewichts der Adverbien) nie den normalen NP-Akzent, kann also nur kontrastiv akzentuiert werden (→ 2.5.1.4, S. 64f.). Gleiches gilt für die seltenere pränominale Version.
- topologische Markierung: postnominal vor/nach Gen.Attr.; pränominal vor der NP (→2.4.6, S. 59f.); koordinierbar, iterierbar: *das Treffen dort neulich.*

Literaturhinweis:

Ulvestad, B. (1972): Zum postpositiven Attribut im Deutschen: *ein Becher aus Gold..., der Mann gestern ...* – In: Moser, H. e.a. (Hgg.), Linguistische Studien II (Düsseldorf: Schwann), S. 267-282 (= Sprache der Gegenwart 22).

3.4.1.5 Relativsatzattribut (Rel.S-Attr.)

Restriktive Relativsätze: Einschränkung der Referenzmenge des Bezugsausdrucks): *das(jenige) Haus, das/was/welches ich gekauft habe.*
Charakterisierende (oft auch irreführend als »appositiv« bezeichnet: → 3.4.2.3, S. 97f.) Relativsätze: geben nur eine (weitere) Eigenschaft an, die nicht zur Einschränkung der Referenzmenge führt): *der Papst, der an Parkinson leidet.* Häufig mit *übrigens, ja, bekanntlich.*

- kategoriale Füllung: immer mit Bezugsausdruck; *d*- und *w*-Relativsätze: *das Haus, <u>das</u> ich gekauft habe/das, <u>was</u> ich gekauft habe.*
- morphologische Markierung: Relativpronomen kongruent mit Bezugsausdruck bezüglich Numerus (und Genus); keine Kasuskongruenz!
- intonatorische Markierung: Starkakzent auf Bezugsausdruck und Relativsatz bei restriktivem Relativsatz; unspezifisch bei charakterisierendem Relativsatz.
- topologische Markierung: nur postnominal, am Ende der NP nach Gen. Attr. oder PP-/adverbiellem Attr. oder extraponiert (→ 2.4.3.4, S. 56; → 2.4.6, S. 59f.). Iterierbar.

Literaturhinweise:

Bausewein, K. (1991): Haben kopflose Relativsätze tatsächlich keine Köpfe? – In: Fanselow, F. (Hg.), Strukturen und Merkmale syntaktischer Kategorien (Tübingen: Narr), S. 144-173.

Frosch, H. (1995): Appositive und restriktive Relativsätze. – In: Sprachtheorie und Germanistische Linguistik 2. (Berlin: Institut für Linguistik der TU Berlin), S. 7-19.

Lehmann, C. (1984): Der Relativsatz. Typologie seiner Strukturen. Theorie seiner Funktionen. Kompendium. – Tübingen: Narr. [typologisch orientiert].

Schachtl, S. (1992): Zur Distribution des attributiven Relativsatzes im Deutschen. – In: Ling. Ber. 142, S. 437-450.

3.4.1.6 Konjunktionalsatzattribut (Konj.S-Attr.)

- kategoriale Füllung: zur Subjunktion semantisch passende Bezugs-NP + Verb-Letzt-Satz mit echter oder adverbialer Subjunktion: *die Behauptung,*

dass du lügst; die Art, wie du gehst; deswegen, weil ...; der Ort, wo ... Zu berücksichtigen sind hier auch subordinierte Verb-Zweit-Sätze: *die Hoffnung, du kommst rechtzeitig.*
- morphologische Markierung: unmarkiert.
- intonatorische Markierung: wie bei Rel.Satz-Attr. (→ s.o.!).
- topologische Markierung: am rechten Rand der Bezugs-NP in allen drei Stellungsfeldern oder in Distanz zur Bezugs-NP extraponiert(→ 2.4.3.4, S. 56; → 2.4.6, S. 59f.). Wegen der semantischen Beschränkungen bei der Bezugs-NP kaum iterierbar.

3.4.1.7 Infinitivkonstruktionen als Attribute

- kategoriale Füllung: Der Bezugsausdruck ist meist eine deverbale Nominalisierung mit den entsprechenden Valenzen: der *Versuch, eine Akademie zu gründen./Der Gedanke, japanische Kunst auch in Europa zu verarbeiten.*
- morphologische, intonatorische und topologische Markierung wie beim Konjunktionalsatzattribut, da wie dieses satzwertig (→ 6.5.7.3, S. 155).

3.4.1.8 Übung zu den Attributen

Geben Sie sämtliche Attribut-Funktionen in (3-106) bis (3-109) S. 90 an!

3.4.2 Einschübe in einen Trägersatz

Einschübe eröffnen die Möglichkeit zu einer zweiten, pragmatisch untergeordneten Informations- und Kommentarlinie neben der Trägeräußerung. – Folgende Typen müssen berücksichtigt werden:

3.4.2.1 Interjektionen

Es handelt sich dabei um zwar sprachtypische, aber kaum lexikalisierte Häsitationslaute wie *äh* (→ 3.5.10.2, S. 111f.), aber auch Wörter (meist ohne lexikalische Bedeutung) und in dieser Funktion spezialisierte Phrasen und satzartige Gebilde. Sie stehen i.d.R. vor oder nach dem Satz, mit Beschränkungen in Parenthesen-Nischen (→ 3.4.2.2, S. 95) im Satz:

(3-110) *Habe nun, ach, Philosophie ...*

Literaturhinweise: → 3.5.10.2, S. 112.

3.4.2.2 Parenthesen

Dabei handelt es sich um satzförmige Einschübe in einen Trägersatz. Alle Satztypen sind als solche Einschübe denkbar. Platziert werden sie in den so genannten »Parenthesen-Nischen«. Diese befinden sich zwischen Vorfeld und finitem Verb in Zweitposition, im Mittelfeld an allen Satzglied-Grenzen, aber nicht zwischen klammerschließendem Element und Nachfeld-Ausdruck, sehr wohl jedoch am Satzende, aber nicht am Satzanfang. Parenthesen sind intonatorisch abgesetzt durch Pausen an den Grenzen und meist geringere Lautstärke.

(3-111) *(*Da bin ich mir sicher) Mein Metier (da bin ich mir sicher), das (da bin ich mir sicher) ist (da bin ich mir sicher) in diesen Zeiten (da bin ich mir sicher) ... die Kochkunst.* (satzförmige Verb-Zweit-Aussagesatz-Parenthese in allen Parenthesen-Nischen)

(3-112) *Die Alliierten, als ihnen die ersten Nachrichten aus den Vernichtungslagern zugeleitet wurden, haben sie nicht veröffentlicht.* (Parenthese in der Form eines Temporal-Adverbialsatzes nach dem Vorfeld)

(3-113) *Und dieser, nachdem er meine Arbeiten studiert hatte, sicherte mir zu, dass ich in seine Klasse eintreten dürfe.* (Parenthese in der Form eines Temporal-Adverbial-Satzes nach dem Vorfeld)

(3-114) *Schika sah wahrhaftig aus – hier wollte die abgegriffene Redewendung her – wie einer, der nicht bis drei zählen konnte.* (Verb-Zweit-Aussagesatz als Parenthese im Mittelfeld)

(3-115) *Dann kommt die Kontrolle an der Stadtgrenze – »Nehmen Sie bitte die Sonnenbrille ab!« – und dann kann es wirklich losgehen.* (Verb-Erst-Imperativsatz als Parenthese am Ende des ersten Satzkonjunktes)

Literaturhinweise:

Brandt, M. (1994): Subordination und Parenthese als Mittel der Informationsstrukturierung in Texten. – In: Sprache und Pragmatik. 32, S. 1-37.

Hoffmann, L. (1998): Parenthesen. – In: Ling. Ber. 175, S. 299-328.

Öhlschläger, G. (1996): Überlegungen zur Funktion von Parenthesen. – In: Barz, I./Hertel, V. (Hgg.), Sprache und Kommunikation im Kulturkontext. Beiträge zum Ehrenkolloquium aus Anlaß des 60. Geburtstags von G. Lerchner (Frankfurt a. M.), S. 315-325.

Pittner, K. (1995): Zur Syntax von Parenthesen. – In: Ling. Ber. 156, S. 85-108.

3.4.2.3 Appositionen

Hierbei sind viele Untertypen zu berücksichtigen. Die sog. »engen Appositionen« (z.B. *Tante Erna*) sind Teile von NPn (→ 2.2.5.3, S. 41f.), die »weiten/lockeren Appositionen« entsprechen meist prädikativen Strukturen (→ 3.1.9, S. 75ff.), die satzförmig als Parenthesen (→ s.o.!) zu behandeln sind; als appositive NPn, Adjektive, PPn und Adverbien beziehen sie sich auf Bezugsausdrücke, meist NPn. Deswegen werden sie oft unter die Attribute eingeordnet. Wir führen Sie wegen der abweichenden Merkmale als eigene Struktur. – Sie können entweder unmittelbar auf den Bezugsausdruck folgen oder in Distanz zu diesem an einer Satzgliedgrenze stehen:

(3-116) *Der Weg auf den Vorberg, (steil und beschwerlich), führt durch die Südflanke des Berges.*

(3-117) *Der Elbwein, herb und durchgegoren, vom nördlichsten Anbaugebiet Europas, er ist ein Gottesgeschenk.* (prädikatives Adj. & PP als weite Apposition in einem Freien Topik).

(3-118) *Bei »Vinzenz Richter«, mitten in Meißens schmalen Gassen, sind seit Jahrhunderten Weinschlürfer ein und aus gegangen.* (prädikative PP als weite Apposition).

Die adjektivischen Appositionen sind scharf zu trennen von postnominalen Adjektivattributen: Im Gegensatz zu diesen sind sie intonatorisch deutlich vom Bezugsausdruck abgesetzt und können nicht restriktiv interpretiert werden.

Literaturhinweise:

Hackel, W. (1995): Enge appositionelle Syntagmen in der deutschen Gegenwartssprache. Mehr als ein grammatisches Problem. – Frankfurt: Peter Lang.

Lawrenz, B. (1993): Apposition. Begriffsbestimmung und syntaktischer Status. – Tübingen: Narr.

Löbel, E. (1993): Zur Distribution und Abgrenzung von enger Apposition und Attribut. – In: Vauillaume, H./Marillier, J.-F./Behr, J. (Hgg.), Studien zur Syntax und Semantik der Nominalgruppe (Tübingen: Narr), S. 145-166.

Pittner, K. (1996): Redekommentierende Einschübe. – In: Kunsmann, P. (Hg.), Linguistische Akzente 93 (Hamburg: Kovac), S. 141-157.

Schindler, W. (1990): Untersuchungen zur Grammatik appositionsverdächtiger Einheiten im Deutschen. – Tübingen: Niemeyer (= Ling. Arb. 246).

Starke, Günter (1994): Die sogenannte Satzapposition – ein textlinguistisches Phänomen. – In: Muttersprache 104, S. 339-350.

3.4.3 Artikelfunktion

- kategoriale Füllung:
  - definiter Artikel: *der/die/das* etc., bei Eigennamen überwiegend Null-Artikel, »sächsischer Genitiv«.
  - indefiniter Artikel: *ein, eine* etc., im Plural Nullartikel.
  - Verschmelzungsformen: *kein* (Negation + indefiniter Artikel).
  - indefinite Quantoren (→ 3.4.4, S. 99f.) und manche Pronomina (→ 2.2.4.4, S. 36) können als NP-Begleiter artikelähnliche Funktion übernehmen: *alle, viele, einige Menschen* etc. Möglicherweise auch das pränominale Gen. Attr. (→ 3.4.1.1, S. 92).
  - Demonstrativ-»Artikel«: wohl eher deiktische Pronomina: *DER, dieser, jener, derjenige Junge* etc.
- morphologische Markierung: Kongruenz mit Kern-N in Numerus und Kasus. Genus wird von Kern-N regiert.
- topologische Markierung: i.d.R. ganz am Anfang einer NP (→ 2.4.6, S. 59f.). Bestimmte Quantoren können vorausgehen: *alle die Menschen (alle), *beide die Schüler (?beide).* Fokusmarkierende Partikeln (wie GPn) kön-

nen vor und (wie GPn) manchmal auch nach dem Artikel stehen: *nur in den sieben Sekunden/in nur den ... /in den nur ...*
- intonatorische Markierung: unakzentuiert. Akzentuierte Varianten sind wohl Demonstrativpronomina oder Numeralia: *nur EIN Mensch hat überlebt.* Die »schwachen« Artikelformen können mit einigen vorausgehenden Präpositionen klitisch verschmelzen: *zum, am.*
- semantische Funktion: sehr komplizierte Relationen zu den Typen von Referenz.
  - spezifische Referenz (Referent vorerwähnt, bekannt oder situativ präsent): *der Kontrolleur.*
  - unspezifische Referenz (kein bestimmter Referent, nicht vorerwähnt, nicht bekannt, nicht situativ präsent: *(irgend)ein Kontrolleur.*
  - generische Referenz (typische Vertreter einer Gruppe oder Gattung): *der Wal/ein Wal ist ein Säugetier./Wale sind Säugetiere.*

Literaturhinweise:

Ballweg, J. (1996): Determinative und gleichlautende Pronomina. – In: Pérennec, M.-H. (Hgg.), Pro-Formen des Deutschen (Tübingen: Stauffenburg), S. 1-12.

Bisle-Müller, H. (1991): Artikelwörter im Deutschen. Semantische und pragmatische Aspekte ihrer Verwendung. – Tübingen: Niemeyer (= Ling. Arb. 267).

Dedenbach, B. (1987): Reduktions- und Verschmelzungsformen im Deutschen: Schwache Formen bei Artikeln und Pronomina. – Frankfurt: P. Lang.

Hoffmann, L./Kovtun, O. (2007): Determinativ. – In: Hoffmann, L. (Hg.), Handbuch der deutschen Wortarten (Berlin etc.: de Gruyter), S. 293-356.(= de Gruyter Lexikon)

Nübling, D. (1995): Entstehung von Irregularitäten im Enklisestadium. Beobachtungen zur Verschmelzung von Präposition und Artikel im Deutschen. – In: Dressler, W. U. e.a. (Hgg.), Natürlichkeitstheorie und Sprachwandel (Bochum: Brockmeyer), S. 221-235.

Vater, H. (1979): Das System der Artikelformen im gegenwärtigen Deutsch. 2. Aufl. – Tübingen: Niemeyer. (= Ling. Arb. 78).

Vater, H. (2002): The word class »Article«. – In: Job, M./Lutzeier, P. R. (Hgg.), Lexikologie – Ein internationales Handbuch zur Natur und Struktur von Wörtern und Wortschätzen (Berlin, New York: de Gruyter), S. 621-628.

Wunderlich, D. (1997): Der unterspezifizierte Artikel. – In: Dürscheid, C. e.a. (Hgg.), Sprache im Fokus. FS für Heinz Vater zum 65. Geburtstag. (Tübingen: Niemeyer), S. 47-55.

3.4.4 Quantor

Die Benennung verrät schon, dass es sich um eine primär semantisch motivierte Gruppenbildung handelt, die syntaktisch wegen der sehr unterschiedlichen Distributionseigenschaften der Elemente unbefriedigend ist. Manche verhalten sich eher artikelartig (→ s.o.!), manche eher wie ein Adjektiv-Attribut (→ 3.4.1.3, S. 93f.), manche eher wie ein Pronomen (→ 2.2.4.4, S. 36). Wieder andere vereinen je nach Verwendung mehrere dieser Funktionen in sich.
- kategoriale Füllung: *alle, viele, manche, einige, beide, sämtliche, jeder* etc.
- morphologische Markierung: meist Kongruenz mit dem Kern-Substantiv; aber: *manch einer, all die Flaschen.*

– intonatorische Markierung: bei NP-begleitetenden Versionen wie bei adj. Attributen (→ 3.4.1.3, S. 93f.). Bei Distanzstellung (»Quantoren-Floating«) Doppelakzent (implikatives Tonmuster): *HEMden hat er sehr VIEle.*
– topologische Markierung: steht meist am Anfang der NP, vor Adj.Attr. und N; teilweise auch noch vor dem Artikel: *all die schönen Sachen* (→ 2.4.6, S. 59f.). **Achtung** bei Quantorenfloating: *Die Hemden hat er alle gebügelt.*
– Struktureigenschaften: sehr heterogene Gruppe; oft Unverträglichkeit mit Artikel/Demonstrativ-Pronomen: **die einige, *die manche, *diese vielen, ?diese alle, alle die(se).* Eigenschaften im Detail noch wenig erforscht.

Literaturhinweise:

Frosch, H. (2007): Indefinitum und Quantifikativum. – In: Hoffmann, L. (Hg.), Handbuch der deutschen Wortarten (Berlin etc.: de Gruyter), S. 387-396.(= de Gruyter Lexikon)

Hamm, F./Zimmermann, T. E. (2002): Quantifiers and anaphora. – In: Hamm, F./Zimmermann, T. E. (Hgg.), Semantics (Hamburg: Buske), S. 137-173.

Kniffka, G. (1986): Zur Distanzstellung von Quantoren und Qualifikatoren im Deutschen. – In: Vater, H. (Hg.), Zur Syntax der Determinantien (Tübingen: Narr), S. 57-82.

Lerner, J./Dünges, P. (2003): Anaphern, Quantoren und Parallelität. – Tübingen: Narr (= Tübinger Beiträge zur Linguistik 473).

Pittner, K. (1995): Alles Extraktion oder was? – Zur Distanzstellung von Quantoren im Deutschen. In: Papiere zur Linguistik 52:1, S. 27-41.

Quintin, H. (1996): Zum pronominalen Charakter von autonom verwendeten Quantoren. – In: Pérennec, M.-H. (Hg.), Pro-Formen des Deutschen (Tübingen: Stauffenburg), S. 135-145.

Reis, M./Vater, H. (1980): *Beide.* – In: Brettschneider, G./Lehmann, C. (Hgg.), Wege zur Universalienforschung. FS H.-J. Seiler (Tübingen: Narr), S. 365-391.

Vater, H. (1996): Determinantien, Pronomina, Quantoren. – In: Pérennec, M.-H. (Hgg.), Pro-Formen des Deutschen (Tübingen: Stauffenburg), S. 191-209.

3.5 Partikel-Funktionen

Partikeln sind nicht flektierbar, können also nicht wie die Hauptwortarten aufgrund ihrer morphologischen Eigenschaften (sub-)klassifiziert werden (→ 2.2.2 S. 28ff.). Soweit wir sehen, kann man bis heute keine gemeinsamen syntaktischen Merkmale anführen, außer vielleicht, dass die typischen Partikelfunktionen nicht satzgliedwertig und auch nicht stellungsgliedwertig sind, sondern oft einem Satzglied zugeordnet sind, mit dem zusammen sie umgestellt werden. Die meist angeführten Merkmale sind semantopragmatischer Art:

– Partikeln haben keine lexikalische Bedeutung wie etwa Verben, Substantiva und Adjektiva (Autosemantika). Sie entwickeln ihre Semantik nur im Zusammenhang mit anderen Wortarten (Synsemantika, Synkategorematika). Sie dienen dazu, einen Ausdruck im Satz näher zu bestimmen, zu erläutern, zu spezifizieren oder zu graduieren.
– Partikeln sind nicht deiktisch wie bestimmte Pronomina (Deiktika) und Adverbien wie *da, dort, hier, jetzt.*

Wegen des Fehlens morphologischer Merkmale ist man bei den Partikel-Funktionen auf topologische (→ 2.4, S. 47ff.) und intonatorische Markierung (→ 2.5, S. 61ff.) beschränkt (die Menge der Wörter, die in einer Partikel-Funktion möglich sind, muss ja erst noch gefunden werden). Das Herausarbeiten der typischen Eigenschaften wird wesentlich erschwert durch beträchtliche Schwankungen der Eigenschaften innerhalb einer funktionalen Gruppe. Wir können hier nur die wichtigsten Eigenschaften näherungsweise angeben. Wo immer möglich werden Beispiele mit prototypischen Vertretern angeboten.

Bis heute hat sich nur bei einigen wenigen Partikel-Funktionen ein Forschungskonsens gebildet. Die folgende Liste ist geordnet nach abnehmender Übereinstimmung der Forschung. – Die Analyse wird erheblich erschwert durch die Tatsache, dass die meisten Partikeln mehrere syntaktische Funktionen erfüllen können, oft auch Nicht-Partikel-Funktionen:

(2-119) *<u>Nur</u> weiß ich nicht, wie ich das machen soll.* (Konj.Adverbiale)
Das kann <u>nur</u> KARL entscheiden. (Gradpartikel)
Warum hast du das <u>nur</u> getan? (Modalpartikel)

Dabei stellt sich die Frage, ob hier dieselbe Partikel in unterschiedlichen syntaktischen Funktionen vorliegt, oder aber homonyme Partikeln. Diese Frage ist bis heute nicht endgültig gelöst.

Hinweis: Die Identifizierung von Partikel-Kategorien und -Funktionen stellt in jeder syntaktischen Analyse eine besondere Schwierigkeit dar. I.d.R. sind die vorgelegten Analysetexte schriftliche Textsorten, die nicht allzu viele und allzu problematische Partikeln enthalten. Ferner kann man sich meist auf die relativ unproblematischen Partikelgruppen beschränken, für die sich bereits ein gewisser Forschungskonsens gebildet hat (und die deshalb oft nicht mehr zu den Partikeln gerechnet werden): Adverbien, Satzadverbien, Präpositionen, Konjunktionen (ohne Konjunktionaladverbien). – Es erscheint uns nicht sinnvoll, bei den Partikeln im engeren Sinn, bei denen noch kaum ein Forschungskonsens erkennbar ist (Gradpartikeln, Modalpartikeln, Vergleichspartikeln, Steigerungspartikeln, Interjektionen) einen allzu hohen Vorbereitungsaufwand zu treiben.

3.5.1 Adverbien (Adv.) in <u>adverbialer</u> Verwendung (→ 3.2.6, S. 86f.; 3.3.1)

(→ 2.2.4.6, S. 37f.). Die obige Einschränkung wird deshalb getroffen, weil natürlich nicht nur Adverbien in adverbialer Funktion auftreten. – Adverbien gehören aufgrund der fehlenden Flektierbarkeit eigentlich zu den Partikeln, aber die adverbiale Funktion nicht zu den typischen Partikelfunktionen, da satzgliedwertig.

– kategoriale Füllung: *heute, morgen, hier, dort, gern* etc.; die deiktischen Adv. könnten bei einer engen Fassung des Partikelbegriffs ausgeschieden werden. Subkategorisierung in lok., temp., mod. usw.
– morphologische Markierung: keine (abgesehen von einigen komparierbaren: *oft, öfter, am öftesten*).
– intonatorische Markierung: Als Adverbiale können sie enger Satzfokus sein.
– topologische Markierung: als Satzglied-Funktion allein vorfeldfüllend möglich! (→ 3.2, S. 78f.)
– Struktureigenschaften: oft durch *wann? wo? wie? weshalb?* usw. erfragbar (→ 4.5.1, S. 118ff.); als Antwort = satzwertig möglich.

Literaturhinweise:

Hoffmann, L. (2007): Adverb. – In: Hoffmann, L. (Hg.), Handbuch der deutschen Wortarten (Berlin etc.: de Gruyter), S. 223-264.(= de Gruyter Lexikon)

Pittner, K. (1999): Adverbiale im Deutschen. Untersuchungen zu ihrer Stellung und Interpretation. Tübingen: Stauffenburg (Studien zur deutschen Grammatik 60).

3.5.2 Satzadverbien (SAdv.) in satzadverbialer Funktion

Auch »Modalwort« (Vinogradow), »Schaltwörter/Parenthetika« (Isačenko), »Kommentaradverbiale« (Duden), Modalpartikeln (IdS-Grammatik).

– kategoriale Füllung (geordnet nach semantischen Gruppen):
  – *allerdings, anscheinend, fraglos, freilich, gewiss, kaum, möglicherweise, schwerlich, sicher, sicherlich, tatsächlich, vermutlich, vielleicht, wahrscheinlich, wirklich, wohl, zweifellos, zweifelsohne* etc. (Einschätzung bzgl. Sachverhalt).
  – *angeblich, vorgeblich.*
  – *bekanntlich, natürlich, offensichtlich, selbstverständlich.*
  – *ärgerlicherweise, hoffentlich, leider, gottlob, gottseidank, bedauerlicherweise* etc. (Sprecherkommentar).
  – *erwartungsgemäß, verabredungsgemäß.*
  – *absichtlich, versehentlich, willentlich.*

  Beachte: auch PPn wie *ohne Zweifel, im Übrigen, in Wirklichkeit, in Gottes Namen,* Adjektiva wie *natürlich, offensichtlich, selbstverständlich* und Partizipien wie *bestimmt, anscheinend, unbedingt* können in dieser syntaktischen Funktion auftreten.
– morpholog. Markierung: keine, aber viele Satzadverbien treten auch in Adj.-typischen Funktionen (→ 2.2.4.2, S. 34f.) auf und sind dann flektiert: *wahrscheinlich, offenkundig, offensichtlich.*
– intonatorische Markierung: Einige können wohl fokussieren und damit engen Fokusakzent lenken: *Vermutlich KARL kann uns helfen.*

– topologische Markierung: vorfeldfähig = Stellungsglied; kann Teil eines Fokus-Ausdrucks sein; im Mittelfeld häufig nach Modalpartikel(n), vor Satznegation.
– Struktureigenschaften: kein Satzglied, da nicht erfragbar, nicht pronominalisierbar; Kommentarfunktion; modifizieren Gesamtsatz (oft in einen Hypersatz umformbar: *Hast du wirklich das Geld verloren? Ist es wirklich so, dass du das Geld verloren hast?*); meist als Antwort auf eine Entscheidungsfrage möglich (Trennkriterium gegenüber Konj.Advb.); untereinander kaum kombinierbar oder koordinierbar. – Satzmodusabhängig (→ 7., S. 157-166.): fast alle im Verb-Zweit-Aussagesatz, im Verb-Erst-Fragesatz nur *womöglich, wirklich;* im Imperativsatz nur *wirklich, bestimmt.*

Beachte: Entscheidung immer begründen!

Literaturhinweise:
Ballweg, J. (2007): Modalpartikel. – In: Hoffmann, L. (Hg.), Handbuch der deutschen Wortarten (Berlin etc.: de Gruyter), S. 547-554. (= de Gruyter Lexikon) [Terminus nach IdS-Grammatik; eine unglückliche Entscheidung]
Doherty, M. (1985): Epistemische Bedeutung. – Berlin: Akademie Verlag.
Lang, E. (1979): Zum Status der Satzadverbiale. – In: Slovo a Slovesnost 40, S. 100-213.

3.5.3 Präpositionen (Präp.) (→ 2.2.2, S. 31)

– kategoriale Füllung:
  – älteste Schicht (aus alten Adverbien): *ab, an, auf, für, in, über, um, unter, wider, mit* etc.
  – mittlere Schicht (aus Substantiva, Adjektiva, Adverbien): *dank, kraft, trotz, mangels, mittels, bezüglich, rechts, nahe, entlang* etc.
  – jüngste Schicht (aus PP): *in Anbetracht, anstelle, zu Lasten, ohne Rücksicht auf* etc.

  Achtung: adverbielle Parallelformen, z.B. *in – ein, wider – wieder* etc.
– morphologische Markierung: unveränderlich. Regieren obliquen Kasus der zugehörigen NP. Beachte freie und semantisch relevante Rektionsalternativen: *in dem Haus/in das Haus; entlang dem Haus/des Hauses, das Haus entlang* (→ 2.3.4.2, S. 46).
– intonatorische Markierung: i.d.R. akzentlos, nur bei Kontrast (→ 2.5.1.4, S. 64f.) und vor Reflexiv-Pronomina (→ 8.2, S. 170) betonbar: *etw. VOR/ HINter sich haben.*
– topologische Markierung: sind Teil eines Satzglieds oder Satzgliedteils; stehen entweder davor: *<u>vor</u> mir* (**Präposition**); dahinter: *der guten Ordnung <u>halber</u>* (**Postposition**) oder darum herum: *<u>um</u> des lieben Friedens <u>willen</u>* (**Circumposition**). Häufung von Präpositionen: *<u>bis zur</u> Stadtmitte.*

Kombinationen mit Adverbien: *zur Stadt hinaus, ins Wasser hinein.*

- Struktureigenschaften: fordern einen bestimmten Kasus der regierten NP, aber keine Nominativ-Rektion (Unterschied zu Vergleichspartikeln, → 3.5.5, S. 107); regiert werden meistens NPn, in seltenen Fällen auch Adv. (*bis heute;* hier bestehen allerdings Zweifel am Präp.-Status von *bis*), Gliedsätze (*bis dass der Tod euch scheidet; ohne dass ...*) und adverbiale Infinitivkonstruktionen (*ohne ihn zu heilen*; → 6.5.7.2, S. 154f.); nicht erfragbar, nicht pronominalisierbar; teilweise adverbiale Funktionen, z.B. *innerhalb, links* etc. Teilweise miteinander kombinierbar: *bis auf die Knochen.*
- semantische Funktion: typische adverbiale Relationen (lokal, temporal etc.), dazu reine Relationsmarkierungen bei Präp.Obj. (→ 3.2.5, S. 84f.): *sprechen vor/mit/zu ... von/über ...;* und bei Funktionsverbgefügen (→ 3.1.7, S. 74f.): *in Betrieb setzen.*

Literaturhinweise:

Grießhaber, W. (2007): Präposition. – In: Hoffmann, L. (Hg.), Handbuch der deutschen Wortarten (Berlin etc.: de Gruyter), S. 629-655 (= de Gruyter Lexikon) [mit umfangreichen Literaturhinweisen]

Klaus, C. (1999): Grammatik der Präpositionen: Studien zur Grammatikographie. Mit einer thematischen Bibliographie. – Frankfurt a. M. usw.: Peter Lang (= Linguistik International 2).

Klumpp, F. (1999): Zur Syntax deutscher Präpositionen. – In: Spillmann, H. O./Warnke, I. (Hgg.), Internationale Tendenzen der Syntaktik, Semantik und Pragmatik. Akten des 32. Linguistischen Kolloquiums in Kassel 1997 (Bern: Peter Lang), S. 211-217.

Lindquist, C. (1994): Zur Entstehung von Präpositionen im Deutschen und Schwedischen. – Tübingen: Niemeyer (= Ling. Arb. 311).

Meola, C. Di (2000): Deutsche Präpositionen im Überblick: Form, Stellung und Rektion. – In: Pandaemonium Germanicum. 4 (Tübingen: Niemeyer), S. 321-368.

Meola, C. Di (2002): Altes und neues zu »präpositionsartigen Präpositionalphrasen«. – In: Bublitz, W. e.a. (Hgg.), Philologie, Typologie und Sprachstruktur: FS für W. Boeder zum 65. Geburtstag (Berlin, Frankfurt a. M.: Peter Lang), S. 265-283.

Rauh, G. (1999): Adverb oder Präposition? Von der Notwendigkeit einer Abgrenzung von Wortarten und grammatischen Kategorien und der Gefahr einer terminologischen Falle. – In: Eggers, E./Becker, J. (Hgg.), Florilegium linguisticum. FS für W. P. Schmid zum 70. Geburtstag (Frankfurt a. M.: Peter Lang), S. 367-392.

3.5.4 Konjunktionen (Konj.)

Die konjunktionalen Teilfunktionen sind syntaktisch so verschieden, dass man sie eigentlich nicht unter einer Überschrift zusammenfassen sollte.

Literaturhinweis:

Eggs, F. (2007): Adjunktor. – In: Hoffmann, L. (Hg.), Handbuch der deutschen Wortarten (Berlin etc.: de Gruyter), S. 189-222. (= de Gruyter Lexikon)

Fabricius-Hansen, C. (2007): Subjunktor. – In: Hoffmann, L. (Hg.), Handbuch der deutschen Wortarten (Berlin etc.: de Gruyter), S. 759-790.(= de Gruyter Lexikon)

Pasch, R./Breindl, E. e.a. (2003): Handbuch der deutschen Konnektoren (Konjunktionen, Satzadverbien und Partikeln). – Berlin, New York: de Gruyter. (= Schriften des IdS, Bd. 9).

3.5.4.1 Koordinierende Konjunktionen (koord. Konj.)

- kategoriale Füllung: *und, oder, aber, denn, sondern, doch, (ebenso) wie*; sog. mehrteilige Konj. sind meist Kombinationen aus Konj. + GP (→ 3.5.6, S. 107f.) oder Negation (→ 3.5.8, S. 110): *nicht nur ... sondern auch.*
- morphologische Markierung: keine. Wenn die koord. Konjunktionen Satzglieder verbinden, dann kongruieren diese i.d.R. (→ 2.3.4.1, S. 45f.).
- intonatorische Markierung: normalerweise nicht betonbar.
- topologische Markierung: stehen vor dem Vorfeld; allein nicht vorfeldfüllend; Ausnahme: *aber* kann nach dem Vorfeldausdruck und im Mittelfeld (nach den Pronomina, vor den Voll-NP) stehen.

  (3-120) *Aber er ging hinaus .../ER aber ging hinaus .../Er ging aber hinaus ...*

  doch zeigt (bei weitgehend gleicher Bedeutung) auch die Stellungsmerkmale von Konjunktionaladverbialen (→ 3.5.4.3, S. 106f.):

  (3-121) *Doch er ging .../Doch ging er .../*Er doch ging .../Er ging doch ...* (Modalpartikel!)
- Struktureigenschaften: verknüpfen gleichstufige satzförmige Strukturen, teilweise auch Satzglieder (→ 3.2, S. 78) oder Satzgliedteile (→ 3.4.1, S. 91ff.): *mit schönen und schnellen Autos.* Gehören syntaktisch zum zweiten Konjunkt.

Literaturhinweise:

Bührig, K. (2007): Konnektivpartikel. – In: Hoffmann, L. (Hg.), Handbuch der deutschen Wortarten (Berlin etc.: de Gruyter), S. 525-546. (= de Gruyter Lexikon)

Lang, E (2002): Die Wortart »Konjunktion«. – In: Cruse, A. D./Hundsnurscher, F./Job, M. /Lutzeier, P. R. (Hgg.), Lexikologie. Ein internationales Handbuch zur Natur und Struktur von Wörtern und Wortschätzen. 1. Halbband (Berlin, New York: de Gruyter), S. 634-641.

Redder, A. (2007): Konjunktor. – In: Hoffmann, L. (Hg.), Handbuch der deutschen Wortarten (Berlin etc.: de Gruyter), S. 483-524. (= de Gruyter Lexikon)

3.5.4.2 Subordinierende Konjunktionen (subord. Konj.)

- kategoriale Füllung: *dass, ob* (reine subord. Konj.); *weil, wenn, während, obwohl* etc. (adv. subordinierende Konjunktion); *wo, wann, wie, womit* etc. (relativische adv. Elemente).
- morphologische Markierung: keine.
- intonatorische Markierung: Satzakzent nur bei Verum-Fokus: *Ich weiß nicht, WIE ich es mache, aber ich weiß, DASS ich es mache.*
- topologische Markierung: satzeinleitend bei Verb-Letzt; *dass/ob* weder Stellungs- noch Satzglied; teilweise mit adverbialer Satzgliedfunktion (z.B. *wie, wann*); klammeröffnende Elemente.
- Struktureigenschaften: nicht erfragbar, nicht pronominalisierbar; können nicht als Antwort auftreten; Abgrenzung zu Relativ-, Frage-, Indefinitpro-

nomina schwierig; diese sind meist satzgliedwertig oder satzgliedteilwertig.

Literaturhinweise:
Fabricius-Hansen, C. (2007): Subjunktor. – In: Hoffmann, L. (Hg.), Handbuch der deutschen Wortarten (Berlin etc.: de Gruyter), S. 759-790. (= de Gruyter Lexikon)
Haumann, D. (1997): The Syntax of Subordination. – Tübingen: Niemeyer (=Ling. Arb. 373).
Höhle, T. N. (1988): VERUM-Fokus. – In: Sprache und Pragmatik 5, S. 1-7.

3.5.4.3 Konjunktionaladverbiale (Konj.Adv.) (auch: Konnektivpartikel)

Diese syntaktische Funktion bietet bei der Analyse mannigfaltige Schwierigkeiten. Die Elemente zeigen noch weitgehend die Eigenschaften von Adverbialen (Stellung etc.), sind aber nicht mehr erfragbar/ersetzbar durch eine PP. Daneben gibt es aber homonyme Formen (allerdings oft mit Akzent auf dem deiktischen Teil), die noch volle adverbiale Funktionen erfüllen können: *DArum (warum?) – darUM.*

– kategoriale Füllung: *also, andernfalls, ansonsten, auch, außerdem, bloß, dadurch, daher, dann, darum, demnach, dennoch, ebenfalls, endlich, ferner, folglich, freilich, immerhin, indessen, insbesondere, insofern, jedoch, mithin, mittlerweile, nämlich, nichtsdestoweniger, nötigenfalls, nur, schließlich, sonst, trotzdem, überhaupt, wenigstens, wieder, zudem, zumindest, zwar* etc. Die Abgrenzung von Adverbialen und Satzadverbialen ist sehr schwierig und die Forschung dazu denkbar heterogen.
– morphologische Markierung: keine.
– intonatorische Markierung: kein Satzfokusakzent (→ 2.5.1.3, S. 64).
– topologische Markierung: meist vorfeldfüllend (Stellungsglied); teils intonatorisch isoliert vor dem Vorfeld, teils Teil des Vorfelds (fokussierend); manchmal am Mittelfeldanfang möglich.
(3-122) *Also geht Karl nicht in die Uni./Also: Karl geht in die Uni./*
KARL also geht nicht in die Uni./Karl geht also nicht in die Uni.
– Struktureigenschaften: Verknüpfen zwei (Teil-)Sätze inhaltlich, nicht im engeren Sinn syntaktisch; nicht erfragbar, nicht durch Pro-PP ersetzbar; Mischung aus koordinierender Konjunktion (→ s.o.!) und Adverb (→ 3.5.1, S. 101f.). Syntaktisch handelt es sich um asyndetische Satzreihung. – Nicht als Antwort auf eine Entscheidungsfrage möglich (Trennkriterium gegenüber Satzadverbialen).

Literaturhinweise:
Bührig, K. (2007): C13. Konnektivpartikel. – In: Hoffmann, L. (Hg.), Deutsche Wortarten (Berlin etc.: de Gruyter), S. 525-546. [Beachte die abweichende Terminologie!]
Pasch, R./Breindl, E. e.a. (2003): Handbuch der deutschen Konnektoren (Konjunktionen, Satzadverbien und Partikeln). – Berlin, New York: de Gruyter. (= Schriften des IdS, Bd. 9).
Primatarova-Miltscheva, A. (1986): *zwar ... aber* – ein zweiteiliges Konnektivum? – In: Deutsche Sprache 14:2, S. 125-139.

Vuillaume, M. (1988): Können nebenordnende Konjunktionen und Konjunktionaladverbien keine größeren Einheiten als Sätze einleiten? – In: Cahiers d'Etudes Germaniques 14, S. 31-41.

Wunderlich, D.(1979): Analyse einiger Funktionen von *sonst*. Ein Beitrag zur Klärung von Kontextabhängigkeit. – In: Rosengren, I. (Hg.), Sprache und Pragmatik. Lunder Symposium 1978 (Lund), S. 371-390.

3.5.5 Vergleichspartikeln (Vgl.-Partikeln) (auch: Adjunktor)

- kategoriale Füllung: *als* (Ausdruck der Ungleichheit), *wie* (Ausdruck der Gleichheit); Erweiterung: *ebenso wie, genauso wie.*
- morphologische Markierung: keine Rektion (also keine Präposition!) (→ 2.3.4.2, S. 46), aber Vergleichsglied und Verglichenes stehen im gleichen Kasus (= Kongruenz; → 2.3.4.1, S. 45f.).
- intonatorische Markierung: kein Satzakzent (→ 2.5.1.3, S. 64).
- topologische Markierung: steht zwischen den Vergleichsgliedern.
- Struktureigenschaften: nicht erfragbar, nicht pronominalisierbar, kein Stellungsglied. Bei Verknüpfung von Sätzen Ähnlichkeit mit koord. Konj. Bei den Vergleichsgliedern können zumindest alle syntaktischen Hauptfunktionen auftreten. Die Vergleichsglieder müssen nicht gleiche syntaktische Funktionen haben: *ebenso rennen wie Karl.*

Literaturhinweise:

Eggs, F. (2007): C3. Adjunktor. - In: Hoffmann, L. (Hg.), Deutsche Wortarten (Berlin etc.: de Gruyter), S. 189-221. [Beachte die abweichende Terminologie]

Hahnemann, S. (1999): Vergleiche im Vergleich. Zur Syntax und Semantik ausgewählter Vergleichsstrukturen im Deutschen mit »als« und »wie«. – Tübingen: Niemeyer (= Ling. Arb. 397).

3.5.6 Gradpartikeln (GP) (Fokus-, Rangierpartikeln)

- kategoriale Füllung: verschiedene semantische Gruppen:
  - *nur*-Gruppe: *nur, bloß, allein, ausschließlich, einzig,* ***lediglich*** etc.
  - *auch*-Gruppe: *auch, ebenfalls, ebenso, gleichfalls* etc.
  - *sogar*-Gruppe: ***sogar, nicht einmal*** (prototypische GPn).
  - *gerade*-Gruppe: *gerade, eben, genau, ausgerechnet, insbesondere, vor allem.*
  - *schon*-Gruppe: *erst, noch, schon.*
  - *höchstens, mindestens.*

  Achtung: Alle Gradpartikeln treten auch in anderen Funktionen auf (abgesehen von *sogar:* kann deswegen als Orientierungsmuster dienen).
- morphologische Markierung: keine.
- intonatorische Markierung: selbst normalerweise ohne Akzent; binden einen Fokusausdruck (= Bereich besonderer semant. Wirksamkeit der GP),

auf dem ein Fokusakzent platziert wird.

- topologische Markierung: Gradpartikeln stehen meist vor ihrem Fokusausdruck, bei VP-Fokus allerdings nur bei V-L, bei V-1 und V-2 im Fokusausdruck: *dass er es ihr auch GAB./Er GAB es ihr auch.*
  Nie stellungsgliedhaft: nicht allein vorfeldfüllend, aber zusammen mit Fokusausdruck, mit dem sie eine feste Einheit bilden; bei *auch* ist Distanzstellung nach dem Fokusausdruck möglich:
  (3–123) *Auch der KARli/Der KARli ist AUCH ein Syntax-Freak.*
- Struktureigenschaften: Mögliche Fokusausdrücke sind NP und PP (→ 2.2.5.3, S. 41f.), VP (→ 2.2.5.2, S. 40) und Teile davon: Präp. (*nur VOR, nicht HINter dem Haus;* → 3.5.3, S. 103f.), Attr. (→ 3.4.1, S. 91-96), vielleicht auch ganze Sätze. Kaum untereinander kombinierbar.
- Semantische Funktion:
  - skalierend (z.B. bei *sogar*): gibt einen besonders hohen oder niederen Grad (über die Erwartung hinaus) an.
  - quantifizierend (z.B. bei *ausschließlich*): Ausschluss oder Einschluss von Fokusmengen und Komplementmengen.

Hinweis: Gradpartikeln lassen sich am leichtesten aufgrund der semantischen Funktion identifizieren oder durch die Einsetzung von *sogar,* das nur in Gradpartikel-Funktion vorkommt.

Literaturhinweise:

Altmann, H. (1976): Die Gradpartikeln im Deutschen. Untersuchungen zu ihrer Syntax, Semantik und Pragmatik. – Tübingen: Niemeyer (= Ling. Arbeiten 33).

Altmann, H. (2007): Gradpartikel. – In: Hoffmann, L. (Hg.), Handbuch der deutschen Wortarten (Berlin: de Gruyter), S. 357-386 (= de Gruyter Lexikon) [dort umfangreiche Literaturhinweise]

König, E. (1993): Focus particles. – In: Jacobs, J./Stechow, A. von/Vennemann, T. (Hgg.), Syntax. Ein internationales Handbuch zeitgenössischer Forschung (Berlin: de Gruyter), S. 378-387.

König, E. (1991): Gradpartikeln. – In: Stechow, A. von/Wunderlich, D. (Hgg.), Semantik. Ein internationales Handbuch der zeitgenössischen Forschung (Berlin: de Gruyter), S. 786-803.

Löbner, S. (1986): *schon – erst – noch.* Temporale Gradpartikeln als Phasenquantoren. – In: Groninger Arbeiten zur Germanistischen Linguistik. 27, S. 75-99.

Reis, M./Rosengren, I. (1997): A Modular Approach to the Grammar of Additive Particles: the Case of German *auch*. – In: Journal of Semantics 14, S. 237-309.

3.5.7 Modalpartikeln (MP) (auch: Abtönungspartikeln)

- kategoriale Füllung: Die Modalpartikeln treten in einer typischen Verknüpfung mit Satztypen im Satzmodussystem auf (→ 7., S. 157-167).
  - V-2-Aussagesatz: *auch, eben, doch, halt, ja, schon, wohl.*
  - V-1-Fragesatz: *auch, denn, wohl, etwa, vielleicht.*
  - *w*-V-2-Fragesatz: *auch, bloß, denn, doch, noch, nur, schon, wohl.*
  - V-1-/V-2-Imperativsatz: *auch, BLOSS, doch, eben, halt, JA, nur, schon.*
  - V-1-Wunschsatz: *bloß, doch, nur.*

  – V-1-/V-2-Exklamativsatz: *aber, aber auch, vielleicht.*
  – *w*-V-2-/V-L-Exklamativsatz: *aber auch, doch.*
- morphologische Markierung: keine.
- intonatorische Markierung: *bloß* und *ja* in Imperativ-Sätzen (→ 7.2.1.4, S. 160) werden (kontrastiv?) akzentuiert; alle anderen Modalpartikeln sind unakzentuiert. Sie lenken auch nicht den Satzakzent (→ 2.5.1.3, S. 64), reagieren aber darauf: stehen vor Fokusexponenten.
- topologische Markierung: fast nur im Mittelfeld nach unakzentuierten Pronomina, vor Satzadverbialen und unmarkierter Negation:
  (3-124) *Du hast es ihm ja auch leider nicht gegeben.*
  In *w*-Fragesätzen evtl. auch nach dem Vorfeldausdruck: *Warum nur tust du das?*
- Struktureigenschaften: offenbar enge Verknüpfung mit Satztypen im Satzmodussystem (→ 7., S. 157-167):
  (3-125) *Wer hat schon so viel Geld!?* (rhetorische Frage)
  (3-126) *Ob sie mich wohl besucht?* (deliberative Frage)
  (3-127) *Hast du eigentlich Angst?* (aufrichtige Frage)
  Kombinationen von Modalpartikeln möglich; nicht erfragbar, nicht pronominalisierbar, nur Bezug auf Gesamtsatz, nicht koordinierbar, aber kombinierbar, selbst nicht durch andere Partikeln modifizierbar. nicht satzgliedfähig, nicht erststellenfähig, Synsemantika. Haben weiten Skopus.

Achtung: Die Trennung von anderen syntaktischen Funktionen ist problematisch, da alle Modalpartikeln auch in anderen syntaktischen Funktionen vorliegen (außer *halt*). Am ehesten gangbar erscheint der Weg über die Zuordnung zu Satztypen im Satzmodussystem.

Literaturhinweise:

Autenrieth, T. (2002): Heterosemie und Grammatikalisierung bei Modalpartikeln. Eine synchrone und diachrone Studie anhand von *eben, halt, e(cher)t, einfach, schlicht* und *glatt*. – Tübingen: Niemeyer. (= Ling. Arb. 450).

Diewald, G. (2007): Abtönungspartikel. – In: Hoffmann, L. (Hg.), Handbuch der deutschen Wortarten (Berlin etc.: de Gruyter), S. 117-142. (= de Gruyter Lexikon)

Franz, B. (2001): Abtönungspartikeln im Deutschen – Zur Bedeutung und Genese einer relativ jungen Wortart. – In: Vater, H./Letnes, O. (Hgg.), Modalität und mehr / Modality and more. (Trier: WVT Wissenschaftlicher Verlag), S. 115-129.

Kwon, M.-J. (2005): Modalpartikeln und Satzmodus. Untersuchungen zur Syntax, Semantik und Pragmatik der deutschen Modalpartikeln. – Phil. Diss. München.

Meibauer, J. (1994): Modaler Kontrast und konzeptuelle Verschiebung. Studien zur Syntax und Semantik deutscher Modalpartikeln. – Tübingen: Niemeyer (= Ling. Arb. 314).

Molnár, A. (Hg.) (2002): Die Grammatikalisierung deutscher Modalpartikeln. Fallstudien. – Frankfurt a. M. etc.: Peter Lang (= Metalinguistica 12).

Thurmair, M. (1993): Äußerungsform oder Äußerungsfunktion? Zu den Bedingungen für das Auftreten von Modalpartikeln. – In: Deutsche Sprache 21, S. 22-43.

Wegener, H. (1998): Zur Grammatikalisierung von Modalpartikeln. – In: Barz, R./Öhlschläger, G. (Hgg.), Zwischen Grammatik und Lexikon (Tübingen: Niemeyer), S. 37-56. (= Ling. Arb. 390).

3.5.8 Negationspartikeln (Neg.)

- kategoriale Füllung: sehr heterogen; keine einheitliche syntakt. Funktion, sondern eher semant. Klasse: *nicht* (Satznegation; reine Neg.); *kein* (Verschmelzungsform *nicht* + indefiniter Artikel); *nichts* (NP); *niemand, keiner* (Pronomina); *nirgends, nie, niemals* (Adverbien) etc.
- morphologische Markierung: keine (außer bei den pronominalen Verschmelzungsformen *kein, niemand*).
- intonatorische Markierung: Neutrale Satznegation hat keinen Akzent, steht aber offenbar vor dem Fokusausdruck; Kontrastnegation verhält sich bezüglich Fokus wie Gradpartikel (→ 3.5.6, S. 107f.). – Bei Gegenbehauptungen wird das *nicht* akzentuiert (→ 2.5.1.4, S. 64f.):

  (3-128) A: *Karl ist geKOMmen.*
  B: *Karl ist NICHT gekommen.*
- topologische Markierung: normale Satznegation nach unakzentuierten Pronomina, Modalpartikeln, Satzadverbialen und vor akzentuierten Ausdrücken (Satzfokus, Fokusexponenten) im Mittelfeld.

  (3-129) *Er hat ihm doch hoffentlich nicht das PASSwort gesagt.*

  Kaum vorfeldfüllend, evtl. klammerschließend (→ 2.4.2.2, S. 51ff.), wenn kein stärkeres Klammerelement vorhanden ist.

  Die kontrastive Negation ist fokusbindend wie eine Gradpartikel:

  (3-130) *Nicht KARL ist gekommen, sondern FRANZ.*
  (3-131) *(Der) HANS ist NICHT gekommen, aber ...*
- Struktureigenschaften: keine gemeinsamen (semantische Klasse!)
- semantische Funktion: Satznegation zeigt an, dass die entsprechende Proposition unzutreffend ist.

Literaturhinweise:

Jacobs, J. (1991): Negation. – In: Stechow, A. von/Wunderlich, D. (Hgg.), Semantik. Ein internationales Handbuch zeitgenössischer Forschung (Berlin: de Gruyter), S. 560-596.

Dahl, Ö. (1993): Negation. – In: Jacobs, J./Stechow, A. von/Vennemann, T. (Hgg.), Syntax. Ein internationales Handbuch zeitgenössischer Forschung (Berlin: de Gruyter), S. 914-922.

Strecker, Bruno (2007): Negationspartikel. – In: Hoffmann, L. (Hg.), Handbuch der deutschen Wortarten (Berlin etc.: de Gruyter), S. 555-576. (= de Gruyter Lexikon)

3.5.9 Steigerungspartikeln (Steig.-P.) (auch: Intensitätspartikeln)

- kategoriale Füllung: *absolut, besonders, etwas, ganz, immer, noch, sehr, überaus, ungemein, völlig, weit, zu*; auch Adjektive und Adverbien: *ätzend, außerordentlich, echt, geil, irre, klasse, sagenhaft, schön, total, wahnsinnig,* Zuzug aus anderen Kategorien, gleichzeitig Desemantisierung.
- morphologische Markierung: keine.

– intonatorische Markierung: normalerweise ohne Phrasenakzent (→ 2.5.1.2, S. 63f.), aber betonbar:
(3-132) A: *Wie teuer sind diese Rennräder?* B: *SEHR teuer.*
– topologische Markierung: unmittelbar vor dem gesteigerten Element. Typischerweise vor Adjektiv in attributiver, adverbialer und prädikativer Funktion; auch vor Verb in V-L-Position (*sehr weinen*), bei V-1 und V-2 nach diesen Ausdrücken; vor N/NP (*klasse Frau*), vor Adv. (*sehr oft*). Enge Selektionsbeziehungen zwischen Steigerungspartikel und Bezugsausdruck. Nur mit Bezugsausdruck verschiebbar und vorfeldfähig.
– Struktureigenschaften: erfragbar (mit *wie*+Bezugsausdruck, vgl. oben), pronominalisierbar (*so*); nicht herausstellbar; weder Satz- noch Stellungsglied; können allein als (elliptische) Antwort verwendet werden:
(3-133) A: *Liebst du sie?* B: *(Ich liebe sie) SEHR.*
Steigerungspartikeln sind untereinander kombinierbar: *Das war echt total gut!* Können auch abschwächend verwendet werden: *etwas müde.*

Literaturhinweise:

Breindl, Eva (2007): Intensitätspartikel. – In: Hoffmann, L. (Hg.), Handbuch der deutschen Wortarten (Berlin etc.: de Gruyter), S. 397-422. (= de Gruyter Lexikon)
Os, C. v. (1989): Aspekte der Intensivierung im Deutschen. – Tübingen: Narr.

3.5.10 Gliederungspartikeln (Glied.-P.) (auch: Diskurspartikeln)

3.5.10.1 Antwortpartikeln

– kategoriale Füllung: echte Antwortpartikeln: *ja, nein, doch* (bejahend nach verneinten Fragen), *schon* (einräumend); daneben Satzäquivalente (Satzadverbiale: *sicher, vielleicht*) (→ 3.5.2, S. 100f.), Steigerungspartikeln (*sehr*) (→ 3.5.9, S. 110f.), Gradpartikeln (*genau, auch, ebenfalls*) (→ 3.5.6, S. 107f.), Negationspartikeln (*nie, keinesfalls*) (→ 3.5.8, S. 110).
– morphologische Markierung: keine.
– intonatorische Markierung: normaler Satzfokusakzent (→ 2.5.1.3, S. 64), vollständiges Tonmuster.
– topologische Markierung: satzwertig (allein) verwendet.

Literaturhinweis:

Heinz, S. (1976): Bejahung und Verneinung. – In: Zeitschrift für französische Sprache und Literatur 86, S. 289-316.

3.5.10.2 Interjektionspartikeln (→ 3.4.2.1, S. 96)

– kategoriale Füllung: *ah, ach, bitte, o weh, hoppla, nanu, aha, hm, herrje, ohje, oh, äh* usw.
– morphologische Markierung: keine.

- intonatorische Markierung: nicht in den Satz integriert.
- topologische Markierung: stehen vor dem Vorfeld, nach dem Nachfeld oder in Parenthesennische (→ 3.4.2.2, S. 96f.).
- Struktureigenschaften: können isoliert verwendet werden.

Literaturhinweise:

Burkhardt, A. (1998): Interjektionen. Begriffe, Geschichte(n), Paraphrasen. – In: Harden, T./Hentschel, E. (Hgg.), Particulae particularum. FS zum 60. Geburtstag von H. Weydt. (Tübingen: Stauffenburg), S. 43-73.

Ehlich, Konrad (2007): Interjektion und Responsiv. – In: Hoffmann, L. (Hg.), Handbuch der deutschen Wortarten (Berlin etc.: de Gruyter), S. 423-444. (= de Gruyter Lexikon)

Fries, Norbert (1992): Interjektionen, Interjektionsphrasen und Satzmodus. – In. Rosengren, I. (Hg.), Satz und Illokution, Bd. 1. (Tübingen: Niemeyer), S. 307-341 (= Ling. Arb. 278).

Fries, N. (2002): Die Wortart ›Interjektionen‹. – In: Cruse, A. D./Hundsnurscher, F./Job, M./Lutzeier, P. R. (Hgg.), Lexikologie. Ein internationales Handbuch zur Natur und Struktur von Wörtern und Wortschätzen. 1. Halbband (Berlin, New York: de Gruyter), Seiten??

Nübling, D. (2004): Die prototypische Interjektion. Ein Definitionsvorschlag. - In: ZS für Semiotik 26::1-2, S. 11-64.

Willkop, E.-M. (1988): Gliederungspartikeln im Dialog. – München: Iudicium Verlag (=Studien Deutsch 5).

3.5.11 Infinitivpartikel

- kategoriale Füllung: *zu*.
- morphologische Markierung: keine.
- intonatorische Markierung: nicht akzentuierbar.
- topologische Markierung: Steht immer vor dem Inf. I eines Verbs in einem engen Verbalkomplex, außer in einer Modalverb-Vollverb-Verbindung, ggf. auch innerhalb eines Partikelverbs: *abzugeben*.
- Struktureigenschaften: obligatorisch, grammatikalisiert. Entstanden aus Präp. *zu* + Gerundivform des Verbs. Wird bisweilen als »Infinitivkonjunktion« bezeichnet, obwohl es nicht am Anfang der Infinitivkonstruktion auftritt und auch nicht Verb-Letzt steuert.

Literaturhinweis:

IJbema, A./Abraham, W. (2000): Die syntaktische Funktion des infinitivischen *zu*. – In: Thieroff, R. e.a. (Hgg.), Deutsche Grammatik in Theorie und Praxis (Tübingen: Niemeyer), S. 123-137. [im generativen Paradigma, dadurch teilweise schwer lesbar].

3.5.12 Überblick über die einzelnen Partikeln

Die folgende tabellarische Übersicht kann jeweils nur die prototypischen Fälle behandeln. So gibt die Spalte »koord. Konj.« die Merkmale für *und/oder* an. *aber* hingegen kann einen Ausdruck im Vorfeld fokussieren und kann im Mittelfeld auftreten: *Aber er ging hinaus/Er aber ging hinaus/Er ging aber hinaus.*

	koord. Konj.	Konj. Advb.	Adv.	SAdv.	Steig.-Partik.	GP	Glied.-Partik.	MP
betonbar	(+)	(+)	+	+	+	+	–	–/(+)
isoliert (satzwertig)	+	–	+	+	+	–	+	–
vor-VoF (unintegr.)	+	+	–	+	–	–	+	–
vor-VoF (integriert)	+	–	–	–	–	–	–	–
VoF-fähig mit Bezugsausdruck	–	+ (?)	+ (?)	teils	–	+	–	–
im Mittelfeld	–	+	+	+	+	+	teils	+
Antw. auf V-1-Frage	–	–	+	teils	+	+	–	–
Antw. auf *w*-Frage	–	–	+	–	teils	–	+/–	–
koordinierbar	–	–	+	–	–	(+)	–	–
kombinierbar	(+)	–	(+)	(+)	+	(+)	+	+
satzmodusabhängig	–	+	–	+	–	–	–	+

Partikelklassifikation nach Thurmair (1989: 20) stark modifiziert und nach Kwon (2005) korrigiert.

	koord. Konj.	Konj.-Adv.	Adv.	SAdv.	Steig.-Partik	GP	Glied-Partik.	MP	Neg.-Partik	Adj.
aber	+							+		
allein	+ (?)		+ (?)			+				+
auch		+				+		+		
denn	+		?					+		
doch	+	+	?				+	+		
eben						+	+	+		+
eigentlich			+	+			+	+		+
einfach			+	+	+			+		+
ja							+	+		
kaum		+		+						
nicht								+	+	
nur		+				+	+	+		
schließlich		+								+
schon			+			+	?	+		
vielleicht			+				+			
wenigstens	+				+					

Polyfunktionalität der Partikeln nach Thurmair (1989: 21), nach Kwon (2005) korrigiert.

(3-134) *<u>Auch</u> hat er noch nicht ANgerufen.* (*auch* = Konj.Advb.)
(3-135) *<u>Auch</u> ER hat noch nicht angerufen.* (*auch* = GP)
(3-136) *Er hat ja <u>auch</u> nicht ANgerufen.* (*auch* = MP oder GP)
(3-137) *Wer macht denn <u>auch</u> solche Sachen?* (*auch* = MP)
(3-138) *Was HAT der aber <u>auch</u> für einen Waschbrettbauch!* (*auch* = MP)

Auch ist keine sehr typische Modalpartikel und kann als solche meist nur im Kontext typischer Satzmodi (*w*-V-2-Fragesatz und *w*-V-2-/V-L-Exklamativsatz) erkannt werden.

3.5.13 Übung zu den Partikel-Funktionen

Geben Sie die Partikel-Funktionen in (3-18) bis (3-31) S. 77 an!

4. Syntaktische Testverfahren

Unter dem Aspekt der konkreten Anwendung werden hier nur die geläufigsten Testverfahren vorgestellt. Sie sind für Problemstellungen der syntaktischen Analyse ausgesprochen nützlich, da sie u.a. Hilfen bei der Ermittlung der syntaktischen Funktionen bieten.

Achtung: Kein Test funktioniert automatisch, sie dürfen also nicht stur und mechanisch angewendet werden, sondern Sie müssen bei der Analyse immer auch auf Ihr linguistisches »Magengrimmen« hören.

4.1 Verschiebeprobe (auch: Umstellprobe, Permutationstest)

Verfahren: Wörter oder Wortfolgen eines Satzes werden so umgestellt, dass das Ergebnis wieder einen grammatisch akzeptablen Satz bildet.

Ziel und Zweck:

- Ermittlung von syntaktisch relevanten Segmenten (Wörter, Satzglieder etc.) und damit von maximal beweglichen Untereinheiten von Sätzen und Satzgliedern.
- Ermittlung von Wort- und Satzglied-Stellungsregeln (→ 2.4.5f., S. 58ff.).
- Auflösung von Mehrdeutigkeiten:

  (4-1) *Das Stadttheater hatte diese Tage der deutschen Literatur ermöglicht.* (ambig)

  (4-2) *Der deutschen Literatur hatte das Stadttheater diese Tage ermöglicht.* (*der deutschen Literatur* = Dat.Obj.)

  (4-3) *Diese Tage der deutschen Literatur hatte das Stadttheater ermöglicht.* (*der deutschen Literatur* = Gen.Attr.)

Varianten:

- bedeutungsneutral: Werden Satzglieder neu angeordnet, so kann man meist den Bedeutungsunterschied minimal halten, z.B. bei unterschiedlicher Vorfeld-/Nachfeld-Füllung.
- bei den drei Verbstellungtypen ändert sich die »Aussageweise« (der Satzmodus) (→ 7., S. 157-167), der propositionale Gehalt bleibt jedoch gleich:

  (4-4) *Kommst du jetzt nach Hause?* (V-1, Entscheidungsfragesatz)

  (4-5) *Du kommst jetzt (gefälligst/sofort) nach Hause!* (V-2, Aussagesatz)

  (4-6) *Ob du (wohl) jetzt nach Hause kommst?* (V-L, selbstständiger Fragesatz)

- bedeutungsändernd: Stellt man Wörter oder Wortfolgen um, die nicht gleichzeitig Satzglied sind, so ist die Umordnung generell mit einer Bedeutungsveränderung verbunden. Meist werden die Sätze aber unsinnig oder ungrammatisch.

Ergebnis: Wörter sind nicht die einzigen syntaktischen Einheiten im Satz. Es lassen sich auch größere, syntaktisch zusammengehörende Komplexe erkennen:

- Satzglieder/Stellungsglieder sind verschiebbar und allein vorfeldfähig (→ 3.2, S.78).
- Satzgliedteile (Attribute) sind meist nur zusammen mit ihrem Bezugsausdruck verschiebbar (→ 3.4, S. 91-96).

4.2 Ersatzprobe (auch: Austausch-, Substitutionstest)

Verfahren: Einzelne Wörter oder Wortfolgen werden durch andere Wörter oder Wortfolgen ersetzt. Das Ergebnis sollen syntaktisch (und semantisch) akzeptable Sätze sein.

Ziel und Zweck: Ermittlung von Mengen von Ausdrücken mit gleichen syntaktischen Eigenschaften. Der Test dient also der Bildung syntaktischer Kategorien (Wortarten und Satzglieder) und damit der Erforschung paradigmatischer Gesetzmäßigkeiten. Wörter bzw. Wortfolgen, die sich in allen Kontexten gegenseitig ersetzen können, gehören in der Regel derselben Kategorie an.

(4-7) *<u>Böse Zungen</u> behaupten, dass <u>Wolfgang Hildesheimer</u> ein Buch über Kafka geschrieben habe.*

(4-8) *<u>Sie</u> behaupten, dass <u>er</u>/<u>der Dichter</u>/<u>der jüngst verstorbene Poet</u> ein Buch über Kafka geschrieben habe.*

Ergebnis: In die durch Verschiebeprobe gefundenen Segmente passen nur ganz bestimmte Wörter und Wortfolgen. Sie bilden einfache oder komplexe syntaktische Kategorien (Teilstrukturen).

4.3 Spielarten der Ersatzprobe

4.3.1 Erweiterungstest (auch: Expansionstest)

Verfahren:

- Einzelne Wörter oder Wortfolgen werden durch syntaktisch gleichwertige Ausdrucksfolgen ersetzt.
- Den einzelnen Wörtern oder Wortfolgen werden weitere an »passenden« Stellen hinzugefügt (v.a. Attribute).

Ziel und Zweck: Ermittlung von strukturell fak. Ausdrücken (= Ausdrücke, die wahlweise eingesetzt werden können) (→ 3.3, S. 88-90; 3.4, S. 91-99).

(4-9) *Obelix ist das Idol aller dünnen und bärbeißigen Gallier.*

(4-10) *(Der Gallier) Obelix (, ein gutmütiger gallischer Dickwanst) (, der dicke Krieger) (, der dem schlauen Asterix stets aufs Wort gehorcht,) ist das Idol aller dünnen und bärbeißigen Gallier.*

Ergebnis: Einfache syntaktische Strukturen (z.B. ein Substantiv als Satzglied) lassen sich durch regelhafte Erweiterung um Elemente bestimmter Kategorien (z.B. Artikel, Adjektiv, NP im Genitiv, PP, Relativsatz etc.) zu komplexen syntaktischen Strukturen entwickeln.

4.3.2 Wegstreichprobe (auch: Abstrichmethode, Reduktionstest)

Verfahren:
- Wortfolgen werden durch Einzelwörter ersetzt.
- Wortfolgen werden um die strukturell weglassbaren Ausdrücke vermindert.

Ziel und Zweck: Ermittlung der syntaktisch obligatorischen Ausdrücke (→ 3.2, S. 78-87), bzw. des strukturellen Minimums.

(4-11) *Die Kriege würden die Haifische von ihren eigenen Fischlein führen lassen.*

(4-12) *Sie lassen Krieg führen.*

Ergebnis: Komplexe syntaktische Strukturen lassen sich auf einfachere syntaktische Strukturen zurückführen.

4.4 Kontaktprobe (Exklusionsprobe, Verträglichkeitstest)

Verfahren: Die mit der Austauschprobe ermittelten Segmente werden gleichzeitig in den ursprünglichen Satz eingefügt.

Ziel und Zweck: Nur wenn die Kontaktprobe zu ungrammatischen Sätzen führt, handelt es sich um Einheiten mit derselben syntaktischen Funktion.

Es gehören nur diejenigen Ausdrücke zur gleichen syntaktischen Funktion, die nicht zusammen im ursprünglichen Satz vorkommen können. Der Test beruht auf der Tatsache, dass jede syntakt. Funktion (in gleicher semant. Ausprägung) nur einmal pro Teilsatz auftreten darf (abgesehen von Koordinationen).

(4-13) *Der Student studierte <u>zwei Jahre</u>/<u>zehn Semester</u>.* (akk. NP in Funktion eines Temp.Advb.)

(4-14) *Der Student studierte <u>Linguistik</u>/<u>das Nachtleben</u>/<u>vieles</u>* (Akk.Obj.)

(4-15) *Der Student studierte <u>zwei Jahre</u> <u>Linguistik</u>/<u>selten</u> <u>das Nachtleben</u>.* (akk. NP in Funktion eines Temp.Advb. und Akk.Obj.)

Außerdem lassen sich semantische Unverträglichkeiten zwischen Wörtern in einer bestimmten Konstruktion nachweisen.

(4-16) *Beredt plaudernd schwammen die stummen Fischlein aufrecht stehend durch die Luft.*

Ergebnis: Trotz Austauschbarkeit an derselben topologischen Position können Satzglieder unterschiedliche syntaktische Funktionen haben.

4.5 Tipps und Tricks

Im Folgenden geben wir einen kurzen Überblick über – oft marginale, aber – nützliche Tests im »Alltag« der syntaktischen Analyse. Diese sind leider oft nicht trennscharf und daher mit Vorsicht zu genießen, für eine erste schnelle Abgrenzung hingegen sehr hilfreich.

4.5.1 Der Fragetest

Der Fragetest ist eine Mischform aus der Ersatzprobe (→ 4.2, S. 116) und der Weglassprobe (→ 4.3.2, S. 117). Er ist das Standardverfahren, um unterschiedliche syntaktische Funktionen zu ermitteln, da die Art der Fragewörter Rückschlüsse auf die jeweilige syntaktische Funktion erlaubt.

– Attribute (→ 3.4.1, S. 91-96) (Satzgliedteile) werden mit *welch-/was für ein/wessen* und dem dazugehörigen Bezugsausdruck erfragt:

  (4-17) A: *Welches/Was für ein/Wessen Haus wolltest Du kaufen?*
  B: *Das Haus meines Vaters/in Spanien/, in das letztes Jahr eingebrochen wurde.*

– Satzglieder in Subjekt-, Genitivobjekt-, Dativobjekt- und Akkusativobjekt-Funktion (→ 3.2, S. 78-83) werden mit den einfachen Fragewörtern *wer, was, wessen, wem, wen* erfragt.

  (4-18) *Peter schenkt Anna einen Hund.*
  Wer (oder was) schenkt Anna einen Hund? (Subj.-Frage)
  Wem schenkt Peter einen Hund? (Dat.Obj.-Frage)
  Wen (oder was) schenkt Peter Anna? (Akk.Obj.-Frage)

  (4-19) *Steffi gedenkt ihres Vaters.*
  Wessen gedenkt Steffi? (Gen.Obj.-Frage)

– Bei neutr. NP (soweit [–BELEBT]) ist das Fragewort im Nom. und Akk. immer *was*. Zur Differenzierung sollte die jeweilige NP durch eine fem. oder masc. ersetzt werden.

  (4-20) *Peter hat das neue Auto zu Schrott gefahren.*
  Was hat Peter zu Schrott gefahren? (Subj.-/Akk.Obj.-Frage)

Peter hat den roten Porsche zu Schrott gefahren.
Wen oder was hat Peter zu Schrott gefahren? (Akk.Obj.-Frage)

– NP in der Funktion eines Prädikativs (→ 3.1.9, S. 75ff.) sind nur mit *was* erfragbar. Dies unterscheidet sie von den Subj.-NP (→ (4-18)).
(4-21) *Mein Bruder ist ein Esel.*
Was ist mein Bruder? (Prädikativ-NP-Frage)
??Wer ist mein Bruder? (Subjekt-Frage)
– Satzglieder in der Funktion eines Präp.Obj. (→ 3.2.5, S. 84ff.) werden bei unbelebten Referenten immer mit einem komplexen Fragewort, bestehend aus *w*-Fragewort (+ *r*) + Präp. (4-22), und bei belebten Referenten mit einer Kombination aus Präp. und Fragewort (4-23) erfragt.
(4-22) *Orlanda verlässt sich auf ihre gute Nase.*
Worauf verlässt sich Orlanda? (Präp.Obj.-Frage)
(4-23) *Anna schreibt einen Brief an ihre Mutter.*
An wen schreibt Anna einen Brief? (Präp.Obj.-Frage)

Hinweis: Die Erfragbarkeit mit einem komplexen Fragewort ist eines der zentralen Kriterien, um Satzglieder in der Funktion eines Präp.Obj. von solchen in Funktion eines Adverbiales abzugrenzen.

– Satzglieder in der Funktion eines Adverbiales (→ 3.2.6, S. 86f.; 3.3, S. 88f.) werden immer mit einem einfachen Fragewort erfragt. Die Wahl des Frageworts hängt von der semantischen Subkategorie des Adverbiales ab:
(4-24) *Jacob arbeitet in München.*
Wo arbeitet Jacob? (Lokaladverbiale-Frage)
(4-25) *Fabian geht es gut.*
Wie geht es Fabian? (Modaladverbiale-Frage)

Achtung: *wohin* ist ein einfaches Fragewort, mit dem ein Direktional-Adverbiale (→ 3.2.6, S. 86f.) erfragt wird. Eine Präp.Obj.-Frage würde mit *worin* gebildet und hat kaum lokale Semantik.

(4-26) *Peter geht zum Bahnhof.*
Wohin geht Peter? (Dir.Advb.-Frage)
(4-27) *Der Unterschied zwischen einem Kreis und einer Kugel besteht in der dritten Dimension.*
Worin besteht der Unterschied zwischen einem Kreis und einer Kugel? (Präp.Obj.-Frage)

Obligatorische und fakultative Adverbiale sind durch den Fragetest nicht unterscheidbar. Ihr Valenzstatus (Angabe oder Ergänzung) lässt sich mit dem *und-zwar*-Test (→ 4.5.2, S. 120) prüfen.

– Prädikative Attribute (→ 3.3.3, S. 90) lassen sich oft nur schwer erfragen. Das häufigste Fragewort ist *wie* (meist mit Umformung), und damit besteht eine gewisse Verwechslungsgefahr mit Modal-Adverbialen.
(4-28) *Der Bauer liebt den Kaffee heiß.*

??*Wie liebt der Bauer den Kaffee?/Wie (warm/kalt) ist der Kaffee, den der Bauer liebt?* (Frage nach prädikativem Attribut)

(4-29) *Der Bauer liebt das Mädchen heiß (und innig).*
Wie liebt der Bauer das Mädchen? (Modaladverbiale-Frage)

4.5.2 Der *und-zwar*-Test

Dieser Test dient dazu, valenzabhängige Satzglieder von nicht valenzabhängigen zu trennen (→ 5.1, S.123-126). Fakultative Angaben können mit *und zwar* nachgetragen werden, nicht weglassbare Ergänzungen nicht. Bei weglassbaren Ergänzungen (vgl. 4-32) tritt meist ein Lesartenwechsel auf (z.B. von absoluter Lesart zu der Normallesart), aber dieser Wechsel ist oft schwer zu diagnostizieren, der *und-zwar*-Test in diesem Fall also nicht sehr hilfreich.

(4-30) *Stefan gibt Christiane einen Kuss.*
** Stefan gibt Christiane, und zwar einen Kuss.*

(4-31) *Katharina wohnt in Thalkirchen.*
**Katharina wohnt, und zwar in Thalkirchen.*

(4-32) *Dieter und Maria gehen zum Bahnhof.*
??Dieter und Maria gehen, und zwar zum Bahnhof.

(4-33) *Ich helfe dir gerne.*
**Ich helfe gerne, und zwar dir./Ich helfe dir, und zwar gerne.*

Der Test versagt, wenn mehrere Satzglieder wahlweise eine bestimmte Valenzstelle füllen können (z.B. bei Verben der Befindlichkeit; → 3.2.6, S. 86f.):

(3-34) *Karl wohnt in München ganz komfortabel.*
Karl wohnt in München, und zwar ganz komfortabel.

4.5.3 Der *es-ist-X,-dass*-Test

Mit diesem Test lassen sich Satzadverbiale (→ 3.5.2, S. 102f.) identifizieren. Da mit ihnen die Proposition des gesamten Satzes modifiziert wird, kann der Satz auch so umgeformt werden, dass der Skopus des Satzadverbiales offensichtlich ist.

(4-35) *Peter kommt gewiss/selbstverständlich.*
Es ist gewiss/selbstverständlich, dass Peter kommt.

Leider lassen sich eine Reihe von Satzadverbialen nur in Kombination mit weiteren Umformungen (Einfügen von *so*) aus dem Satz herausziehen:

(4-36) *Hans geht heute vermutlich schwimmen.*
*Es ist vermutlich *(so), dass Hans heute schwimmen geht.*

(4-37) *Leider hat es während der ganzen Radtour geregnet.*

*Es ist leider *(so), dass es während der ganzen Radtour geregnet hat.*

Trotz dieser Schwierigkeiten bietet der *es-ist-X,-dass*-Test eine gute Möglichkeit, die Satzadverbiale mit großer Sicherheit aus der Vielzahl der Partikel-Funktionen herauszufiltern.

Literaturhinweise (ausschließlich zum Hypersatz-Test bei Satzadverbialen):
Bartsch, R. (1972): Adverbialsemantik. – Frankfurt: Athenäum.
Doherty, M. (1985): Epistemische Bedeutung. – Berlin: Akademie Verlag.
Lang, E. (1979): Zum Status der Satzadverbiale. – In: Slovo a Slovesnost 40, S. 100-213.

5. Syntaktische Strukturen

5.1 Valenz

Valenz ist die Fähigkeit eines Valenzträgers, seine syntaktische Umgebung vorzustrukturieren, indem er anderen Konstituenten im Satz Bedingungen bezüglich ihrer grammatischen Eigenschaften auferlegt und innerhalb einer sprachlichen Teilstruktur bestimmte »Mitspieler« an sich bindet.

5.1.1 Valenzträger (und ihre Mitspieler) (→ 3.2, S. 78-87)

- Vollverb (→ 3.1.1, S. 70) (Mitspieler: Satzglieder): *Peter gibt Anna ein Buch.*
- Modalverb (→ 3.1.4, S. 71f.) (Mitspieler: Vollverb): *gehen können.*
- Hilfsverb (→ 3.1.2, S. 70) (Mitspieler: Vollverb und Modalverb): *wird gehen/wird gehen können.*
- Kopulaverb (→ 3.1.3, S. 71) (Mitspieler: Prädikativ): *heiter sein, dort bleiben, eine Hilfe werden, zu Hause bleiben.*
- Prädikativ (→ 3.1.9, S. 75ff.) (Mitspieler: Satzglieder): *einer Sache eingedenk sein.*

Achtung: Valenz kommt nicht einem Wort als solchem, sondern einem Wort in einer bestimmten syntaktischen Funktion und damit einer bestimmten Lesart zu. So hat das Adj. *würdig* seine Gen.Obj.-Valenz nur in prädikativer Verwendung (und in davon abgeleiteten Verwendungen: *der seiner Erfolge würdige Tennisstar*), nicht z.B. in attributiver Verwendung. – Von wirklicher Bedeutung sind nur die Valenzträger Vollverb und Prädikativ.

Diese Valenzträger behalten ihre Valenzeigenschaften (in Teilen) auch nach Umformungen, z.B. nach Wortbildungsprozessen, in anderen syntaktischen Funktionen: *jemand hofft auf etw./die Hoffnung auf etw.; einer Sache überdrüssig sein/der einer Sache überdrüssige Mensch.*

5.1.2 Kriterien für Valenz

Der Valenzbegriff ist allerdings sehr umstritten und ein Sammelbegriff für ausgesprochen heterogene Phänomene. Im Folgenden haben wir die beiden gängigen Kriterien für das Vorliegen von Valenz aufgeführt.

- Formbestimmung (Rektion) für den »Mitspieler« (→ 2.3.4.2, S. 46): gilt für die obliquen Kasus, nicht für das Subjekt (→ 3.2.1, S. 78f.): *jemandem etw. geben, an etw. denken.*
  Vorsicht: Dieses Kriterium gilt nur eingeschränkt für Präp.Obj. (→ 3.2.5, S. 84f.), überhaupt nicht für obligatorische Adverbiale (→ 3.2.6, S. 86f.)!
- Nicht-Weglassbarkeit des »Mitspielers« (die betreffende Lesart muss dabei erhalten bleiben): *jemand bringt jemandem etwas, *bringt jemandem etwas, *jemand bringt jemandem, ?jemand bringt etwas.*
  Vorsicht: Es handelt sich um ein äußerst problematisches Kriterium:
- Weglassbarkeit in der Ellipse (→ 6.2, S. 143ff.)
  (5-1) *Karl kauft (ein Auto) und Peter verkauft ein Auto.*
- Weglassbarkeit in der »absoluten Lesart«
  (5-2) *Karl isst ein Steak./Karl isst.*
- Weglassbarkeit unter bestimmten kontextuellen Bedingungen. Es gibt absolut obligatorische Ergänzungen, offenbar abhängig von einer sehr armen Verbbedeutung, z.B.
  (5-3) *Er befindet sich im Institut./*Er befindet sich.*
- Dann gibt es (unter bestimmten Bedingungen) weglassbare Ergänzungen:
  (5-4) *Jemand gibt jemandem etw./Und jede nimmt und gibt zugleich ...*
- Und dann gibt es so leicht weglassbare Satzglieder, dass man an ihrem Status als Ergänzung zweifelt, z.B. die »freien Dative« (→ 3.3.2, S. 89).
  (5-5) *Karl fährt mir das Auto in die Garage./Karl fährt das Auto in die Garage.*

Ferner gibt es zahlreiche weitere Kriterien, z.B. »Denknotwendigkeit«, »Spezifizität« etc. (vgl. dazu Jacobs (1994)). Solche Kriterien sind meist vom syntaktischen Standpunkt aus problematisch.

5.1.3 Bestandteile einer vollständigen Valenzbeschreibung

- Zahl der Aktanten (quantitative Valenz):
  - 0-wertig: *schneien, donnern, regnen* (Witterungsverben).
  - 1-wertig: *schlafen, gähnen, fluchen, nuscheln, bibbern* (Zustands- und Geschehensverben).
  - 2-wertig: *suchen, lieben* (v.a. transitive Verben; Handlungsverben).
  - 3-wertig: *schenken, geben* (Transferverben; Handlungsverben).
- Art der Aktanten (qualitative Valenz):
  - morpho-syntaktische Valenz = Rektion (bei Genitiv-, Dativ-, Akkusativobjekt).
  - intrinsisch = Art der Mitspieler-Struktur: NP, Satz usw.

– extrinsisch = syntaktische Funktion des Mitspielers: z.B. Subjekt, Akkusativobj. etc.

Bei der Valenzbeschreibung bedient man sich am besten der Formel mit Indefinitpronomina, die den Vorteil hat, den Kasus der Ergänzungen und die selektionale Subkategorisierung mit anzugeben: *jmd. gibt jmdm. etw.*

Beachte, dass *jemand* in mündlicher Rede häufig nicht mehr flektiert wird.

5.1.4 Probleme der Valenzzuordnung

Relativ unproblematische Aktanten sind:

- Subjekt (keine Rektion!)
- Gen.Obj. (aber: genitivisches Adverbiale wie *des anderen Tags* = Angabe).
- Dat.Obj. (aber: »freie« Dative: *jemandem das Auto in die Garage fahren* = dativus commodi (→ 3.3.2, S. 89))
- Akk.Obj. (aber: Maßadverbiale im Akk., z.B. *zehn Stunden schlafen* = Angabe: *wieviel?*)
- Präp.Obj. (aber: Übergang zu den Adverbialen).

Problemfälle:

- adverbiale Ergänzungen (→ 3.2.6, S. 86f.), z.B.
  - Direktionaladverbiale bei Verben der gerichteten Bewegung: *sich in die Garage begeben.*
  - Modaladverbiale, Lokaladverbiale und prädikative Attribute bei Befindlichkeitsverben (hier oft alternativ!): *jemand wohnt/befindet sich allein/recht unbequem/in München.*
  - Temporaladverbiale bei Verben der zeitlichen Erstreckung, z.B. *dauern, anhalten.*
  - *von*-Phrase im Passiv: Fall von Valenzreduktion? (→ 9.1, S. 173)
- Lesartenvarianten eines Valenzträgers (Homonymie/Polysemie): *jmd. bringt (jemandem) etw., jmd./etw. bringt es nicht, etw./jmd. bringt Glück/Unglück* usw. Bei einer Valenzanalyse muss die Lesart des Valenzträgers unbedingt stabil gehalten werden. Das ist v.a. bei minimalen Lesartänderungen sehr schwierig.
- verbale Idiome aller Art (→ 3.1.6ff., S. 74ff.): *in Erfahrung bringen, Bescheid geben, feil bieten/feilbieten, herbeieilen, ins Gras beißen, den Löffel abgeben* usw. I. A. betrachtet man die Idiome insgesamt als Valenzträger. Die nicht-verbalen Bestandteile von Funktionsverbgefügen und Obj.-Inkorporationen sind keine Ergänzungen, sondern Teile des Valenzträgers. Sie zeigen zwar gewisse Merkmale von Ergänzungen, wie z.B. Rektion, Notwendigkeit, aber sie sind nicht mehr referentiell (Merkmale: fehlender Artikel, fehlende Attribuierbarkeit/Erfragbarkeit/Pronominalisierbarkeit

usw.), damit nicht mehr frei austauschbar. Außerdem haben diese komplexen Ausdrücke normalerweise einen anderen Valenzrahmen als das Simplex-Verb abzüglich des Rests des komplexen Ausdrucks; man müsste also ohnehin zwei homophone Verben ansetzen. – Bei den eigentlichen verbalen Idiomen wie *ins Gras beißen* etc. behält dagegen das Verb seinen alten Valenzrahmen; der komplexe Ausdruck erhält lediglich eine neue, »gesamthafte« Bedeutung. **Aber:** *auf jemanden stehen* = kein verbales Idiom, sondern völlig neue Lesart des Verbs, typischerweise verbunden mit einer neuen Valenzstruktur.

- obligatorisch reflexive Verben (→ 8.4, S. 171): Das Reflexivpronomen *sich* zählt nicht zur Valenz, es gehört zum Verb (*Thomas wundert sich* = einwertig). Bei fakultativ reflexiven Verben ist das Reflexiv-Pronomen Ergänzung (z.B. *sich und seine Kleidung waschen*) oder freie Angabe (*sich die Jeans bügeln* = dativus commodi; → 3.3.2, S. 89).

Hinweis: Nicht von der Valenz geforderte Satzglieder können meist mithilfe des *und-zwar*-Tests (→ 4.5.2, S. 120) identifiziert werden.

Eine genaue Valenzanalyse der wichtigsten Valenzträger eines Textes gehört zu jeder syntaktischen Textanalyse, gleich welchem theoretischen Ansatz man folgt. Es empfiehlt sich aber, nur die jeweils realisierte Valenz zu analysieren und allenfalls auf weitere in Frage kommende Lesarten einzugehen. Es empfiehlt sich weiter, nur die dependentiellen Beziehungen zwischen Hauptvalenzträger und Satzgliedern zu behandeln, nicht aber die komplexen und umstrittenen Valenzbeziehungen innerhalb des engeren Verbkomplexes (→ 3.1, S. 69ff.).

Literaturhinweise:

Ágel, V./Eichinger, L. M./Eroms, H.-W./Hellwig, P./Heringer, H. J./Lobin, H. (Hgg.) (2003): Dependenz und Valenz. Ein internationales Handbuch der zeitgenössischen Forschung. 1. Halbband. – Berlin, New York: Mouton de Gruyter (= Handbücher zur Sprach- und Kommunikationswissenschaft 25/1).

Jacobs, J. (1994): Kontra Valenz. – Trier: wvt. (= Fokus 12)

Jacobs, J. (1994): Das lexikalische Fundament der Untersuchung von obligatorischen und fakultativen Ergänzungen. – In: Zeitschrift für Germanistische Linguistik 22:3, S. 284-319.

Jacobs, J. (2003): 30. Die Problematik der Valenzebenen. – In: Ágel, V./Eichinger, L. M. e.a. (Hgg.), Dependenz und Valenz. Ein internationales Handbuch der zeitgenössischen Forschung, 1. Halbband (Berlin /New York: Mouton de Gruyter), S. 378-399.

Rapp, I. (1997): Fakultativität von Verbargumenten als Reflex der semantischen Struktur. – In: Ling. Ber. 172, S. 490-529.

Steinitz, R. (1997): Valenznotwendige Präpositionalphrasen: weder Argument- noch Adjunktposition. – In: Dürscheid, Chr. e.a. (Hgg.), Sprache im Fokus. FS für H. Vater (Tübingen: Niemeyer), S. 329-352.

5.1.5 Übung zur Valenz

(5-6) *Computer helfen auch bei der Herstellung großer Champagner.*

(5-7) *Drei Champagnerfirmen lassen Füllstand und korrekten Korkensitz von einem bildverarbeitenden System kontrollieren.*

(5-8) *Moet & Chandon, die größte der drei Firmen, geht sogar noch einen Schritt weiter:*

(5-9) *Dort wurde kürzlich ein »Eureka«-Projekt abgeschlossen, das die Entwicklung der Bläschen und des Schaums per Computer ermitteln lässt.* (Aus: Die Zeit, 1.4.1994)

Geben Sie die Valenz der Vollverben in (5-6) bis (5-9) an. Beschreiben Sie etwaige Ausnahmen.

5.2 Abwandlungsbeziehungen verbaler Strukturen

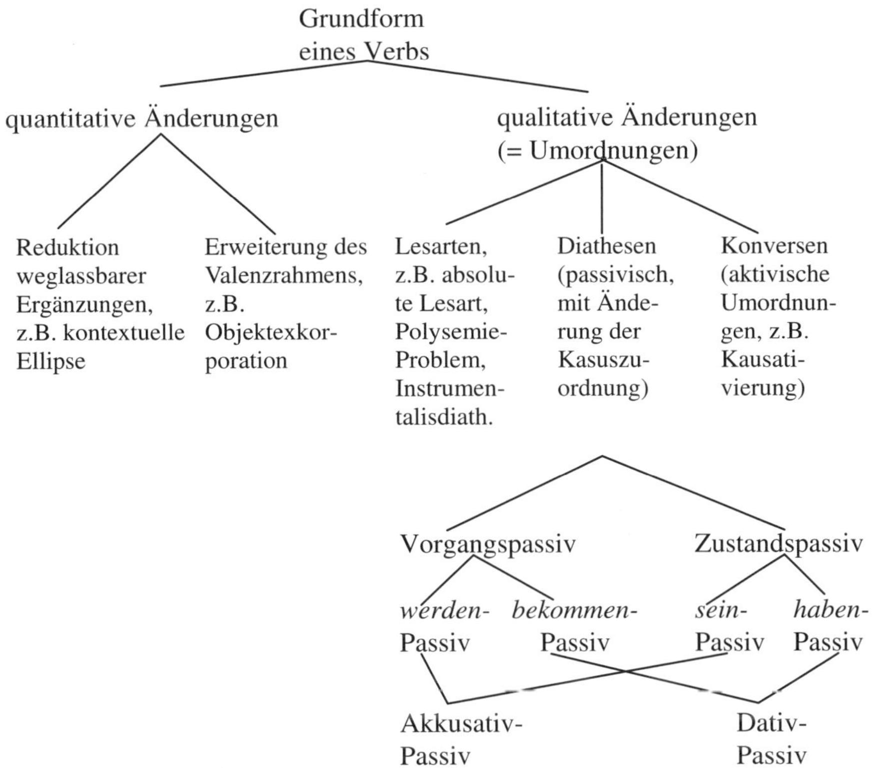

Ausgangspunkt der Überlegungen ist ein Verb, dessen Valenzrahmen maximal realisiert ist, d.h. das alle möglichen Kasusrollen (→ 5.3, S. 135ff.) den normalen Hierarchiegesetzen folgend morphologischen Kasus zuordnet (also Subjekt = Agens, Akk.Obj. = Patiens). Von da aus gibt es verschiedene Möglichkeiten der Reduktion, Erweiterung, Umformung und Abwandlung des Valenzrahmens (→ 5.2.1ff., S. 128ff.). Das ist nicht unbedingt so zu verstehen, dass bestimmte Formen aus anderen Formen (z.B. via Transformation) hergeleitet werden; sie können auch alle ganz gleichberechtigt nebeneinander stehen.

5.2.1 Ko(n)textuelle Ellipse

In der Situation oder im unmittelbar vorausgehenden Kotext präsente Mitspieler können, teilweise ohne Rücksicht auf ihren Status als weglassbare oder nicht weglassbare Ergänzungen, unter bestimmten Bedingungen erspart werden, ohne dass sich deswegen der Valenzrahmen des Valenzträgers ändern würde. Typische Fälle dafür sind etwa Frage-Antwort-Paare oder Fälle von Koordinationsreduktion (vgl. 6.2, S. 144f.):

(5-10) A: *Willst du den Fisch braten, kochen oder pochieren?*
B: *(<u>Ich</u> will <u>den Fisch</u>) BRAten.* (Subj., Modalverb und Akk.Obj. unterliegen der Ellipse)

(5-11) *Karl KAUFT (<u>ein Auto</u>) und Maria VERkauft ein Auto.* (Ellipse des Akk.Obj. im ersten Konjunkt)

5.2.2 Valenzreduktion

Valenzreduktion beruht auf Optionen, die vom Lexikon bereitgestellt werden. So ordnet das Lexikon dem Verb *unterschreiben* neben der Valenzstruktur *jmd. unterschreibt etwas* eine Valenzstruktur *jmd. unterschreibt* zu. Trotzdem wird ein Akk.Obj. mitverstanden. Der Referent des Akk.Obj. muss in der Äußerungssituation bekannt sein:

(5-12) *Er unterschreibt den Vertrag./Er unterschreibt.*

(5-13) *Er gibt.* ›Er gibt den Mitspielern Karten‹

5.2.3 Valenzerweiterung

Die Erweiterung des Valenzrahmens, z.B. durch Objekt-Exkorporation (Inhaltsakk.) wird von einigen Forschern auch zu den aktivischen (valenzerweiternden) Diathesen (→ 5.2.6, S. 129-134) gerechnet, da nicht nur eine weitere Ergänzung (nach festen Regeln) hinzukommt, sondern der gesamte Valenzrahmen neu interpretiert wird (Perspektivenänderung), z.B. von Zustand/Geschehen zu Handlung (agentisch, dadurch passivierbar). – Diese Erscheinung lässt sich aber nicht beschränken auf die figura etymologica, wobei Verb und exkorporiertes Objekt das gleiche Stammmorphem aufweisen.

(5-14) *Sie kämpften einen grausamen Kampf./Ein grausamer Kampf wurde (von ihnen) gekämpft.* (Vorgangspassiv)/*Der grausame Kampf ist gekämpft.* (Zustandspassiv)

(5-15) *Sie träumte eine wahre Horrorgeschichte.*

5.2.4 Lesarten

Hier liegt ein Verb in mehreren Bedeutungsvarianten vor. Bedingung ist dabei, dass die Bedeutungen der Lesarten enge Verwandtschaft zeigen und dass die zugehörigen Valenzrahmen erkennbar Varianten voneinander sind. Meistens ist es sogar umgekehrt so, dass man Polysemie von Verben durch geringfügige Unterschiede im Valenzrahmen am sichersten identifizieren kann. – Am interessantesten sind hier regelmäßige Abwandlungen, v.a. Reduktionen des Valenzrahmens mit regelhaften Bedeutungsänderungen, z.B. die absolute Lesart: Sie wird von normalerweise agentiven Verben gebildet, ist selber aber nicht agentisch. – In vielen Fällen ist es nicht einfach, zwischen Erweiterung (→ s.o.!) des Valenzrahmens und Lesart zu unterscheiden.

(5-16) *Joschka* (Agens) *strickt einen Pullover* (eff. Obj.)/*Joschka strickt.*

(5-17) *Maria* (Agens) *isst ein Spanferkel./Maria isst.*

(5-18) *Petra* (Agens) *liebt dicke Hasen./?Petra liebt.* (ist eine Liebende)

(5-19) *Die Hündin säugt den Welpen./Die Hündin säugt.* (kausatives V!)

5.2.5 Konversen

Diese liegen bei Verben vor, die mit entgegengesetzten Kasusrelationsrahmen verwendet werden können (→ 5.3, S. 133ff.).

(5-20) *Der Arzt tupft das Blut* (eff. Entität) *von der Wunde* (Locus) ab./ *Der Arzt tupft die Wunde* (aff. Entität) *ab.*

(5-21) *Maria spült die Milch* (eff. Entität) *von der Kanne* (Locus) *ab./ Maria spült die Kanne* (aff. Entität) *ab.*

5.2.6 Diathesen

So werden ursprünglich die Beziehungen zwischen den Genera Verbi (Aktiv, Passiv, Medium) benannt. In der Valenztheorie meint man damit die Ableitungsbeziehungen zwischen den verschiedenen Valenzrahmen eines Verbs, die sich nur durch das Vorhandensein oder Nichtvorhandensein eines Agens-Ausdrucks unterscheiden. Man unterscheidet zweckmäßigerweise zwischen aktivischen und passivischen Diathesen.

5.2.6.1 Aktivische Diathesen

1) Instrumentalis-Diathese

Von einem Verb, das agentisch gebraucht werden kann, kann eine Diathese gebildet werden, in der die Instrumentalisphrase das Subjekt bildet, die ursprüngliche Agensphrase (→ 5.3.1, S. 135f.) darf hingegen nicht mehr auftreten. Doch verhält sich die ursprüngliche Instrumentalisphrase agensähnlich. Vielleicht sollte man sie aber eher als »Quelle/Träger eines Geschehens/einer Eigenschaft« klassifizieren.

(5-22) *Karl* (Agens) *zerschlägt die Schaufensterscheibe* (aff. Entität) *mit dem Pflasterstein* (Instrumentalis)./*Der Pflasterstein zerschlägt die Schaufensterscheibe.*(Instrumentalis-Diathese)/*Die Schaufensterscheibe wird vom Pflasterstein zerschlagen.* (Vorgangspassiv)

Der Stein muss nicht als Mittel von einem Täter gebraucht worden sein, er kann zufällig die Scheibe zerschlagen haben (z.B. weil er von einem Autoreifen hochgeschleudert wurde). Die Perspektive ändert sich also von »Handlung« zu »Geschehen« oder »Zustand«.

2) Kausativ-Diathese

Es gibt zwei mögliche Sichtweisen: Von einem Verb, das agentisch gebraucht wird, kann eine Diathese gebildet werden, in der die aff./eff. Entität (→ 5.3.3, S. 137f.) vom Akk. zum Nom. wechselt, während die ursprüngliche Agens-Phrase (→ 5.3.1, S. 135f.) nicht mehr auftritt. – Die Zuordnung kann aber auch anders herum gesehen werden: Die Kausativ-Diathese kann nur zu nicht-agentiven Verblesarten gebildet werden, wobei einem nicht-agentiven Kasusrelationsrahmen ein Agens hinzugefügt wird. Dabei erhält die Agensphrase die Kasusform Nom. (= Subj.), die aff./eff. Entität erhält die Kasusform Akk. (= Akk. Obj.). – Historisch gesehen sind kausative Verben meist durch Suffix von der nicht-kausativen Form abgeleitete Verben.

(5-23) *Der Ober setzt den Gast auf den Ehrenplatz.* (kausatives Positionsverb) /*Der Gast sitzt auf dem Ehrenplatz.* (Positionsverb)

(5-24) *Hans rollt den Käse zum Bahnhof./Der Käse rollt zum Bahnhof.*

(5-25) *Die Dulcinea bricht einen blühenden Zweig vom Baum./Der Zweig bricht vom Baum.*

3) Kausativ-Rezessiv-Diathese

Dabei ändert sich die Verblesart (→ 5.2.4, S. 129) und der Valenzrahmen, nicht aber die Verbform; insofern ist die Einordnung unter die Diathesen problematisch.

(5-26) *Amanda* (Agens) *öffnet die Tür* (aff. Entität)./*Die Tür* (charakterisierte Entität) *öffnet sich.*

(5-27) *Der Rotwein beruhigt den alten Knaben./Der alte Knabe beruhigt sich.*

Vergleiche hierzu auch Reflexiv-Konstruktionen (→ 8., S. 169ff.):

(5-28) *Der Hänsel wird den Schlüssel sicher noch finden.//Der Schlüssel wird sich noch finden.*

(5-29) *Der Adamsapfel schält sich ausgesprochen schlecht.*

5.2.6.2 Passivische Diathesen

Bei diesen Diathesen wechselt die Verbform von einer aktivischen zu einer passivischen Form. Gleichzeitig erfolgen Umkodierungen der Kasusrelationen (→ 5.3, S. 135-140) sowie ein Perspektivenwechsel, z. B. von Handlungsbeschreibung zu Vorgangs- oder Zustandsbeschreibung.

1) subjekthaltiges *werden*-Vorgangspassiv (auch: »persönliches« Passiv)
Es wird von Verben gebildet, die im Aktiv eine agentische Interpretation zulassen (Handlungsverben, transitive Verben). Dabei entspricht dem Akk.Obj. des Aktivs (aff./eff. Entität) (→ 5.3.3, S. 137f.) das Subj. des Passiv-Satzes, dem Subj. des Aktiv-Satzes (Agens) (→ 5.3.1, S.135f.) entspricht eine fakultative *von*-Phrase (adverbiale Angabe) im Passiv-Satz (→ 9.1, S. 173). Das Hilfsverb *werden* wird mit dem Partizip II des Vollverbs verbunden: geschehensbezogen (*werden* + lexikal. Bedeutung des Part. II) und im Verlauf befindlich (Vorgang). Beachte die Unterscheidung vom Futur-HV *werden* und vom KV *werden*! – Diese Passivform ist teilweise auch möglich bei Fällen von Valenzerweiterung, bei Maßadverbialen im Akk. (→ 2.3.3.3, S. 45), bei untypischer Kasusrollenverteilung usw., aber nicht bei allen echt transitiven Verben akzeptabel.

(5-30) *Becker besiegt Stich./Stich wird (von Becker) besiegt.*

(5-31) *Der Stein* (Instrumentalis?) *zerschlägt die Scheibe./Die Scheibe wird (vom Stein) zerschlagen.* (Instrumentalisdiathese)

(5-32) *Ich denke Gedanken des Friedens./Gedanken des Friedens werden (von mir) gedacht.* (Valenzerweiterung, Obj.-Exkorporation)

(5-33) *Karl läuft 100 m./100 m werden (von Karl) gelaufen.* (Maßadverbiale im Akk.)

(5-34) *Hohe Berge* (kein Agens!) *umgeben die Stadt./Die Stadt wird von hohen Bergen umgeben.* (untypische Kasusrollenverteilung bei Inversions-Verben)

(5-35) *Endlich besitzt der Grüne* (kein Agens!) *ein Katalysatorauto./ *Endlich wird (von dem Grünen) ein Katalysatorauto besessen.* (echtes trans. V, trotzdem kein subj.-haltiges Vorgangspassiv)

(5-36) *Hans wiegt 105 kg (Kartoffeln)./*105 kg (Kartoffeln) werden von Hans gewogen.* (Maßadvb. im Akk.)

2) subjektloses *werden*-Passiv (auch: »unpersönliches« Pass.)
Die Basis ist dabei eine nicht-agentive, intransitive Verblesart mit einer Subj.-Phrase, die eine charakterisierte Entität (→ 5.3.2, S. 137) bezeichnet. Bei der Umwandlung ins subjektlose *werden*-Passiv wird das Subjekt zur fakultativen *von*-Phrase (→ 9.1, S. 173), keine andere Kasusrelation erhält die Kasusform Nominativ.

(5-37) *Einige Studentinnen tanzten sogar auf der Abschlussfeier./Auf der Abschlussfeier wurde sogar (*?von einigen Studentinnen) getanzt.*

3) *sein*-Zustandspassiv
Sowohl dem subjekthaltigen wie dem subjektlosen *werden*-Vorgangspassiv (→ s.o.!) kann ein *sein*-Zustandspassiv zugeordnet werden. Dabei ändert sich an der Kasusrollenverteilung nichts, außer dass (normalerweise) keine *von*-Phrase hinzugefügt werden darf, die dem Subj. im Aktiv entspricht (→ 9.1, S. 173). – Das Hilfsverb *sein* (oft ersetzbar durch *bleiben*) wird mit dem Partizip II des Vollverbs verbunden: geschehensbezogen und abgeschlossen (Zustand!). Zustand als Ergebnis eines Geschehens. – Das *sein*-Zustandspassiv tritt häufig auf bei transitiven Verben, die perfektiv/resultativ bzw. transformativ sind, und bei intransitiven Verben (wie *helfen, dienen, sorgen für, denken an*), die ein subjektloses Passiv mit Dativ- oder Präpositionalobjekt bilden.
Achtung: Formgleichheit mit Strukturen aus Kopulaverb *sein* und prädikativem Adjektiv (→ 3.1.9, S.75ff.) sowie mit dem Perfekt Aktiv von Verben, die dieses Tempus mit dem Hilfsverb *sein* bilden. Zur Disambiguierung kann man *worden* hinzufügen, um ein Vorgangspassiv zu bilden: Das ist nur beim *sein*-Zustandspassiv möglich.

(5-38) *Lendl ist (?von Becker) endlich besiegt (worden).*
(5-39) *Gedanken des Friedens sind (*von mir) gedacht (worden).*
(5-40) *Nun ist genug (*von einigen Studentinnen) getanzt (worden).*
(5-41) *Es ist (von X) vollbracht (worden).*
(5-42) *Maria ist eingeschlafen (*worden).* (Perf. Akt.)
(5-43) *Dieser Artikel ist sehr gefragt/begehrt (*worden).* (präd. Adj.)

4) Zustandsreflexiv:

(5-44) *Mein Freund ist gut erholt (*worden)./hat sich gut erholt.*
(5-45) *Monika ist erkältet.* ← *Monika hat sich erkältet.*

Bei fakultativ reflexiven Verben tritt Ambiguität auf:

(5-46) *Opa ist gewaschen.* → *Opa ist gewaschen worden.* vs.
Opa wäscht sich./Opa hat sich gewaschen.
Vgl. auch die allgemeine Zustandsform von kursiven Verben (Stativ-Form drückt Zustand aus; Bedeutung von Aktiv, Vorgangs-

und Zustandspassiv ist identisch; im Aktiv ist das Subjekt kein Agens):

(5-47) *Passau wird/ist von 50000 Menschen bewohnt.* ← *50000 Menschen bewohnen Passau.*

(5-48) *Der Weg wird/ist von Birken gesäumt (*worden).*

5) *kriegen/bekommen*-Passiv (Adressatenpassiv)

Dabei handelt es sich um eine quasi-passivische Diathese zu Verben des Gebens (aber nicht bei *geben*!) und weiteren Verben wie *erkären, reparieren, ersetzen* mit einem nicht notwendig obligatorischen dativischen Satzglied mit der Kasusrolle Correspondent (→ 5.3.4 S. 138). Diese Kasusrolle wird dann im Nominativ als Subjekt kodiert, die ehemalige Agens-Subjekt-Phrase wird als fakultative *von*-Phrase realisiert. *bekommen, erhalten* und *kriegen* werden als Hilfsverben mit dem Partizip II verbunden (Sonderform des Vorgangspassivs); geschehensbezogen, personenorientiert und im Verlauf befindlich.

(5-49) *Der Hänsel hat der Gretel* (Correspondent/Locus) *die Hälfte von seinem Weißbier geschenkt./Die Gretel hat (vom Hänsel) die Hälfte vom Weißbier geschenkt bekommen.*

6) *haben*-Zustandspassiv

Dabei handelt es sich um eine Art Zustandspassiv zum *kriegen/bekommen*-Passiv.

Achtung: Die Form ist identisch mit dem Perf. Akt. von Verben, die dieses Tempus mit *haben* bilden. Zur Disambiguierung kann man *bekommen* hinzufügen. Viele Formen sind aber prinzipiell ambig. Beim *haben*-Passiv muss entweder das Akk.Obj. (= unveräußerlicher Besitz, wie *Nase, Fingernägel*) oder die Lokalergänzung in einer definiten NP vorliegen. – Die Semantik von *haben* in dieser Zustandspassiv-Form ist der des Vollverbs *haben* sehr ähnlich: sie trägt bei zur Prädizierung einer Eigenschaft des Besitzers. Das Agens darf nicht genannt werden. Der Subj.-Referent in diesem Zustandspassiv ist indirekter Träger des Resultats einer Handlung. Das Auftreten eines Modalverbs begünstigt die *haben*-Passiv-Lesart. – Es treten prinzipiell zwei Typen des *haben*-Passivs auf: Beim einen umfasst der Valenzrahmen Subjekt und Akk.Obj. ((5-50) - (5-53)), beim anderen Subjekt + Akk.Obj. + Lokal-Adverbiale (5-54):

(5-50) *Die Gretel putzt dem Hänsel die Nase./Der Hänsel kriegt die Nase (von der Gretel) geputzt./Der Hänsel hat die Nase (*von der Gretel) geputzt.*

(5-51) *Das Pferd hat den Mann gebissen (*bekommen).* (Perf. Akt.)

(5-52) *Die Frau hat die Fingernägel lackiert (bekommen).* (Perf. Akt. und *haben*-Passiv.)

(5-53) *Die Gretel bügelt dem Hänsel die Jeans./Der Hänsel bekommt die Jeans (von der Gretel) gebügelt./Der Hänsel möchte die Jeans nicht (*von der Gretel) gebügelt haben.*

(5-54) *Die Frau hat die Hand in den Schoß gelegt (*bekommen).*

Diese Struktur kann leicht verwechselt werden

- mit einer AcI-Struktur (→ 6.5.6, S. 152) aus *haben* und Vollverb-Infinitiv, vgl. (5-55): Der Subjektaktant des Infinitivs steckt in der Akk.-NP des AcI; AcI = aktivische Form, daher keine passivische Bedeutung.

  (5-55) *Karlchen hat einen Mercedes vor dem Haus stehen.*

- mit Strukturen aus *haben* und einem Adverb, die als elliptisch (getilgtes Vollverb) oder als Partikelverb eingestuft werden können.

  (5-56) *Don Camillo hat keine Schuhe an(gezogen), aber er hat immerhin einen Hut auf* (??).

- mit Stativ-Konstruktionen, in denen Subjekt = Agens ist; (keine passivische Bedeutung; *haben* ersetzbar durch *halten*)

  (5-57) *Er hatte das Kinn in die Hand gestützt (*bekommen).*

- mit Konstruktionen mit *haben* als Vollverb, mit Akkusativobjekt und prädikativem Attribut zum Objekt;

  (5-58) *Ich will die Eier gekocht haben.*

- mit einer Art Prädikativ–Konstruktion (*haben* als Kopulaverb?)

  (5–59) *Du hast die Augen gerötet (*bekommen).*

  (*gerötet* ersetzbar durch *so*; ähnlich z.B.: *Ich habe einen Stift parat.*)

Literaturhinweise:

Ágel, V. (1997): Reflexiv-Passiv, das (im Deutschen) keines ist. Überlegungen zu Reflexivität, Medialität, Passiv und Subjekt. – In: Dürscheid, Chr. e.a. (Hgg.), Sprache im Fokus. FS für H. Vater (Tübingen: Niemeyer), S. 147-188..

Amrhein, J. (1995): Valenztheoretische Aspekte der Auxiliarisierung. Die Grammatikalisierung des »werden«-Passivs und der Agensanschluß mit »von«. – In: Jahrbuch der Ungarischen Germanistik. 1995. (Tübingen: Niemeyer), S. 85-108.

Cate, A. ten (1994): Handlungsaktionsart, Perfektivität und Zustandspassiv. – In: Beckmann, S./ Frilling, S. (Hgg.), Satz – Text – Diskurs. Akten des 27. Ling. Kolloquiums Münster 1992 (Tübingen: Niemeyer), S. 9-16. (= Ling. Arb. 312).

Darski, J. (1994): Zur Bildung des Passivs im Deutschen. – In: Halwachs, W. D./Stütz, I. (Hgg.), Sprache – Sprechen – Handeln (Tübingen: Niemeyer), S. 45-52. (= Ling. Arb. 320).

Höhle, T. N. (1978): Lexikalistische Syntax. Die Aktiv-Passiv-Relation und andere Infinitkonstruktionen im Deutschen. – Tübingen: Niemeyer (= Ling. Arb. 67)

Ickler, I. (1990): Kasusrahmen und Perspektive. Zur Kodierung semantischer Rollen. – In: Deutsche Sprache 1, S. 1-37.

Leirbukt, O. (1981): ›Passivähnliche‹ Konstruktionen mit *haben* + Partizip II im heutigen Deutsch. In: Deutsche Sprache 2, S. 119-146.

Rapp, I. (1996): Zustand? Passiv? – Überlegungen zum sogenannten »Zustandspassiv«. – In: Zeitschrift für Sprachwissenschaft 15:2, S. 231-265.

5.2.7 Übung zum Passiv

(5-60) *Haarhandwerker und -künstler sind berufsbedingt häufig mit Hautreizungen und Allergien geschlagen.*
(5-61) *Einzelne Strähnchen bekommen Kunden vor dem Färben durch eine Haube gezogen, damit sie die Haut nicht reizen.*
(5-62) *Bei den Oxydationshaarfarben werden immer zwei Komponenten kurz vor dem Auftragen vermischt.*
(5-63) *Andere Farben dürfen nur begrenzt zur Verwendung kommen.*
(5-64) *Seit langem wird eine Positivliste für Haarfarben gefordert.*
(5-65) *Immerhin sind bei uns problematische Farbstoffe verboten.*
(Aus: Test 9/1997), stark verändert)
Erläutern Sie die in (5-60) bis (5-65) erscheinenden Passivkonstruktionen.

5.3 Kasustheorie

Hinweis: Der hier verfolgte Ansatz distanziert sich in wesentlichen Punkten ausdrücklich von Fillmore. Er nimmt stattdessen Aspekte von Starosta und von der sog. Theta-Theorie im Rahmen der Generativen Grammatik auf. Ausgangspunkt sind nicht Überlegungen zu Handlungsrollen/Geschehensrollen etc. und deren Realisierung in der Sprache, sondern Gesetzmäßigkeiten bei der Kombination von Verbklassen mit bestimmten morphologischen Kasusrahmen und das Verhalten dieser Kasusglieder bei Abwandlungsbeziehungen (→ 5.2, S. 127ff.).

Ein wesentlicher Aspekt ist, dass in diesem Ansatz ein bestimmtes Satzglied nicht unabänderlich mit einer bestimmten Kasusrolle kombiniert ist, dass sich also durch Umformungen die Kasusrollenzuordnung ändern kann. Dadurch geht natürlich der Vorteil einer Generalisierung verloren. Dennoch scheint uns der Gewinn an Einsichten den Nachteil eines idiosynkratischen Ansatzes aufzuwiegen, zumal dadurch die Rezeption der gängigen Ansätze wohl kaum behindert wird. – Die Art, Zahl und Benennung der Kasusrollen ist umstritten.

5.3.1 Agens

Diese Agensrolle ist allgemein üblich, wenn auch mit unterschiedlichen Abgrenzungen. – Eine NP mit Agensrollenzuordnung tritt typischerweise bei transitiven Verben (also Verben mit Akk.Obj.-Patiens!) im Aktiv als Subj. auf. Diese agentische Subj.-NP tritt im Vorgangspassiv als adverbiale Angabe (mit *von*) auf, doch verliert sie dabei ihre Agens-Interpretation. Im Zustandspassiv (→ 5.2.6.2, S. 131ff.) wird sie in der überwiegenden Zahl der Fälle nicht realisiert, im *kriegen/bekommen*-Passiv kann sie als adverbiale Angabe (mit *von*) angeschlossen werden (auch hier ohne Agens-Interpretation) (→ 9.1, S. 173), im *haben*-Zustandspassiv darf sie nicht realisiert werden; in der Instrumentalis-Diathese (→ 5.2.6.1, S. 130) darf sie ebenfalls nicht realisiert werden (stattdessen wird die NP mit Instrumentalis-Interpretation zum Subjekt mit agensartiger Interpretation), ebenso verschwindet sie in der Kausativ-Rezessiv-Diathese und in entsprechenden Reflexiv-Konstruktionen (→ 8., S. 169ff.). Bei Erweiterung/Reduktion (→ 5.2.2f., S. 127f.) des Valenzrahmens und bei den verschiedenen Lesarten (→ 5.2.4, S. 129) transitiver Verben bleibt die Subjekt-NP transitiver Verben mit agentischer Interpretation im Regelfall erhalten.

Sätze mit einem Agens-Subj. sind typische Handlungsbeschreibungen. Die Agens-Rolle ist die hierarchisch höchste Kasusrolle: Sie wird ausschließlich dem Subj. (→ 3.2.1, S.78f.) zugewiesen, aber nicht jedes Subj. ist ein Agens.

(5-66) Karl (Agens) *hängt Bilder* (aff. Entität) *an die Wand./*Karl (Agens) *behängt die Wand* (aff. Entität) *mit Bildern* (Ornativ). (Patiens-Ornativ-Vertauschung ist relativ oft möglich)

(5-67) *Douglas* (Agens) *räumt den Schnee* (aff. Entität) *von der Straße./ Douglas* (Agens) *räumt die Straße* (aff. Entität).

(5-68) *Sie* (Agens) *kämpften einen grausamen Kampf* (Inhaltsakk.; aff./ eff. Entität).

(5-69) *Karl* (Agens) *zerschlägt die Scheibe* (eff. Entität) *mit dem Pflasterstein.* (Instrumentalis)/*Der Pflasterstein* (Instrumentalis in Agens-Verkleidung) *zerschlägt die Scheibe.* (→ 5.2.6.1, S. 130f.)

(5-70) *Mara* (Agens) *kocht ein Milchsüppchen* (eff. Entität).

Hinweis: Nicht alle nach formalen Kriterien transitiven Verben weisen eine Subj.-NP mit möglicher Agens-Interpretation auf.

(5-71) *Der Guru besitzt/hat eine größere Anzahl von Luxuslimousinen./ *Eine größere Anzahl von Luxuslimousinen werden (vom Guru) besessen/gehabt.*

(5-72) *Dass keine Bremsspuren vorhanden waren, beweist eindeutig, dass er viel zu schnell gefahren ist./?Dass er viel zu schnell gefahren ist, wird eindeutig davon/dadurch bewiesen, dass keine Bremsspuren vorhanden sind.* (Doppelgliedsatz-Verb)

(5-73) *Hohe Berge umgeben die Stadt./Die Stadt wird/ist von hohen Bergen umgeben.* (Inversionsverb; vgl. Altmann/Hofmann ²2008, 5.5 S. 129)

5.3.2 Charakterisierte Entität

Bezeichnung und Konzept dieser Kasusrolle sind nicht allgemein üblich. – Eine NP mit dieser Kasusrolle tritt im Aktiv intransitiver Verben als Subj.-NP auf; das Gleiche gilt für Verben, die durch irgendwelche Umformungen intransitiv geworden sind, z.B. durch Valenzreduktion (→ 5.2.2, S. 127)/absolute Lesart (→ 5.2.4, S. 129), Kausativ-Rezessiv-Diathese (→ 5.2.6.1, S. 130f.), Reflexiv-Konstruktion (→ 8., S. 169ff.). In diesen Fällen liegen zwei streng zu trennende Lesarten der betreffenden Verben vor, keine echten Ableitungsbeziehungen. Möglicherweise gilt das Gleiche für die Subjekte der Passiv-Konstruktionen.

In allen Fällen, in denen das intransitive (passivische) Verb eine transitive (aktivische) Parallele aufweist, entspricht der charakterisierten Entität eine Akk.Obj.-NP mit der Interpretation aff./eff. Entität (→ s.u.!).

Sätze, in denen ein Subjekt mit der Kasusrolle »charakterisierte Entität« auftritt, sind typische Vorgangs- oder Zustandsbeschreibungen (Zuweisung von Eigenschaften). In ihnen darf keine NP mit der Interpretation »aff./eff. Entität« auftreten. – Bei Verben der sinnlichen Wahrnehmung wird diese Kasusrolle oft auch als »Experiencer« bezeichnet.

(5-74) <u>*Die Nibelungen*</u> (charakt. Entität) *kämpften./Die Nibelungen* (Agens) *kämpften einen grausamen Kampf* (+eff. Entität).

(5-75) <u>*Johanna*</u> (charakt. Entität) *schläft selig./Johanna* (Agens) *schläft den Schlaf der Gerechten* (+eff. Entität).

(5-76) <u>*Joschka*</u> (charakt. Entität) *strickt.* (absolute Lesart)/*Joschka* (Agens) *strickt einen Pullover* (+eff. Entität).

(5-77) <u>*Das Milchsüppchen*</u> (charakt. Entität) *kocht./Mara* (Agens) *kocht ein Milchsüppchen* (+eff. Entität). (Kausativ-Diathese)

5.3.3 Patiens oder affizierte/effizierte Entität

Eine NP mit dieser Kasusrolle tritt im Aktiv transitiver Verben als Akk.Obj.-NP auf. Sie ist also an das Auftreten einer Subjekt-NP mit Agens-Interpretation (→ 5.3.1, S. 135f.) gebunden (vgl. aber Verben des Besitzens, Doppel-Gliedsatz-Verben und Inversions-Verben).

Eine NP mit dieser Kasusrolle wird beim *werden/sein*-Pass. (→ 5.2.6.2, S. 131ff.) zur Subjekt-NP mit der Interpretation »charakterisierte Entität« (→ s.o.!), beim *kriegen/haben*-Passiv bleibt sie Akk.Obj., ändert aber wohl die Kasusrolle. Bei der Kausativ-Diathese (→ 5.2.6.1, S. 130) verschwindet die NP mit dieser Kasusrolle (in umgekehrter Richtung gesehen: Sie kommt hinzu). Bei der Instrumentalis-Diathese bleiben morphologischer Kasus und (vermutlich) auch Kasusrolle erhalten. Bei Valenzreduktionen (→ 5.2.2, S. 128) des

Typs »rezessiv« und »absolute Lesart« verschwindet diese NP bei gleichzeitiger Uminterpretation des Valenzrahmens, bei Valenzerweiterung (Inhaltsakkusativ) (→ 5.2.3, S. 128f.) kommt eine Akk.Obj.-NP mit der Interpretation aff./eff. Entität hinzu.

Schließlich bestehen noch gewisse Austauschbeziehungen zwischen einer PP mit der Kasusrolle Locus oder Ornativ und einer Akk.Obj.-NP mit der Kasusrolle aff./eff. Entität.

Die Unterscheidung »affiziert«/»effiziert« ist rein semantischer Natur, sie hat keine syntaktischen Folgen. Mit »effiziert« meint man einen Referenten, der vor der Handlung, die im Verb bezeichnet wird, nicht existierte, sondern erst durch diese Handlung entsteht (also handelt es sich um eine »dynamische« Entität). Außerdem kann man noch unterscheiden: [+EFF] = was durch eine Handlung entsteht und [–EFF] = was durch die Handlung verschwindet. Als »affiziert« bezeichnet man einen Referenten, der vor und nach der im Verb bezeichneten Handlung existiert und durch die Handlung verändert wird (also eine »statische« Entität).

Die Bildung von präfigierten Verben und Partikelverben dient oft der Transitivierung (damit dem Perspektivenwechsel von Zustand/Vorgang zu Handlung), also der Hinzufügung eines Akk.Obj. mit der Kasusrolle aff./eff. Entität, oder der Umordnung von Kasusrollenzuweisungen.

(5-78) *Die Nibelungen kämpften einen grausamen Kampf* (+eff. Entität; Inhaltsakk.).

(5-79) *Joschka strickt einen Pullover* (+eff. Entität).

(5-80) *Die Mutter stillt das Baby* (aff. Entität).

(5-81) *Der Arzt tupft das Blut* (–eff. Entität) *von der Wunde* (Locus)./*Der Arzt tupft die Wunde* (aff. Entität) *ab*.

(5-82) *Johanna presst den Saft* (+eff. Entität) *aus der Zitrone aus./ Johanna presst die Zitrone* (aff. Entität) *aus* (Konverse).

(5-83) *Alexandra hängt Bilder* (aff. Entität) *an die Wand* (Locus)./ *Alexandra behängt die Wand* (aff. Entität) *mit Bildern* (Ornativ).

(5-84) *Karl* (charakt. Entität) *labert und labert./Karl* (Agens) *belabert den Prof.* (aff. Entität).

5.3.4 Correspondent (auch: Dativ, Rezipient, Benefaktiv)

Eine NP mit dieser Kasusrolle tritt im Aktiv bestimmter Verben als Dat.Obj. (→ 3.2.3, S. 82f.) (möglicherweise auch als »freier Dativ« (→ 3.3.2, S. 89)) auf, oft zusammen mit einem Akk.Obj. (→ 3.2.4, S. 83f.) mit der Interpretation »aff./eff. Entität«. Der Referent der Dativ-NP ist meist ein Mensch (oder Tier).

Ist das Verb transitiv, so verändert sich bei der Umformung ins *werden-/sein*-Pass. (→ 5.2.6.2, S. 131ff.) bezüglich des Dat.Obj. nichts (außer dass es leichter weglassbar ist). Bei der Umformung ins *kriegen-/bekommen*-Passiv sowie bei der Umformung ins *haben*-Passiv (vorausgesetzt, zwischen Dat.Obj. und Akk.Obj. herrscht eine Pertinenzrelation) wird die entsprechende NP zum Subjekt; unklar ist jedoch, ob dann die Interpretation als Correspondent noch sinnvoll ist.

(5-85) *Der Hänsel hat der Gretel* (Correspondent) *die Hälfte von seinem Weißbier* (eff. Entität) *abgegeben./Die Gretel* (Correspondent??) *hat vom Hänsel die Hälfte von seinem Weißbier* (eff. Entität?) *abgegeben bekommen (kriegen-/bekommen*-Passiv).

(5-86) *Jemand bindet Salome* (Correspondent) *einen Schal um die Hüfte./Salome* (Correspondent?) *hat im Fasching nur einen Schal um die Hüfte gebunden (haben*-Zustands-Passiv).

(5-87) *Kain schlug seinem Bruder Abel* (Correspondent) *mit der Mistgabel* (Instrumentalis) *auf den Schnabel./Abel* (Correspondent?) *bekam von Kain mit der Mistgabel (eine) auf den Schnabel geschlagen* (*kriegen-bekommen*-Passiv).

5.3.5 Ornativ

Eine NP mit dieser Interpretation tritt bei Verben des Besitzens als Akk.Obj. (→ 3.2.4 S. 83f.) auf. Diese NP kann nicht charakt. Entität (→ 5.3.2, S. 137) in einer *werden*-Passiv-Version dieser Verben werden. Bei Verben des »Versehens mit etwas« tritt die Ornativ-Phrase als *mit*-PP auf. Bei einer Umwandlung ins *werden*-Passiv bleibt die *mit*-PP mit Ornativ-Interpretation unverändert.

Meist existieren daneben transitive Formulierungen, in denen eine der Ornativ-Phrase entsprechende NP als Akk.Obj.-NP mit der Interpretation »eff./aff. Entität« (→ s.o.!) auftritt, die ursprüngliche Akk.Obj.-NP mit der Interpretation »eff./aff. Entität« tritt dann als Dat.Obj. mit der Interpretation »Correspondent« (?) (→ 5.3.4, S. 138f.) auf.

(5-88) *Karl malt eine Sonnenblume* (+eff. Entität) *an die Wand* (Locus)./ *Karl bemalt die Wand mit einer Sonnenblume* (Ornativ).

(5-89) *Douglas befreit die Straße vom Schnee* (Ornativ?)/*Douglas räumt den Schnee* (aff. Entität) *von der Straße*.

5.3.6 Locus

Eine NP mit dieser Interpretation kann bei Verben der Befindlichkeit (→ 3.2.6, S. 86f.) und Verben der gerichteten Bewegung auftreten (als Ergänzung).

Meist gibt es parallele Verben, z.B. präfigierte Verben, bei denen die gleiche Entität als Referent einer akkusativischen oder nominativischen NP mit der Kasusrolle »aff./eff. Entität« (→ 5.3.3, S. 137f.), vielleicht sogar als Agens auftreten kann. Es scheint auch Konversen (→ 5.2.5, S. 129) mit vergleichbaren regelhaften Zuordnungen zu geben.

(5-90) *Hans hängt Bilder* (aff. Entität) <u>*an die Wand*</u> (Locus)./*Hans behängt* <u>*die Wand*</u> (aff. Entität) *mit Bildern* (Ornativ).

(5-91) *Wasser tropft* <u>*aus dem Hahn*</u> (Locus)./<u>*Der Hahn*</u> (charakt. Entität) *tropft.*

(5-92) *Paul wohnt* <u>*in einem anderen Haus*</u> (Locus)./*Paul bewohnt* <u>*ein anderes Haus*</u> (aff. Entität).

(5-93) *Maria spült die Milch* <u>*von der Kanne*</u> (Locus) *ab./Maria spült* <u>*die Kanne*</u> (aff. Ent.) *ab.*

Literaturhinweise:

Dowty, D. (1991): Thematic Proto-Roles and Argument Selection. – In: Language 67:3, S. 547-619.

Ickler, I. (1990): Kasusrahmen und Perspektive. Zur Kodierung semantischer Rollen. – In: Deutsche Sprache 1, S. 1-37. [Basis dieser Darstellung]

Helbig, G. (1992): Probleme der Valenz- und Kasustheorie. – Tübingen: Niemeyer.

Pleines, J. (Hg.) (1981): Beiträge zum Stand der Kasustheorie. – Tübingen: Narr (= Tübinger Beiträge zur Linguistik 133).

Primus, B. (2004): Protorollen und Verbtyp: Kasusvariaton bei psychischen Verben. – In: Kailuweit, R./Hummel, M. (Hgg.), Semantische Rollen (Tübingen: Narr), S. 377–401.

Schecker, M./Kohls, G. (2003): Über die Kasus – am Beispiel des Deutschen. – In: Baudot, D./Behr, I. (Hgg.), Funktion und Bedeutung. Modelle einer syntaktischen Semantik des Deutschen. FS für F. Schanen (Tübingen: Stauffenburg), S. 227-242.

6. Satzstrukturen

6.1 Satzfolgen und Satzverbindungen

Unter **Satz<u>folgen</u>** versteht man die Abfolge von zwei oder mehr formal wie funktional isolierten Hauptsätzen. Diese Isolation/Selbstständigkeit wird durch formale Mittel angezeigt (z.B. durch Intonation und Interpunktion). Ellipsen (→ s.u.!) sind hier relativ selten (allenfalls situationelle Ellipsen).

(6-1) *Ich glaube schon, antwortete R. vorsichtig. Im Notfall könnte *(ich) ja Schlaftabletten nehmen./(Ich) könnte ja im Notfall Schlaftabletten nehmen.*

Als **Satz- oder Sprechakt<u>sequenz</u>** bezeichnen wir die Abfolge von mindestens zwei Hauptsätzen bestimmter Typen, die eine regelhafte Sequenz formal und funktional realisieren, z.B. eine Frage und die natürliche Antwort darauf. Die Glieder einer solchen Sequenz gehören enger zusammen als die einer Satzfolge. Es treten sowohl situationelle wie auch kotextuelle Ellipsen (→ S. 142) auf.

(6-2) A: *Wann kommst du zurück?*
B: *(<u>Ich komme</u>) Morgen nachmittag um vier (<u>Uhr zurück</u>).*

Als **Satz<u>verbindung</u>** bezeichnen wir die Verknüpfung von zwei oder mehr Hauptsätzen, wobei formale Mittel wie Intonation (→ 2.5, S. 61-68), Kommata, koordinierende Konjunktionen (→ 3.5.4.1, S. 105) und Ellipsen (→ 6.2, S. 143-146) anzeigen, dass die Einzelsätze formal und funktional enger zusammengehören. Die koordinierenden Konjunktionen können die Art der Beziehung zwischen den Einzelsätzen spezifizieren. Ko(n)textuelle Ellipsen sind hier häufig.

(6-3) *Ein Beamter erinnerte sich seines Namens, (*<u>ein Beamter/der Beamte/er</u>) konnte aber nur versprechen, dass...*

Asyndese: Satzverbindung ohne koordinierende Konjunktion.
Syndese: Satzverbindung mit koordinierender Konjunktion.
Achtung: Üblicherweise werden bei Syndese mit mehr als zwei Konjunkten nur die letzten beiden Konjunkte durch eine koordinierende Konjunktion verbunden. Trotzdem spricht man hier ausschließlich von einer syndetischen Satzverbindung, nicht von einer Kombination von Asyndese und Syndese.

(6-4) *Von einer Stunde zur anderen stürzten die Aktienkurse an den New Yorker Börsen ins Bodenlose, (...) schmolzen Milliardenvermögen, die offensichtlich nur noch auf dem Papier bestanden hatten, zu Bettelpfennigen zusammen und (...) platzten die Träume von Millionen Spekulanten wie Seifenblasen.*

Als **Ellipsen** bezeichnet man die Ersparung eigentlich erwartbarer Teilausdrücke.

Bei der **kotextuellen Ellipse** werden formal identische oder gleichwertige Teilausdrücke im vorausgehenden oder im folgenden Satz erspart. Da die Auslassungen nur nach ganz bestimmten formalen und inhaltlichen Regeln erfolgen dürfen, können sie auch (meist) rekonstruiert werden. Deshalb heißen sie auch **reguläre Ellipsen.**

(6-5) *Ich gebrauche weder Gabel noch Messer, (ich gebrauche) nur das Senflöffelchen.*

Tilgungen heißen im Rahmen der generativen Grammatik reguläre Ellipsen, die im Rahmen dieser Grammatiktheorie in bestimmter Weise rekonstruiert werden.

Bei **situationellen Ellipsen** werden Ausdrücke für situationell Präsentes weggelassen. Eine formale Rekonstruktion ist nicht möglich, eine inhaltliche meist schon.

(6-6) *Gib (das Bier/die Zigarette ...) her!*

Die Annahme von Ellipsen ist methodisch schwer kontrollierbar und daher sehr problematisch. Es empfiehlt sich deshalb für grammatische Argumentationen, mit der Annahme von Ellipsen sehr restriktiv vorzugehen, z.B. nur sog. **»reguläre Ellipsen«** mit folgenden Beschränkungen anzusetzen:

- Die Rekonstruktion darf nur aus dem unmittelbaren Kotext erfolgen.
- Bei der Rekonstruktion darf der ursprüngliche Wortlaut nur ergänzt, nicht verändert werden. Das gilt auch für die Anordnung der Ausdrücke, die morphologische Markierung und die Intonation.
- Die Ellipse kann nur formal identische (?) und inhaltlich gleichwertige Teilstrukturen in gleicher syntaktischer Position und Funktion betreffen.

Typische Ellipsenregeln sind unter diesen Voraussetzungen:

- Bei identischen Anfangsketten erfolgt überwiegend Vorwärtsellipse, bei identischen Schlussketten überwiegend Rückwärtsellipse.
- Es dürfen nur Hintergrundsausdrücke ausgelassen werden, nicht Fokusausdrücke.
- Die Konnexität zwischen den beiden Sätzen muss größer sein als die Kontrastivität (bzw. der Sprecher indiziert durch Ellipsen erhöhte Konnexität).

Ellipsen sind Kohärenzerscheinungen: Sie wirken im Sinne der Textverdichtung. Sie setzen, wie die meisten kohärenzstiftenden Elemente, **Inferenz** voraus, d.h. einen kognitiven Prozess der selbstständigen Erweiterung der semantischen Repräsentation durch den Rezipienten.

6.2 Beispiele für die verschiedenen Satzfolgen/-verbindungen

6.2.1 Asyndese ohne Ellipse

Verknüpfung ohne koordinierende Konjunktion:

(6-7) *Ohne Arbeit in der Natur weilend, gerät man leicht in einen krankhaften Zustand, etwas wie Fieber befällt einen. Es dringt nicht überall ein, es rieselt an der Oberfläche ab, man trägt einen Mantel gegen Neues.*

(6-8) *Er umschlich die Stämme der Reben, er versuchte, einen zu ersteigen, er versuchte, die verlockenden Früchte springend zu erreichen – umsonst.*

6.2.2 Asyndese mit Vorwärtsellipse

Verknüpfung ohne koordinierende Konjunktion, identische Anfangsketten können in den nicht-ersten Konjunkten ausgelassen werden.

(6-9) *Ach wir geben es doch zu, Hamburg hat mehr Abiture pro qcm, Berlin (hat) mehr Bücher pro Brille, Düsseldorf (hat) mehr 20. Jahrhundert pro Kopf.*

(6-10) *Man wünscht ein Ziel zu sehen, dem man zustreben wird, (man wünscht) einen Zielpunkt aufzustellen.*

6.2.3 Asyndese mit Rückwärtsellipse

Verknüpfung ohne koordinierende Konjunktion, identische Schlussketten können in den nicht-letzten Konjunkten ausgelassen werden.

(6-11) *Er registrierte mit Entsetzen, dass die Legitimität seiner Person (von ein paar Papieren mit seinem Foto, von einem halben Dutzend Plastikkarten, von einem Bündel Geldscheinen abzuhängen schien,) ihre elementare Sicherheit (von ein paar Papieren mit seinem Foto, von einem halben Dutzend Plastikkarten, von einem Bündel Geldscheinen abzuhängen schien), somit seine Existenz selber, von ein paar Papieren mit seinem Foto, von einem halben Dutzend Plastikkarten, von einem Bündel Geldscheinen abzuhängen schien.*

(6-12) *..., das durch seine methodische Anordnung (praktisch erst eine Kurwirkung gewährleistet), seine zwangsläufige Form der Benutzung (praktisch erst eine Kurwirkung gewährleistet), seine gesi-*

cherte Durchführung praktisch erst eine Kurwirkung gewährleistet.

6.2.4 Syndese mit Vorwärtsellipse

Verknüpfung durch koordinierende Konjunktion; identische Anfangsketten können in den nicht-ersten Konjunkten erspart werden.

(6-13) *Peter sah Hans und (?Peter/er) rief die Polizei.* (Subjekts-NP)

(6-14) *Ein Passant sah den Einbrecher und (*ein Passant/dieser Passant/er) rief die Polizei.* (keine formgleiche Wiederholung möglich!)

(6-15) *Franz ist gekommen und Karl (ist) gegangen.* (finites Hilfsverb)

(6-16) *Fridolin trinkt Bier und Puck (trinkt) Wein.* (finites Vollverb)

(6-17) *Der Held hat die schöne Jungfrau bezwungen und (der Held hat) den Drachen heimgeführt.* (Subjekt + finites Hilfsverb)

(6-18) *Fridolin stellt sich dumm und *(Fridolin stellt) die Blumen ans Fenster.* (Teil eines Idioms!)

(6-19) *Mozart bewunderte Haydn (,) und Beethoven.* (Beachte die Mehrdeutigkeit und die historischen Fakten!)

6.2.5 Syndese mit Rückwärtsellipse

Verknüpfung durch koordinierende Konjunktion, identische Schlussketten können in den nicht-letzten Konjunkten erspart werden.

(6-20) *Fritz hasst (das Leben) und Irma liebt das Leben.* (Akk.Obj.)

(6-21) *Fritz schenkte seiner Mutter drei (Bücher) und Karl versprach seinem Vater zwei Bücher.* (Akk.Obj.)/**Fritz und Karl versprachen seinem Vater zwei Bücher.*

(6-22) *Fritz (hat gewonnen) oder Karl hat gewonnen.* (finites Hilfsverb + infinites Vollverb)

(6-23) *Zuerst KOCHte (Franz zwei Eier) und dann SCHÄLte Franz zwei Eier.* (Subj. + Akk.Obj.)

6.2.6 Syndese mit Vorwärts- und Rückwärtsellipse

Verknüpfung durch koordinierende Konjunktion. Wenn die Bedingungen für beide Tilgungsarten gegeben sind, dann können beide gleichzeitig angewendet werden. Dadurch können sehr komplizierte Ausdrücke entstehen.

(6-24) *Karl lieh seiner Mutter (1000 €) und (Karl) schenkte seiner Freundin 1000 €.* (Subjekt + Akkusativobjekt)

(6-25) *Karl lieh seiner Mutter (1000 €) und Otto (lieh) seiner Freundin 1000 €.* (finites Vollverb + Akkusativobjekt)

(6-26) **Karl lieh (seiner Freundin) (1000 €) und der Onkel (lieh) seiner Freundin 1000 €.* (finites Vollverb & Dat.Obj. + Akk.Obj.)

(6-27) *War Blut AUF (dem Bett) oder (war Blut) UNter dem Bett, Dr. Watson?* (finites Kopulaverb + Subjekt + NP in PP)

6.2.7 Sprechaktsequenzen

Hier werden vorerwähnte Satzbestandteile ausgelassen.

(6-28) A: *Karl ist gekommen.*
B: *Aber nein, FRANZ (ist gekommen).*

(6-29) A: *Wer hat wen geheiratet?*
B: *FRANZ (hat) MaRIa (geheiratet).* (Frage-Antwort-Sequenz)

(6-30) A: *Ist Maria nicht gekommen?*
B: *Ja./Nein./Doch.* (Antwortpartikeln = Ellipsen für ganze Sätze?)

(6-31) A: *Wollte oder musste Karl heiraten?*
B: *Er MUSSte (heiraten).*

6.2.8 Situationelle Ellipsen

In der Situation präsente Informationen werden ausgelassen.

(6-32) *(Ich hätte gern) Ein frisches, bitte!* (zeigt ein Handtuch: enger Situationsbezug)

(6-33) *(Hast du/Haben Sie) Gut geschlafen?* (Elliptische Höflichkeitsfloskeln)

(6-34) *Kommt eine Dame in eine Kneipe. Bestellt 20 Bierchen. Kippt eines nach dem anderen hinunter. Bestellt wieder 20 Bierchen.* (textsortenspezifische Vorfeldellipse in Witzen)

6.2.9 Problemfälle

Scheinbar elliptische Strukturen, bei denen aber die »Ellipse« eine spezifische kommunikative Funktion hat, also auch nicht rückgängig gemacht werden darf.

(6-35) *Dumm wie die Nacht, aber blöd!*

(6-36) *Ich und böse!? Sei so gut und hol' mir ein Bierchen!*

(6-37) *München sehen und sterben!*

(6-38) *Du und deine blöde Linguistik!*

Achtung: Bei syntaktischen Analysen sind (reguläre) Ellipsen i.d.R. unter Angabe der »zuständigen« Regeln zu rekonstruieren und in dieser Weise in die Analyse einzubeziehen. Situative Ellipsen anzugeben ist nur sinnvoll bei textlinguistischen/stilistischen etc. Analysen. Was als Ellipse anzusehen ist, ist nach wie vor umstritten. Es gibt auch Beschreibungsansätze, die ohne den Begriff der regulären Ellipse auszukommen versuchen (vgl. Kindt e.a. 1995 und Büring e.a. 1998).

Literaturhinweise:

Büring, D./Hartmann, K. (1998): Asymmetrische Koordination. – In: Ling. Ber. 174, S. 172–201.

Hartmann, K. (1994): Zur Koordination von V-2 Sätzen. – In: Zeitschrift für Sprachwissenschaft 13:1, S. 3-19

Hoffmann, L. (1999): Ellipse und Analepse. – In: Redder, A./Rehbein, J. (Hgg.), Grammatik und mentale Prozesse (Tübingen: Stauffenburg), S. 69-90.

Kindt, W./Strohner, H. e.a. (1995): Wie man Bücher und Erbsen liest: Zur Interaktion von Syntax und Semantik bei der Ellipsenverarbeitung. – In: Ling. Ber. 160, S. 447-469.

Klein, W. (1993): Ellipse. – In: Jacobs, J./Stechow, A. v./Vennemann, T. (Hgg.), Handbuch der Syntax (Berlin: de Gruyter), S. 763-799.

Meng, M. (2000): Syntaktische Beschränkungen für Ellipsen in Koordinationen. – In: Bayer, J. / Römer, C. (Hgg.), Von der Philologie zur Grammatiktheorie: P. Suchsland zum 65. Geburtstag (Tübingen: Niemeyer), S. 97-116.

Sandig, B. (2000): Zu einer Gesprächs-Grammatik: Prototypische elliptische Strukturen und ihre Funktionen in mündlichem Erzählen. – In: ZS f. germanist. Linguistik. 28:3, S. 291-318.

Selting, M. (1997): Sogenannte Ellipsen als interaktiv relevante Konstruktionen? Ein neuer Versuch über die Reichweite und Grenzen des Ellipsen-Begriffs für die Analyse gesprochener Sprache in Interaktionen. – In: Schlobinski, P. (Hg.), Syntax des gesprochenen Deutsch (Wiesbaden: Westdeutscher Verlag), S. 117-156.

Wesche, B. (1995): Symmetric Coordination. An Alternative Theory of Phrase Structure. – Tübingen: Niemeyer (= Ling. Arb. 333).

Wiese, B. (1980): Grundprobleme der Koordination. – In: Lingua 51, S. 17-44.

6.3 Der komplexe Satz

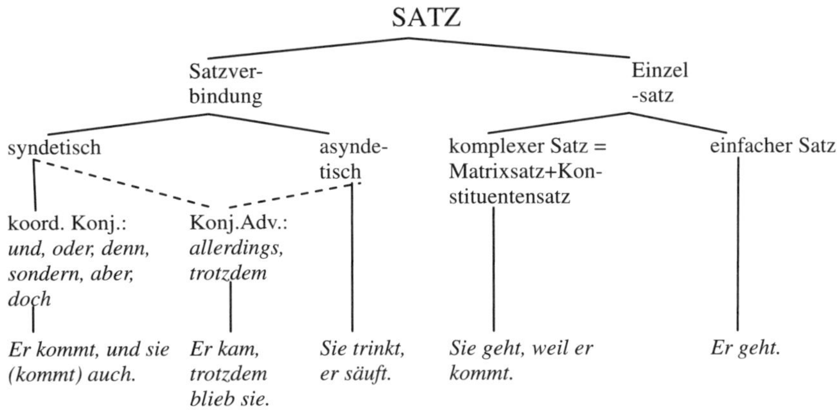

6.4 Typologie der Konstituentensätze

Konstituentensätze werden nach ihrer Funktion im Matrixsatz in Gliedsätze (GS) (mit Satzgliedfunktion) (→ 3.2, S. 78-87) und Gliedteilsätze (GTS) (mit Bezugsausdruck im übergeordneten Satz) (→ 3.4.1.5ff., S. 95) unterschieden. Beide Typen kommen uneingeleitet und eingeleitet vor.

6.4.1 Prototypische Markierung von subordinierten Sätzen

- Verb-Letzt.
- Verb-Letzt-steuerndes Einleitungselement, nämlich
  - reine Subjunktionen: *daß, ob.*
  - adverbiale Subjunktionen: *weil, obwohl, obschon, obgleich, als, ...;*

  (*–d-* und *w*-Relativa (mit Satzglied- oder Gliedteilfunktion): *der/die/das, wer/was; welcher/welche/welches).*
  - adverbiale Relativa, mit adverbialen Satzgliedfunktionen: *wo, wohin, woher, wie, wielange, damit, womit ...*
- die Verbmorphologie ist nicht festgelegt.

Tatsächlich treten aber neben dieser prototypischen Markierung auch ganz andere Merkmalskombinationen auf, allerdings nur relativ selten:

- statt V-L auch V-1 und V-2 mit Zusatzmarkierung.

- statt eindeutiger subordinierender Konjunktionen (→ 3.5.4.2, S. 105f.) auch ambige Einleitungselemente oder auch ohne Einleitungselement, dann aber mit Zusatzmarkierung.
- statt freier Variation der Verbmorphologie (→ 2.3.2, S. 43) Konj. I oder II in Kombination mit den obigen Merkmalen.

6.4.2 Die wichtigsten atypischen subordinierten Sätze

- irrealer Konditionalsatz:
  (6-39) *Sie tat, als ob/als wenn/wie wenn sie Bescheid wüsste/als wüsste sie ...* (V-L mit subord. Konj. *als ob/als wenn/wie wenn*)
  (6-40) *Sie tat, als wüsste sie Bescheid.* (V-1 ohne Einleitungselement; *als/wie* ist Vergleichspartikel, nicht subord. Konjunktion; in diesem Fall darf die Abfolge der Teilsätze nicht vertauscht werden:)
  (6-41) **Als wüsste sie Bescheid, tat sie.*
- V-2-Konditionalsätze nach der Präposition *außer* (keine subord. Konj.!) (→ 3.5.3, S. 103f.) und ungleichstufige Vergleiche mit der Vergleichspartikel *als* (→ 3.5.5, S. 107) und V-L:
  (6-42) *Er kommt auf keinen grünen Zweig, außer er setzt sich endlich auf den Hosenboden.*
  (6-43) *Er hat tiefer ins Glas geschaut, als gut für ihn war.*
  Auch hier darf die Abfolge der Teilsätze nicht vertauscht werden:
  (6-44) **Außer er setzt sich endlich auf den Hosenboden, kommt er auf keinen grünen Zweig.*
  (6-45) **Als gut für ihn war, hat er tiefer ins Glas geschaut.*
- Uneingeleitetes V-1-Konditional:
  (6-46) *Brächte ich das heute fertig, hätte ich für immer meine Ruhe.*
  Hier sollte der Konstituentensatz vor dem Matrixsatz stehen:
  (6-47) *?Ich hätte für immer meine Ruhe, brächte ich das heute fertig.*
- Konstruktionen, die wie V-2-Relativsätze aussehen und die eine ähnliche Funktion wie Relativsatz-Attribute (→ 3.4.1.5, S. 95) haben. Tatsächlich handelt es sich syntaktisch um eine asyndetische Satzreihung (→ 6.1, S. 141f.):
  (6-48) *Es gibt Leute, die haben noch nie einen Wal gesehen.* (V-2) vs. *Es gibt Leute, die noch nie einen Wal gesehen haben.* (Relativsatz)
  (6-49) *Zum Beispiel ist eine Schülerin in unserer Klasse, die hat noch vier jüngere Geschwister.*
- Indirekte Rede mit V-2 nach *verba dicendi et sentiendi*:
  (6-50) *Er meinte, er wisse es besser. Er habe deshalb vor ...*
  (6-51) *Ich bat ihn, er möge kommen.* (Konjunktiv obligatorisch)

(6-52) *Ich weiß, er ist unschuldig.* (Indikativ obligatorisch)

In der folgenden Tabelle sind die geläufigen Typen von Konstituentensätzen noch einmal schematisch zusammengefasst.

SATZ

- GS (Komplement, Satzglied-Wert)
  - uneingeleitet
  - eingeleitet
    - Konj.Satz
    - freier Rel.Satz
- GTS (Attr., Bezugsausdruck im Matrixsatz)
  - eingeleitet
    - Konj.Satz
    - Rel.Satz
  - uneingeleitet

GS: uneingeleitet	GS: eingeleitet – Konj.Satz	GS: eingeleitet – freier Rel.Satz	GTS: eingeleitet – Konj.Satz	GTS: eingeleitet – Rel.Satz	GTS: uneingeleitet
uneingeleitetes Konditional *Brächte ich das fertig, wäre ich glücklich* uneingeleitetes Konzessiv *Hat er auch recht, glaubt ihm doch keiner.* uneingeleiteter Subj-Satz *Die Hauptsache ist, du bleibst gesund.* indirekte Rede nach verba dicendi/sentiendi (Obj.-Satz) *Er sagte/ glaubte, er habe kein Geld mehr.*	echte subord. Konj.: *dass, ob;* *Dass das funktioniert, freut mich.* *Ich weiß nicht, ob er heute kommt.* (Subj.-/Akk. Obj.-/ Präp. Obj.-Sätze) Adv. Konj. temp.: *als, während, sooft; nachdem* kond.: *wenn, falls* kaus.: *weil, da* final: *damit* konzessiv: *obwohl* modal: *indem, je – desto*	*d*-Relativa: *Der so spricht, hat allen Grund dazu.* *w*-Relativa: *Wer rastet, rostet.*	echte subord. Konj.: *dass, ob;* *das Problem, dass ...;* *die Frage, ob ...;* *dadurch, dass ...:;* adv. Konj.: *am Tag, als ...;* *deshalb, weil ...;* *die Zeit, seit ...;*	*d*-Relativa: *der/die/das; dessen; dem; den/die/das mit/vor/in/ an/auf dem durch/in/an/ gegen den* *w*-Relativa: *die Frage, wer ...;* *der Mann, welcher ...;* *das Schlimmste, was ...;* *die Frage, mit wem ...;* *das Problem, um was ...;* *der Ort, wo/wohin ...;* *die Art, wie ...;* *die Frage, gegen wen ...;*	*Die Annahme, alles gehe von allein, ...;* *Die Bitte, ich solle dabei helfen, ...;*

6.4.3 Kombinationen von Konstituentensätzen

Ein Konstituentensatz (Nebensatz) wird in den Matrixsatz (Hauptsatz) eingebettet. Bei der Einbettung von mehreren Konstituentensätzen in einen Matrixsatz können die Konstituentensätze gleichgeordnet sein (6-53), oder ein Konstituentensatz bildet wiederum den Matrixsatz für einen weiteren Konstituentensatz (6-54).

(6-53) *Die Studentinnen und Studenten* (MS, 1. Teil), *die immer brav mitgearbeitet haben* (1. KS zu MS), *die die Hausaufgaben brillant gelöst haben* (2. KS zu MS) *und die die Klausur bestanden haben* (3. KS zu MS), *bekommen einen Schein* (MS, 2. Teil).

(6-54) *Die Beispiele zeigen* (MS^1), *wie notwendig es ist* (KS^1 zu MS^1, und MS^2 für KS^2), *dass wir alle Belege prüfen* (KS^2 zu MS^2, und MS^3zu KS^3), *damit Fehler vermieden werden* (KS^3 zu MS^3).

Literaturhinweise:

Altmann, H. (1997): Verbstellungsprobleme bei subordinierten Sätzen in der deutschen Sprache. – In: Dürscheid, Chr. e.a. (Hgg.), Sprache im Fokus. FS H. Vater (Tübingen: Niemeyer), S. 69-84.

Oppenrieder, W. (1991): Irreale Vergleichssätze. – In: Klein, E. e.a. (Hgg.), Betriebslinguistik und Linguistikbetrieb: Akten des 24. Ling. Kolloquiums Univ. Bremen (Tübingen: Niemeyer), S. 357-366 (= Ling. Arb. 260).

Haumann, D. (1997): The Syntax of Subordination. – Tübingen: Niemeyer. (= Ling. Arb. 373).

Uhmann, S. (1998): Verbstellungsvariation in *weil*-Sätzen: Lexikalische Differenzierung mit grammatischen Folgen. – In: Zeitschrift für Sprachwissenschaft 17/1, S. 92-139.

6.5 Infinitiv-Konstruktionen

6.5.1 Infinite Verbformen

Infinit nennt man die unkonjugierte, d.h. hinsichtlich Person, Numerus, Tempus, Modus und Genus Verbi nicht gekennzeichnete Verbform. Die infiniten Verbformen sind: Inf. I, Part. I und II. (zum Status von Part. I siehe Altmann/Kemmerling ^{2}2005, 1.4.8, S. 37).

Infinite Verbformen treten in folgenden Konstellationen auf (→ 2.3.2.2, S. 43):

- im sog. engen Verbalkomplex zusammen mit einer finiten Verbform, ggf. mit einer oder mehreren infiniten Verbformen (gilt nicht für Partizip I!).
- als Attribut zum Substantiv (gilt nur für Part. I und II) (→ 3.4.1.3, S. 93f.).
- nominalisiert (gilt für alle drei infiniten Formen).

Man unterscheidet beim Infinitiv I:

- den reinen Infinitiv ohne *zu*: im engen Verbalkomplex nur in Verbindung mit Modalverb (→ 6.5.3, S. 151f.). Bei Kombinationen, die auch ein Hilfsverb umfassen, steht nicht das Partizip II des Modalverbs, sondern der rei-

ne Modalverb-Infinitiv, der als »Ersatz-Infinitiv« bezeichnet wird:
- nicht erweiterte Formen: *Sie will arbeiten. Sie wird arbeiten.*
- erweiterte Formen: *Sie wird vier Tage daran arbeiten.*

- den Infinitiv mit *zu*:
  - nicht erweiterte Formen: *Sie pflegt zu arbeiten.* (nach Modalitätsverben) (→ 6.5.4, S. 152)
  - erweiterte Formen: *Er hofft, sie im Park zu sehen.* (satzwertig)

6.5.2 Die Infinitivpartikel *zu*

Wir weisen *zu* keiner der bekannten syntaktischen Funktionen zu (insbesondere nicht den Subjunktionen), da sie ganz eigene Eigenschaften aufweist. – Die Infinitiv-Partikel *zu* kann entweder allein oder bei adverbialen Infinitiven in Kombination mit Präposition (*um, anstatt, ohne*) auftreten.

- reines *zu*:
  (6-55) *Er hofft, sie im Park zu sehen.* (satzgliedwertige Infinitivkonstruktion: Akk.Obj.)
- *um ... zu*: final, konsekutiv (satzgliedwertige Infinitivkonstruktion):
  (6-56) *In Babylon verbringt die Priesterin des Bel an der Spitze des Turms eine Nacht, um den Gott zu erwarten.*
  (6-57) *Bevor wir uns zur Burg begeben, um die dort aufbewahrten Särge mit einem Abschiedsblick zu ehren ...*
- *anstatt ... zu*: ›stellvertretender Umstand‹, substitutiv (satzgliedwertige Infinitivkonstruktion, durch *dass*-Satz ersetzbar):
  (6-58) Anstatt zu arbeiten, ging sie in den Biergarten.
- *ohne zu:* ›fehlender Umstand‹ (modal), negativer Konsekutivsatz (satzgliedwertig, durch *dass*-Satz ersetzbar).
  (6-59) *Ohne eine Miene zu verziehen, log er ihr ins Gesicht.*

Literaturhinweise:

Bærentzen, P. (1994): Eine grammatische Amphibie. Das *zu* beim Deutschen Infinitiv. – In: Halwachs, D. W./Stütz, I. (Hgg.), Sprache – Sprechen – Handeln. Akten des 28. Linguistischen Kolloquiums, Graz 1993. Bd. 1. (Tübingen: Niemeyer), S. 11-15.

Ijbema, A./Abraham, W. (2000): Die syntaktische Funktion des infinitivischen *zu*. – In: Fuhrhop, N. e.a. (Hgg.), Deutsche Grammatik in Theorie und Praxis: Aus Anlaß des 60. Geburtstags von P. Eisenberg am 18. Mai 2000 (Tübingen: Niemeyer), S. 123-138.

6.5.3 Der Infinitiv in Verbindung mit Modalverben

Dies ist eine zentrale Verwendungsweise des Infinitivs; zusammen mit Modalverben (→ 3.1.4, S. 71f.) steht der reine Infinitiv eines Vollverbs als Teil des mehrteiligen engen Verbalkomplexes (Infinitiv ohne Satzglied-Wert).

(6-60) *Er will kommen./Sie dürfen rauchen.*

Ein sog. »Ersatz-Infinitiv« des Modalverbs steht anstelle des Partizip II im *haben*-Gefüge (Perf., Pqp., Fut. II, Inf. Perf.);

(6-61) *Er hätte ihr die Delphi-Szene nicht schildern dürfen (*gedurft).*

(6-62) *Er wird nicht haben kommen können.*

(6-63) *Das hätte sie nicht (zu) tun brauchen.*

Zweifelhafte Fälle: *heißen, lassen, sehen, fühlen, helfen, hören.*

Literaturhinweise:

Eisenberg, P./Smith, G./Teuber, O. (2001): Ersatzinfinitiv und Oberfeld – Ein größtes Rätsel der deutschen Syntax. – In: Deutsche Sprache 2001, S. 242-260.

Eisenberg, P. (2003): Der Ersatzinfinitiv im Verbzweitsatz: Zur Interaktion von Semantik, Morphologie und Wortstellung. – In: Baudot, D./Behr, I. (Hgg.), Funktion und Bedeutung. Modelle einer syntaktischen Semantik des Deutschen. FS für F. Schanen (Tübingen: Stauffenburg), S. 95-106.

6.5.4 Der Infinitiv in Verbindung mit Modalitätsverben (»Hilfsmodale«)

Zu den Modalitätsverben zählen: *scheinen, bleiben, drohen, versprechen, wissen, brauchen, pflegen, bekommen, belieben, gedenken, kommen, suchen, verstehen,* sofern sie direkt den *zu*-Infinitiv eines Vollverbs regieren. Wie Hauptverb und Modalverb treten Modalitätsverben immer in Verbindung mit anderen Verben auf; es steht der Infinitiv mit *zu* (ohne Satzgliedwert).

(6-64) *... indem sie die Richtigkeit dieser Begriffe zu bestätigen sucht.*

(6-65) *Berühmte Leute sollten sich zweimal überlegen, was sie öffentlich kundzutun gedenken.*

(6-66) *Schließlich bleibt noch ein weiterer Vorgang zu betrachten.*

Konstruktionen mit Modalitätsverben sind nicht ohne weiteres durch *dass*-Sätze ersetzbar (= als Ellipsen (→ 6.2, S. 143-146) zu behandeln). – Vgl. dagegen die Verwendung von *drohen* und *versprechen* als Vollverben (→ 3.1.1, S. 70) mit einer Obj.-Infinitiv-Phrase (mit anderen semantischen Eigenschaften):

(6-67) *..., weil Anna (damit) droht, keinen Pfennig mehr herauszurücken/ dass sie keinen Pfennig mehr herausrückt.*

(6-68) *..., weil Anna verspricht, das ganze Essen zu bezahlen/dass sie das ganze Essen bezahlt.*

Literaturhinweise:

Diewald, G. (1999): The integration of the German modals into the paradigm of verbal mood. – In: Beedham, C. (Hgg.), Langue and Parole in Synchronic and Diachronic Perspective. Selected Proceedings of the XXXIst Annual Meeting of the Societas Linguistica Europaea, St Andrews 1998 (Oxford: Pergamon), S. 119-129.

Vliegen, M. L. M. J. (2003): *Drohen* und *versprechen* im Deutschen, *dreigen* und *beloven* im Niederländischen: einige Bemerkungen zur epistemischen Lesart. – In: Zybatow, L. (Hgg.), Europa der Sprachen: Sprachkompetenz – Mehrsprachigkeit – Translation. Akten des 35. Linguistischen Kolloquiums in Innsbruck 2000. Teil I: Sprache und Gesellschaft (Frankfurt am Main u.a.: Lang), S. 229-240.

6.5.5 Der modale Infinitiv

Hier hat die Infinitivkonstruktion eine ähnliche Bedeutung wie Modalverben (→ 3.1.4, S. 71f.). Da die Konstruktionen nicht durch *dass*-Sätze ersetzbar sind, also keinen Satzgliedwert haben, gehören sie zu den komplexen Verbalformen (1 Verbalkomplex).

– Infinitiv mit *sein*: anstelle von modalem *können, müssen, nicht müssen/brauchen, nicht dürfen.*

(6-69) *Der Berg ist zu schaffen (kann geschafft werden).*

(6-70) *Die Aufgaben sind umgehend zu lösen (müssen gelöst werden).*

(6-71) *Ein wilder und ein zahmer Elefant sind gar nicht mehr zu vergleichen (können gar nicht mehr verglichen werden).*

Die Konstruktion mit *sein + zu* wird wegen ihres passivischen Nebensinns zu den Konkurrenzformen (!) des Vorgangspassivs (5.2.6.2, S. 131ff.) gerechnet. – Andere Verben in derselben Verwendungsweise sind: *bleiben, stehen, geben, gehen* (umgangssprachlich).

(6-72) *Das Ergebnis bleibt abzuwarten (man muss abwarten).*

(6-73) *Es steht zu hoffen, dass ... (man muss hoffen).*

– Infinitiv mit *haben* anstelle von modalem *müssen, nicht müssen/brauchen, nicht dürfen.*

(6-74) *Sie haben meine Anweisungen zu befolgen (müssen befolgen).*

(6-75) *Du hast dich da nicht einzumischen (darfst dich da nicht ...).*

– Bestimmte Verben, die Infinitiv-Phrasen als Objekt zulassen, können in der sog. kohärenten Konstruktion ähnlich wie die Modalitätsverben (→ 6.5.4, S. 152) verwendet werden, indem sie nämlich zusammen mit dem *zu*-Inf. der Verbalphrase einen einteiligen Verbalkomplex bilden:

(6-76) *..., weil er versucht, den Schnaps über die Grenze zu schmuggeln.* vs. *..., weil er den Schnaps über die Grenze zu schmuggeln versucht.*

(6-77) *.., weil er glaubte, seinem Freund den Schnaps anvertrauen zu können.* (extraponiert) vs. *..., weil er seinem Freund den Schnaps anvertrauen zu können glaubte.* (kohärente und geschlossene Stellung)

Literaturhinweis:

Holl, D. (2001): Was ist modal an Modalen Infinitiven? – In: Müller, R./Reis, M. (Hgg.), Modalität und Modalverben im Deutschen (Hamburg: Buske), S. 201-217.

6.5.6 Der AcI (Accusativus cum Infinitivo)

Im Deutschen tritt der AcI nur in Verbindung mit bestimmten Verben auf; der Anschluss erfolgt mit reinem Inf. ohne *zu*. Das Obj. der dominierenden Aussage ist zugleich logisches Subj. des Inhaltssatzes (eine Art Gelenk zwischen den »Teilsätzen«). AcI-Konstruktionen sind häufig nicht eindeutig einzuordnen; teilweise haben sie die Merkmale von Satzgliedern (→ 3.2, S. 78), teilweise sind sie durch *dass/wie*-Sätze ersetzbar.

Der AcI tritt auf bei:

- Verba sentiendi: *hören, sehen, fühlen, spüren.*
  (6-78) *..., als Herr Murks den Spion den Brief dort verstecken sah.*
  (6-79) *Anna sieht den Dackel fressen.*
  (6-80) *Er spürte das Gewitter nahen.*
- Verben des Veranlassens: *heißen, lassen, lehren, machen.*
  (6-81) *Wir heißen Euch hoffen.*
  (6-82) *Karl lässt den Dackel einen Salto schlagen.*
- Bei *gewahren, finden, haben* + Lokalergänzung
  (6-83) *?Er gewahrte die Amsel auf der Fensterbank sitzen.*
  (6-84) *Du hast ja in der ganzen Wohnung leere Schnapsflaschen herumstehen.* (*haben*-Zustandspassiv)

Literaturhinweise:

Suchsland, P. (1987): Zum AcI und verwandten Konstruktionen im Deutschen. – In: Deutsch als Fremdsprache 24, S. 321-329.

Zifonun, G. e.a. (1997): Grammatik der deutschen Sprache. – Berlin: de Gruyter. (= Schriften des IdS 7) [zum AcI S. 1411-1426]

6.5.7 Syntaktische Verwendungsmöglichkeiten von satzwertigen Infinitivkonstruktionen

6.5.7.1 Satzwertige Infinitivkonstruktionen (→ 2.2.5.1, S. 39)

Infinite Hauptsatz-Strukturen (→ 7.2.6, S. 165f.):

(6-85) *Aufstehen!/Das Zimmer ordentlich hinterlassen!/Rasen nicht betreten!/Ich und verliebt!*

6.5.7.2 Infinitivkonstruktionen als Satzglied

Anstelle eines Gliedsatzes; durch *dass*-Satz ersetzbar (→ 6.4, S. 147):

- als Subjekt (→ 3.2.1, S. 78f.):
  (6-86) *Euch zu helfen ist mein größter Wunsch.*
- als Gleichsetzungs-Nominativ (→ 3.2.1, S. 78f.):
  (6-87) *Sein Ziel war, Politiker zu werden.*

– als Akkusativobjekt (→ 3.2.4, S. 83f.):

(6-88) *Sie beschloss, eine kleine Atempause einzulegen.*

(6-89) *Ich glaubte, als Mensch ohne Führerschein, wenn schon nicht geachtet, so doch wenigstens im engeren Kreise geduldet zu werden.*

– als Genitivobjekt (→ 3.2.2, S. 80f.):

(6-90) *Die darf sich rühmen, das entdeckt zu haben.*

– als Präpositionalobjekt (→ 3.2.5, S. 84f.):

(6-91) *... hat manche Linguisten dazu geführt, allen Morphemen sowohl Inhalte als auch grammatische Funktionen zuzuerkennen.*

(6-92) *Ich bitte dich (darum), das nicht zu glauben.* (oder: Akk.Obj.)

– als adverbialer Infinitiv: siehe 6.5.2, S. 151.

Literaturhinweis:

Starke, G. (1999): Syntaktische und lexikalisch-semantische Voraussetzungen für den Gebrauch deutscher Infinitivgruppen in Subjektposition. – In: Freudenberg-Findeisen, R. (Hg.), Ausdrucksgrammatik versus Inhaltsgrammatik. Linguistische und didaktische Aspekte der Grammatik. (München: Iudicium), S. 79-88.

6.5.7.3 Infinitivkonstruktionen als Attribut

Teil eines Satzglieds, teilweise durch *dass*-Satz ersetzbar (→ 3.4.1, S. 91). Der Bezugsausdruck ist meist eine deverbale Nominalisierung mit den entsprechenden Valenzen.

(6-93) *... den von Hubertus Prinz zu Löwenstein unternommenen Versuch, eine Akademie zu gründen.*

(6-94) *Der Gedanke, japanische Kunst auch in Europa zu verarbeiten, ist grundsätzlich nicht neu.*

Allgemeine Literaturhinweise zu Infinitivkonstruktionen:

Altmann, H./Hofmann, U. ([2]2008): Topologie fürs Examen (Göttingen: V&R), 2.5, S. 50-69.

Bech, G. (1955/57): Studien über das deutsche Verbum Infinitum. 2., unveränd. Aufl. – Tübingen: Niemeyer 1983. (= Ling. Arb. 139). [sehr anspruchsvoll]

Steube, A./Zybatow, G. (Hgg.) (1994): Zur Satzwertigkeit von Infinitiven und Small Clauses. – Tübingen: Niemeyer (= Ling. Arb. 315). [generativ orientiert]

6.5.8 Übung zu Satzfolgen und Infinitiven

(6-95) *Alles, was wir tun könnten, ist, die wesentlichen Materialien und Methoden zu ihrer Behandlung mit allen darin enthaltenen Nachteilen und Gefahren gegeneinander abzuwägen, das heißt die Einzigartigkeit eines jeden Textes, jedes Problem und jedes Thema im Vergleich mit anderen Texten, Problemen und Themen zu betrachten sowie nach jeder Aussage sich darauf zu besinnen, dass man falsch liegen könnte.*

1. Bestimmen Sie die Formtypen der satzförmigen/satzwertigen Teilausdrücke und geben Sie dazu die relevanten Merkmale an!
2. Geben Sie für jeden satzförmigen/satzwertigen Teilausdruck die Anschlussweise und die syntaktische Funktion an!

7. Satzmodussystem

Unter **Satzmodus** versteht man ein komplexes sprachliches Zeichen, das aus Satztypen einerseits und Funktionstypen andererseits besteht. – **Satztypen** sind in der traditionellen Grammatik u.a. Aussage-, Frage-, Aufforderungs-, Wunsch- und Exklamativsätze, die durch die syntaktischen Mittel (kategoriale Füllung, morphologische, topologische und intonatorische Markierung) charakterisiert werden. Unter **Funktionstypen** versteht man die strukturelle Bedeutung, die zusammen mit der Bedeutung der in einem Satz enthaltenen Lexeme und der Situation die Äußerungsbedeutung festlegt: propositionale Grundeinstellung (*sagen/fragen/erreichen wollen/wünschen, sich wundern*).

Durch die Art der lexikalischen Füllung und durch die Verwendungssituation kann die strukturelle Bedeutung weiter zu einem Sprechakttyp konkretisiert, ja sogar uminterpretiert werden.

(7-1) *Du machst jetzt sofort deine Hausaufgaben!*

Der Form nach handelt es sich dabei um einen Aussagesatz. Semantisch gesehen handelt es sich um eine Aussage (genauer: Voraussage) über eine zukünftige Handlung des Angesprochenen, also wie bei Aufforderungssprechhandlungen. Wenn jemand eine Voraussage über eine zukünftige Handlung eines anderen machen kann, dann ist er entweder ein Hellseher, oder er hat die Macht, diese zukünftige Handlung herbeizuführen (z.B. durch Strafen, Zwang usw.).

7.1 System der Satzmodi im Deutschen

Die sehr schematische Darstellung auf der folgenden Seite könnte leicht den Eindruck vermitteln, dass es im Deutschen fünf gleichwertige Satzmodi gibt, die alle in den verschiedenen Ausprägungsformen vorkommen. Dem ist jedoch nicht so.

Die ersten drei Satzmodi (Aussage, Frage, Imperativ) gelten als **Grundtypen**, die üblicherweise dialogisch verwendet werden und Handlungsobligationen setzen.

Der Wunsch- und der Exklamativmodus sind bis heute in der Forschung umstritten. Soweit sie angesetzt werden, gelten sie als eher **marginal**, primär expressiv, zu Kundgaben verwendet, nicht-dialogisch orientiert, nicht Handlungsobligationen setzend.

<table>
<tr><th>Satzmodus</th><th>V-1-Satztypen</th><th>V-2-Satztypen</th><th>V-L-Satztypen</th></tr>
<tr><td>1. Aussage-Modus</td><td>V-1-Aussage-Satz</td><td>V-2-Aussage-Satz</td><td>wo-V-L-Aussage-Satz</td></tr>
<tr><td rowspan="2">2. Frage-Modus</td><td>V-1-Entscheidungs-Fragesatz</td><td></td><td>ob-V-L-Fragesatz</td></tr>
<tr><td></td><td>w-V-2- Ergänzungs-Fragesatz</td><td>w-V-L-Fragesatz</td></tr>
<tr><td>3. Imperativ-Modus</td><td colspan="2">V-1- und V-2-Imperativsatz</td><td>dass-V-L-Imperativsatz/ ob-V-L-Imperativsatz</td></tr>
<tr><td>4. Wunsch-Modus</td><td>V-1-Wunschsatz</td><td></td><td>wenn-V-L-Wunschsatz/ dass-V-L-Wunschsatz</td></tr>
<tr><td rowspan="2">5. Exklamativ-Modus</td><td colspan="2">V-1- und V-2-Exklamativsatz</td><td>dass-V-L-Exklamativsatz</td></tr>
<tr><td></td><td>w-V-2-Exklamativsatz</td><td>w-V-L-Exklamativsatz</td></tr>
</table>

Auch innerhalb der Satzmodi ergibt sich eine Aufspaltung: Die V-1- und V-2-Typen sind meist in ihrer Funktion universeller, weniger spezialisiert, die V-L-Typen (→ 7.2.5, S. 163-166) hingegen sind meist hochgradig **spezialisiert**, fixieren also die Äußerungsbedeutung weitgehend. Dies spiegelt sich auch in der Menge der jeweils möglichen Modalpartikeln.

7.2 Darstellung der einzelnen Satztypen

Für die formale Zuordnung eines Satzes zu einem Satztyp sind folgende Merkmale von Bedeutung:

- kategoriale Füllung: Auftreten von *w*-Frage-/Exklamativ-Pronomen, von *ob* oder *dass*. Modalpartikeln sind teils fakultativ, teils (fast) obligatorisch.
- Verbmorphologie, v.a. [±KONJ.II], [±IMP].
- Stellung des finiten Verbs: V-1, V-2, V-L (→ 2.4.1, S. 47ff.).
- Intonation: Art und Lage des Satzakzents (→ 2.5.1.3, S. 64), Tonmuster (→ 2.5.3, S. 66f.).

Für die Zuordnung zu einem Funktionstyp (→ s.o.!) ist zusätzlich das mögliche Auftreten von Modalpartikeln (→ 3.5.7, S. 108f.) relevant.

In der folgenden Auflistung werden zunächst die Grundtypen dargestellt, dann die Randtypen und zum Schluss die spezialisierten Varianten.

7.2.1 Die unumstrittenen Grundtypen

7.2.1.1 Verb-Zweit-Aussagesatz

Formmerkmale:
- kein *w*-Fragepronomen vorhanden; mögliche Modalpartikeln (→ 3.5.7, S. 108f.): *auch, doch, eben, halt, ja, schon, wohl.*
- nicht-imperativische Verbmorphologie;
- finites Verb in Zweitposition;
- fallender Tonverlauf (konvex), geringe Tonhöhe am Satzende; obligatorischer Satzfokus-Akzent.

Funktion: unmarkierter Grundtyp, der für einen weiten Bereich von Sprechakten geeignet ist: Behauptung, Mitteilung, Vermutung, Aufforderung usw.
Hinweis: Explizit performative Äußerungen sind der Form nach Aussagesätze: *Ich bitte dich hiermit, ...* Mit den Modalpartikeln kann auf gemeinsames/nicht gemeinsames Vorwissen verwiesen und die Kontexteinbettung geleistet werden.

(7-2) *Die Bayern spielen (auch/doch/eben/halt/ja/schon/wohl) schlecht.*

7.2.1.2 Verb-Erst-Fragesatz (Entscheidungs-Fragesatz)

Formmerkmale:
- kein *w*-Fragepronomen; mögliche Modalpartikeln: *auch, denn, eigentlich, etwa, wohl.*
- nicht-imperativische Verb-Morphologie;
- finites Verb in Erstposition;
- steigender Tonverlauf (manchmal auch fallender); Satzfokus-Akzent.

Funktion: unmarkierter Grundtyp, geeignet für Fragen, Bitten, Aufforderungen usw. Setzung einer Antwortobligation (außer bei rhetorischen Fragen).

(7-3) *Spielen die Bayern (auch/denn/eigentlich/etwa/wohl) schlecht?*

7.2.1.3 *w*-Verb-Zweit-Fragesatz

Formmerkmale:
- *w*-Fragepronomen im Vorfeld; mögliche Modalpartikeln: *auch, bloß, denn, doch, eigentlich, nur, schon, wohl.*
- nicht-imperativische Verbmorphologie;
- finites Verb in Zweitposition;
- meist fallender Tonverlauf; Satzfokus-Akzent meist nicht auf dem Fragepronomen.

Funktion: Es handelt sich um einen wenig spezialisierten Grundtyp. Setzung einer Obligation für eine typgerechte Antwort (außer bei rhetorischer Frage mit *schon*). Es sind viele Modalpartikeln möglich.

(7-4) *Warum hat er das (auch/bloß/denn/doch/eigentlich/nur/schon/wohl) eingekauft?*

(7-5) *Wo sind Sie geBOren? Und WANN (sind Sie geboren)?*

7.2.1.4 Verb-Erst-/Verb-Zweit-Imperativsatz

Formmerkmale:

- kein *w*-Fragepronomen; mögliche Modalpartikeln: *auch, bloß, doch, eben, halt, ja, mal/nur, schon.*
- Subjektspronomen fehlt meist in der 2.Ps.Sg./Pl.;
- imperativische Verbmorphologie, (oft nicht eindeutig imperativisch);
- V-1 oder (bei eindeutig imperativischer Verbmorphologie) auch V-2;
- fallender Tonverlauf; Satzfokus-Akzent.

Funktion: Grundtyp mit Untertypen wie Adhortativ-Satz, *Sie*-Imperativ-Satz usw.; sehr flexibel bzgl. der möglichen Sprechakte: Aufforderung, Befehl, Bitte, Drohung, Ratschlag usw.

(7-6) *(Jetzt) Geh (du) (auch/BLOSS/doch/eben/halt/JA/mal/nur/schon) zum Arzt!*

(7-7) *Gehen wir/Sie (doch/eben/halt/mal) zum Arzt!*

7.2.2 Erweiterung des Grundinventars durch Randtypen

7.2.2.1 Verb-Erst-Wunschsatz

Formmerkmale:

- kein *w*-Fragepronomen; mögliche Modalpartikeln sind *bloß, doch, nur.*
- Konj. II als Verbmorphologie;
- finites Verb in Erstposition;
- fallendes Tonmuster; Typ des Satzakzents unklar.

Funktion: wenig gebräuchlich; nicht-dialogisch; Ausdruck irrealer Wünsche.

(7-8) *Ach, wär die Klausur (bloß/doch/nur) vorbei!*

7.2.2.2 Verb-Erst-/Verb-Zweit-Exklamativsatz

Formmerkmale:

- kein *w*-Fragepronomen; als Modalpartikeln sind *aber/vielleicht/aber auch* möglich, vielleicht sogar obligatorisch.
- nicht-imperativische Verbmorphologie (vorwiegend indikativisch);
- finites Verb in Erst- oder Zweitposition frei variierend!
- fallender Tonverlauf; obligatorischer Exklamativakzent (vorwiegend auf dem Subjektspronomen).

Die Belege zeigen noch weitere, nicht-obligatorische Merkmale: nur indikativi-

sche Verbmorphologie; sehr kurze, einfache Sätze; keine Negation.
Funktion: Ausdruck der Überraschung; nicht-dialogisch.

(7-9) *Hat DER/DER hat (aber/vielleicht/aber auch) hingelangt!*

7.2.2.3 *w*-Verb-Zweit-/Verb-Letzt-Exklamativsatz

Formmerkmale:
- *w*-Pronomen im Vorfeld/als klammeröff.Ausdruck mit exklamativer Funktion; mögliche Modalpartikeln: *aber auch, doch.*
- nicht-imperativische, vorwiegend indikativische Verbmorphologie;
- finites Verb in Zweit- oder Letztposition frei variierend;
- fallendes Tonmuster; Exklamativakzent?

Funktion: Ausdruck der Überraschung, nicht-dialogisch.

(7-10) *Was für SCHÖne Beine hat der aber auch/doch!/Was HAT der aber auch/doch für schöne Beine!/Was DER aber auch/doch für schöne Beine hat!*

7.2.3 Erweiterung der Grundmodi durch zusätzliche Formtypen

7.2.3.1 Verb-Erst-Aussagesatz

Formmerkmale:
- kein *w*-Fragepronomen; die einzig mögliche Modalpartikel *doch (auch)* ist wohl obligatorisch.
- Verbmorphologie nicht-imperativisch;
- finites Verb in Erstposition;
- fallender Tonverlauf, geringe Tonhöhe am Satzende; obligatorischer Satzfokus-Akzent.

Funktion: Es handelt sich um einen spezialisierten Randtyp, der zum Abschluss einer Argumentationssequenz verwendet wird.

(7-11) *Hängt doch (auch) sonst alles andere in der Luft.*

Dabei muss man sicherstellen, dass es sich nicht um eine Vorfeldellipse handelt, vgl.: *(Das) scheint ja so gemeint zu sein.* In diesem Fall wurde nachweislich ein obligatorischer Verb-Mitspieler, das Subjekt im Vorfeld, erspart.

7.2.3.2 Alternativfragesatz

Formmerkmale:
- kein *w*-Fragepronomen; die Modalpartikeln *eigentlich, denn, etwa* sind wohl auf das erste Konjunkt beschränkt.
- nicht-imperativische Verbmorphologie;
- finites Verb in Erstposition.

– steigender Tonverlauf auf nicht-letzten Konjunkten, fallender Tonverlauf auf dem letzten Konjunkt; Satzfokus-Akzent.

Funktion: Es handelt sich um einen spezialisierten Randtyp, eine wahlbeschränkte Frage (Beschränkung des Antwortbereichs auf die genannten Möglichkeiten; der Hörer kann aber natürlich gegen die Wahlbeschränkung protestieren). Die Antworten *ja/nein/doch* sind hier sinnlos.

(7-12) *Tropft da (eigentlich/denn/?etwa) ein Wasserhahn, oder regnet es?*

(7-13) *Kommst du mit in die Cafeteria oder gehst du heim?*

7.2.4 Erweiterung durch Mischtypen

7.2.4.1 Assertive Frage

Mischtyp aus Verb-Zweit-Aussagesatz (→ 7.2.1.1, S. 159) und Verb-Erst-Entscheidungsfragesatz (→ 7.2.1.2, S. 159).

Formmerkmale:

- kein *w*-Fragewort; an Modalpartikeln sind nach Ausweis von Belegen (gegen die Erwartung für Mischtypen) *doch* und *wohl* möglich.
- nicht-imperativische Verbmorphologie;
- finites Verb in Zweit-Position (wie Aussagesatz);
- steigendes Tonmuster (wie Entscheidungsfragesatz), hohe Tonhöhe am Äußerungsende, Satzfokus-Akzent.

Funktion: spezialisierter Randtyp für Bestätigungsfragen bei nicht ganz sicheren Vorinformationen.

(7-14) *Die Bayern spielen (doch/wohl) schlecht?*

7.2.4.2 *w*-Verb-Zweit-Versicherungsfrage (Echofrage)

Mischtyp aus Verb-Zweit-Aussage- (→ 7.2.1.1, S. 159) und *w*-Verb-Zweit-Ergänzungsfragesatz (→ 7.2.1.3, S. 159f.).

Formmerkmale:

- *w*-Fragepronomen im Vorfeld oder Mittelfeld; Modalpartikeln sind nicht möglich (da Mischtyp).
- nicht-imperativische Verbmorphologie;
- finites Verb in Zweitposition;
- steigendes Tonmuster; Akzent (Typ unklar) auf dem Fragepronomen.

Funktion: spezialisierter Randtyp, parallel zur assertiven Frage. Die Antwort ist dem Sprecher nur im Augenblick nicht verfügbar.

(7-15) *Die Schlacht bei Issos war WANN?/WANN war die Schlacht bei Issos doch gleich wieder?*

7.2.5 Erweiterung um die selbstständigen Verb-Letzt-Sätze

Man sieht also, dass in jedem Satzmodus, abgesehen vom (irrealen) Wunschsatzmodus, sowohl Verb-Erst als auch Verb-Zweit auftreten. Das spiegelt den Ansatz, nach dem Verb-Erst und Verb-Zweit selbstständige Matrixsätze kennzeichnet, und nur diese haben, jedenfalls nach altem Ansatz, Satzmodus. Verb-Letzt kennzeichnet danach unselbstständige, untergeordnete Sätze ohne eigene Aussageweise. Zweifel an diesem Grundsatz regen sich aber, wenn man an die Fälle von zweifelsfrei untergeordneten Sätzen mit Verb-Erst und Verb-Zweit denkt (→ 6.4.2, S. 148f.).

Außerdem gibt es eine große Anzahl von Verb-Letzt-Sätzen, die regelmäßig isoliert, also ohne Matrixsatz erscheinen und eine eigene Aussageweise transportieren.

7.2.5.1 Verb-Letzt Aussagesatz

Formmerkmale:
- *wo* als Verb-Letzt-steuerndes Einleitungselement; Modalpartikel *doch*.
- keine imperativische Verb-Morphologie;
- finites Verb in Letzt-Position;
- fallender Tonverlauf, Satzfokus-Akzent.

(7-16) *Wo ich doch (auch) schon am Montag losfahren wollte.*

Dieser Satz wurde von Oppenrieder (1987) als Aussagesatztyp vorgeschlagen. Er passt aber nicht recht in die Systematik.

7.2.5.2 *ob*-Verb-Letzt-Fragesatz

Formmerkmale:
- »subordinierende« Konjunktion *ob;* obligatorische Modalpartikel *wohl.*
- nicht-imperativische Verbmorphologie;
- finites Verb in Letzt-Position;
- steigendes Tonmuster; Satzfokus-Akzent.

Funktion: ein spezialisierter Randtyp für Problemfragen, deliberative Fragen, für die es im Augenblick keine überzeugende Antwort gibt. Die Modalpartikel *wohl* könnte die Ursache für die spezifische Funktion sein).

(7-17) *Ob er (etwa/wohl) noch kommt?*

7.2.5.3 *w*-Verb-Letzt-Fragesatz

Formmerkmale:
- *w*-Fragepronomen als Einleitungselement; als Modalpartikeln kommen *nur, bloß, wohl* in Frage.
- nicht-imperativische Verbmorphologie;

– finites Verb in Letzt-Position;
– steigender Tonverlauf; Satzfokus-Akzent.

Funktion: ein spezialisierter Randtyp. Wahrscheinlich ist nur die Verwendung als deliberative oder Problemfrage möglich (damit keine Antwortobligation).

(7-18) *Wer das (nur/bloß/wohl) eingekauft hat?*

7.2.5.4 *dass*-Verb-Letzt-Imperativsatz

Formmerkmale:

– kein *w*-Fragepronomen; *dass* als »subordinierende« Konjunktion; mögliche Modalpartikeln: *auch, bloß, ja, nur, mir* (dativus ethicus).
– finites Verb in Letzt-Position;
– nicht-imperativische Verbmorphologie!
– fallender Tonverlauf; Satzfokus-Akzent.

Funktion: ein spezialisierter Randtyp zum Ausdruck drohender, nachdrücklicher, ultimativer Aufforderungen/Ermahnungen usw.

(7-19) *Dass du (auch/BLOSS/JA/mir/nur) rechtzeitig heimkommst!*

7.2.5.5 *ob*-Verb-Letzt-Imperativsatz

Formmerkmale:

– »subordinierende« Konjunktion *ob;* alle Arten von Subjektspronomina; mögliche Modalpartikel: *wohl*; kein dativus ethicus, keine Negation.
– nicht-imperativische Verbmorphologie; Indikativ, Präs. + Futur I.
– finites Verb in Letzt-Position;
– fallendes Tonmuster; Satzfokus-Akzent.

Funktion: ein spezialisierter Randtyp; entspricht bis auf das fallende Tonmuster dem *ob*-Verb-Letzt-Fragesatz (→ 7.2.5.2, S. 163), was einerseits nicht merkwürdig ist, da Fragesätze häufig für (indirekte) Aufforderungen verwendet werden, andererseits aber wieder doch sehr merkwürdig, da ja der entsprechende Fragesatz für Problemfragen verwendet wird, also ein schwaches, vorsichtiges Ausdrucksmittel ist, wohingegen (7-20) eine sehr grobe Aufforderung ist.

(7-20) *Ob du wohl gleich deinen Finger aus der Marmelade nimmst?!*

7.2.5.6 *dass-/wenn*-Verb-Letzt-Wunschsatz

Formmerkmale:

– kein *w*-Fragepronomen; *dass/wenn* als »subordinierende« Konjunktion; die Modalpartikel *doch* ist möglicherweise obligatorisch.
– Konjunktiv II;
– finites Verb in Letzt-Position;
– fallendes Tonmuster; Typ des Satzakzents unklar.

Funktion: kein Unterschied zum Verb-Erst-Wunschsatz (→ 7.2.2.1, S. 160), allerdings ist die *wenn*-Verb-Letzt-Variante bei weitem am häufigsten belegt. Die Version mit *dass* ist veraltet. Nicht-dialogisch.

(7-21) *Oh, dass/wenn die Klausur doch schon vorbei wär!*

7.2.5.7 *dass*-Verb-Letzt-Exklamativsatz

Formmerkmale:
- kein *w*-Fragepronomen, *dass* als »subordinierende« Konjunktion; die Modalpartikeln *aber auch* oder *doch* sind obligatorisch.
- nicht-imperativische Verbmorphologie;
- finites Verb in Letzt-Position;
- fallendes Tonmuster; Exklamativakzent;

Funktion: kein Unterschied zum V-1-/V-2-Exklamativsatz erkennbar.

(7-22) *Dass der aber auch/doch SO hübsch ist!*

7.2.6 Infinite Hauptsatzstrukturen

Alle diese Sprachmuster weisen kein finites Verb auf, manche nicht einmal ein infinites Verb. Trotzdem können sie als satzwertig, wenn auch nicht satzförmig (→ 2.2.5.1, S. 39) beschrieben werden, und es lassen sich präzise grammatische Merkmale angeben, oft allerdings in negativer Form: z.B. Fehlen einer Verbmorphologie, Fehlen eines Subjektsausdrucks usw. Die Wertung als (reguläre) Ellipse (→ 6.1, S. 142) scheitert in jedem Fall am Fehlen von kotextuellen Hinweisen auf eine Rekonstruktionsmöglichkeit oder durch funktionale Änderungen bei Ergänzungsversuchen. Die durchaus mögliche funktionale Beschreibung zeigt, dass diese Muster hochspezialisiert, angepasst an ganz spezifische Verwendungssituationen sind. – Hier nur einige Beispiele:

(7-23) *Rasen nicht betreten!*
(7-24) *Links um!*
(7-25) *Aufgepasst!*
(7-26) *Ich und böse?!*

Die Ausdrücke (7-23) bis (7-25) werden als Gebote bzw. militärische Befehle verwendet. Sie sind nicht an einen bestimmten Sprecher gebunden, wenden sich an alle, die es betrifft, sind streng an eine bestimmte Situation (z.B. an ein bestimmtes Rasenstück, an einen Kasernenhof) gebunden. Die Nichtbefolgung wird in aller Regel sanktioniert.

Die Einordnung der infiniten Hauptsatzstrukturen in das System der Satztypen im Satzmodussystem ist übrigens bis heute nicht überzeugend gelungen.

Literaturhinweise:
Altmann, H. (1993): 59. Satzmodus. – In: Jacobs, J. e.a. (Hgg.), Syntax. Ein internationales Handbuch zeitgenössischer Forschung (Berlin: de Gruyter), S. 1006-1029 [Darin die wichtigste Literatur bis ca. 1992]
Bartha, M. (1995): Satzmodus und Illokutionstyp. – In: Ágel, V./Brdar Szabó, R. (Hgg.), Grammatik und deutsche Grammatiken. Budapester Grammatiktagung 1993 (Tübingen: Niemeyer), S. 81-90.
d'Avis, F.-J. (2001): Über »w-Exklamativsätze« im Deutschen. – Tübingen: Niemeyer. (= Linguistische Arbeiten 429
Dieckmann, W./Paul, I./Voigt, G./Zeck, J. (2000): ›Satzarten‹ in Gebrauchsgrammatiken des Deutschen. – In: Fuhrhop, N. e.a. (Hgg.), Deutsche Grammatik in Theorie und Praxis: Aus Anlaß des 60. Geburtstags von P. Eisenberg (Tübingen: Niemeyer), S. 247-262.
Helbig, G. (1998): Satzarten – formale oder funktionale Einheiten?. – In: Deutsch als Fremdsprache 35, 3 (Heidelberg: Winter), S. 141-147.
Lohnstein, H. (2000): Satzmodus – kompositionell: Zur Parametrisierung der Modusphrase im Deutschen. – Berlin: Akademie-Verlag (= Studia Grammatica 49).
Näf, A. (1995): Die Satzarten als Lern- und Reflexionsgegenstand in der Schule. – In: Der Deutschunterricht 4 (1995), S. 51-65.
Näf, A. (1996): Die w-Exklamativsätze im Deutschen – zugleich ein Plädoyer für eine Rehabilitierung der Empirie in der Sprachwissenschaft. – In: ZGL 24, S. 135-152.
Önnerfors, O. (1997): Verb-erst-Deklarativsätze. Grammatik und Pragmatik. – Stockholm: Almqvist und Wiksell. (= Lunder germanistische Forschungen 60)
Paul, I. (2000): »Satzarten« im Lernbereich: Reflexionen über Sprache. – In: Der Deutschunterricht. 4 (2000), S. 48-58.
Reis, M. (1999): On sentence types in German: An enquiry into the relationship between grammar and pragmatics. – In: Interdisciplinary Journal for Germanic Linguistics and Semiotic Analysis 4:2, S. 195-236.
Reis, M. (2000): Anmerkungen zu Verb-erst-Satz-Typen im Deutschen. – In: Fuhrhop, N. e.a. (Hgg.), Deutsche Grammatik in Theorie und Praxis: Aus Anlaß des 60. Geburtstags von Peter Eisenberg (Tübingen: Niemeyer), S. 215-228.
Valentin, P. (1998): Zu den sogenannten Wunschsätzen im Deutschen. – In: Dalmas, M./Sauter, R. (Hgg.), Grenzsteine und Wegweiser. Textgestaltung, Redesteuerung und formale Zwänge. FS für M. Pérennec zum 60. Geburtstag (Tübingen: Narr), S. 47-46.
Weigand, E. (1994): Satztypen, Satzarten, Satzmodi und ihre Relevanz in einer kommunikativen Grammatik. – In: König, P.-P./Wiegers, H. (Hgg.), Satz – Text – Diskurs. Akten des 27. Linguistischen Kolloquiums, Münster 1992. Bd. 2 (Tübingen: Niemeyer), S. 125-136.

Hinweis: Die Identifizierung der einzelnen Satztypen im Satzmodussystem ist schwierig, weil die relevanten Merkmale identifiziert und richtig klassifiziert werden müssen. Da man im Regelfall recht klare Intuitionen über die mit einem bestimmten Satz ausgedrückte Intention hat, tendieren die meisten Leute dazu, Satztypen aufgrund der Funktion zu identifizieren. Bei diesen intuitiven Klassifikationen ist aber die Fehlerrate sehr hoch. Das liegt daran, dass man eine bestimmte Intention mit sehr unterschiedlichen Satztypen ausdrücken kann und dass andererseits mit einem Satztyp sehr unterschiedliche Intentionen ausgedrückt werden können. Hier ein Beispiel:

(7-27) *Sei kein Frosch! Geh zu Fröschl!* (Ratschlag)
(7-28) *Scher dich zum Teufel!* (Verwünschung)
(7-29) *Bleib gesund!* (Guter Wunsch)
(7-30) *Halt's Maul!* (beleidigende Zurückweisung)
(7-31) *Ach, rutsch mir doch den Buckel runter!* (Beleidigung)

(7-32) *Mach bitte die Tür zu!* (Bitte)
(7-33) *Sag mir doch mal, wie du dich fühlst!* (Frage?)
(7-34) A: *Darf ich gehen?* B: *Geh nur!* (Erlaubnis)
(7-35) *Glaub mir, er hat's bestimmt nicht böse gemeint.* (Nachdrückliche Behauptung)

Alle Beispiele sind V-1-Imperativsätze (→ 7.2.1.4, S. 160). Funktional haben sie allenfalls gemeinsam, dass der Sprecher mit ihnen ausdrückt, dass er haben möchte, dass etwas Bestimmtes (in Zukunft) geschieht.

Tipp: Die Satzmodusbestimmung gehört aus unserer Sicht zu jeder Satzanalyse. Aber für den Hausgebrauch muss man i.d.R. nicht alle oben kurz charakterisierten Satztypen im Satzmodussystem kennen. Es reichen meist die Grundtypen: V-2-Aussagesatz; V-1- und *w*-V-2-Fragesatz, V-1-/V-2-Imperativsatz. Ggf. ist auch noch die Kenntnis von V-1-Wunschsatz und V-1-/V-2-Exklamativsatz sowie *w*-V-2-/V-L-Exklamativsatz nützlich. Die selbstständigen V-L-Sätze und die infiniten HS-Strukturen können noch nicht als in der Forschung etabliert gelten. Sie kommen zudem in den meist schriftlichen Analysetexten kaum vor.

7.2.7 Übung zu Satztypen und Satzmodi

(7-36) *Sprechen Sie (bitte) lauter!*
(7-37) *Könnten Sie (mal/vielleicht/bitte) lauter sprechen?*
(7-38) *Sie sprechen zu leise.*
(7-39) *Ach, würden Sie doch lauter sprechen!*
(7-40) *Sprechen SIE (aber/vielleicht) leise!/SIE sprechen (aber) leise.*
(7-41) *Ob Sie (wohl) lauter sprechen könnten?*
(7-42) *Ob Sie wohl gleich lauter sprechen!*
(7-43) *Wenn Sie doch/nur lauter sprechen würden!*

Geben Sie für (7-36) bis (7-43) Satztyp und Satzmodus an. Führen Sie kurz die relevanten Einordnungskriterien auf.

8. Reflexivierung

Beziehen sich Subjekt (→ 3.2.1, S. 78ff.) und Akk.Obj. (→ 3.2.4, S. 83f.) desselben Teilsatzes auf dieselbe außersprachliche Entität (**Referenzidentität**), dann wird das Akk.Obj. durch ein mit dem Subjekt in Person und Numerus kongruierendes Reflexivpronomen (→ 8.2, S. 170) ersetzt. In wenigen Ausnahmefällen, und zwar bei Infinitivkonstruktionen (→ 6.5.7.1ff., S. 154ff.), kann das Antezedens auch das Akk.Obj. sein, das Reflexivpronomen kann ein Gen. Obj. (→ 3.2.2, S. 80f.), Dat.Obj. (→ 3.2.3, S. 82f.) oder Präp.Obj. (→ 3.2.5, S. 84ff.) sein.

(9-1) *Karl sieht sich nicht im Spiegel* (Akk.Obj.)

(9-2) *Karl achtet seiner nicht.* (Gen.Obj. – Auch nichtreflexive Interpretation möglich).

(9-3) *Karl traut sich selber nicht* (Dat.Obj.)

(9-4) *Karl denkt nicht an sich* (Präp.Obj.).

(9-5) *Karl hofft Wanda zu sich zu bringen.* (Subjekt und Akk.Obj. als mögliche Antezedenzien)

Beachte, dass nur in der 3.Ps. mit *sich* ein eigenes Reflexivpronomen vorhanden ist. In allen übrigen Fällen werden normale Personalpronomina mit reflexiver Interpretation verwendet.

8.1 Allgemeine Regeln für Reflexivierung

Die **Referenzidentität** zwischen Antezedens und Reflexivpronomen muss nicht immer strikt eingehalten werden:

(9-6) *Der Mann hat sich gewaschen.* (seinen Körper bzw. Teile davon)

(9-7) *Hans rasiert sich gerade.* (nur seinen Bart!)

In diesen Fällen geht es nur um Handlungen am Subjektsreferenten.

Die Referenzidentität ist problematisch bei quantifizierenden Indefinitpronomina (vgl. Primus 1989):

(9-8) *Jeder liebt auch sich selbst./Jeder liebt auch jeden.*

(9-9) *Niemand wäscht sich./Niemand wäscht niemanden.*

Uneindeutig ist auch die Unterscheidung zwischen Einzellesart (distributiv) und Gruppenlesart (kollektiv).

(9-10) *Die 25 Abiturienten sahen sich in der Schülerzeitung abgebildet.* (alle zusammen/jeder einzeln)

Normalerweise muss das Antezedens eine Agensinterpretation oder wenigstens die Interpretation als Träger eines Geschehens zulassen. Üblicherweise handelt es sich dabei um Lebewesen, meist um Personen.

(9-11) *Der Brief wurde von Peter an sich selbst adressiert.*

In bestimmten Fällen kann das **Antezedens-Subjekt fehlen**, z.B.

– in der 2.Ps.Sg./Pl. Imperativ:

(9-12) *Fotografier dich doch selbst!*

– bei Infinitivkonstruktionen; hier kann die Antezedens-NP aber aus dem Matrixsatz ergänzt werden, wo sie auch ein Nicht-Subjekt sein kann:

(9-13) *Sie müssen lernen, sich neu mit ihm auseinanderzusetzen (..., dass sie sich neu mit ihm ...)*

(9-14) *Er hat mir empfohlen, mich bei der Auskunft zu erkundigen (..., dass ich mich bei der Auskunft erkundige)*

– durch Koordinationsreduktion:

(9-15) *Zwick senior gab die Unternehmensführung an seinen Sohn ab und (...) zog sich ins schöne Lugano zurück.*

– ähnlich bei der Vorfeldellipse (→ 6.1, S. 141ff.), wenn sie ein Subjekt-Antezedens betrifft:

(9-16) *(Das) Hat sich schon erledigt, danke.*

Das Reflexivpronomen steht überwiegend am Mittelfeld-Anfang direkt nach dem klammeröffnenden Element, aber nach einem anaphorischen Subjektspronomen, falls vorhanden.

8.2 Die Reflexivpronomina

Person/Numerus	Gen.	Dat.	Akk.
1.Ps.Sg.	*meiner*	*mir*	*mich*
2.Ps.Sg.	*deiner*	*dir*	*dich*
3.Ps.Sg.masc.	*seiner*	***sich***	***sich***
3.Ps.Sg.fem.	*ihrer*	***sich***	***sich***
3.Ps.Sg.neutr.	*seiner*	***sich***	***sich***
1.Ps.Pl.	*unser*	*uns*	*uns*
2.Ps.Pl.	*euer*	*euch*	*euch*
3.Ps.Pl.	*ihrer*	***sich***	***sich***

Vergleicht man die Formen mit denen des Personalpronomens, so zeigt sich, dass nur die fett markierten Formen selbstständige Reflexivformen sind, und zwar jeweils Dat. und Akk. in der 3.Ps.Sg./Pl. *sich.* In allen anderen Fällen handelt es sich lediglich um reflexiv interpretierbare Formen des normalen Personalpronomens.

8.3 Fakultativ reflexive Konstruktionen

Trotz dieser Homonymie mit dem Personalpronomen wird die reflexive Interpretation durch Kongruenz (→ 2.3.4.1, S. 45f.) mit dem Subj. gesichert. Sie kann zusätzlich noch durch die fakultative Hinzufügung von *selbst* verstärkt werden.

Der hier beschriebene Fall soll als **»fakultativ reflexiv«** (sonst auch »pseudoreflexiv«, »reflexiv gebraucht«) bezeichnet werden. Dabei referiert das Reflexivpronomen wie das Subjekt; es ist erfragbar, durch eine volle NP ersetzbar, in engen Grenzen akzentuierbar. In einer Präpositional-Phrase wird z.B. fast immer die Präposition akzentuiert: *etwas VOR sich haben.*

Die typischen fakultativ reflexiven Verben sind demnach solche, die die obigen Subjekt-Bedingungen erfüllen: also Handlungsverben, Verben der gerichteten Bewegung, Körperpflegeverben, verba dicendi et sentiendi.

8.4 Obligatorisch reflexive Verben

Ferner gibt es **obligatorisch reflexive Verben** wie *sich schämen, sich befinden, sich erweisen, sich ausdenken, sich erholen.* In diesem Fall sind die Reflexivpronomina keine eigenen Satzglieder (→ 3.2, S. 78), sie sind nicht erfragbar, nicht durch eine Voll-NP ersetzbar, nicht negierbar, nicht durch eine Gradpartikel (→ 3.5.6, S. 107f) fokussierbar, nicht vorfeldfähig; sie referieren also nicht.

Trennungsprobleme entstehen dort, wo reflexiver und nicht-reflexiver Gebrauch eines Verbs nebeneinander auftreten. Die Trennung ist noch relativ einfach, wenn eindeutige Valenzunterschiede vorliegen: *etw. entscheiden, sich entscheiden.* Der schwierigste Fall liegt vor, wenn bei gleichem Valenzrahmen reflexiver und nicht-reflexiver Gebrauch nebeneinander auftreten: *jemanden fragen, sich fragen.* (siehe auch Kausativ-Rezessiv-Diathese, → 5.2.6.1, S. 130f.). Das gilt besonders für die Verben der Körperpflege, wie *sich rasieren, sich schnäuzen,* bei denen man kaum mehr den Eindruck hat, dass das Reflexivpronomen referiert, was daran liegen mag, dass die nichtreflexive Verwendung kaum mehr auftritt.

8.5 Reziproke Verben

Wenn es sich um **reziproke Verben** (symmetrische Verben) handelt (genauer: solche Verben, die eine reziproke Interpretation zulassen), dann kann das Reflexivpronomen im Pl. auch reziprok interpretiert werden (bei Gruppenlesart auch das Reflexivpronomen im Sg.). Die reziproke Interpretation kann durch *einander* fixiert werden, ein Verfahren, das v.a. bei Kombinationen mit Präpositionen verwendet wird.

(9-17) *Die Liebenden haben sich/einander umarmt.*

(9-18) *Das Liebespaar hat sich/*einander umarmt.*

(9-19) *Die Eheleute haben ausdauernd ?mit sich/miteinander gestritten.*

(9-20) *Das Ehepaar hat ausdauernd ?mit sich/?miteinander gestritten.*

Es gibt wohl nur sehr wenige obligatorisch reziproke Verben.

Literaturhinweise:

Grewendorf, G. (1984): Reflexivierungsregeln im Deutschen. – In: Deutsche Sprache 1, S. 14-30.

Gunkel, L./Müller, G./ Zifonun, G. (Hgg.) (2003): Arbeiten zur Reflexivierung. – Tübingen: Niemeyer.

Haider, H. (1985): Von *sein* oder nicht *sein:* Zur Grammatik des Pronomens *sich.* – In: Abraham, W. (Hg.), Erklärende Syntax des Deutschen (Tübingen: Narr), S. 223-254.

Kaufmann, I. (2003): Reflexive Verben im Deutschen. – In: Gunkel, L./Müller, G./ Zifonun, G. (Hgg.), Arbeiten zur Reflexivierung (Tübingen: Niemeyer), S. 135-156.

Kunze, J. (1995): Reflexive Konstruktionen im Deutschen. – In: ZS f. Sprachwiss. 14:1, S. S. 3-53.

Kunze, J. (1997): Typen der reflexiven Verbverwendung im Deutschen und ihre Herkunft. – In: ZS f. Sprachwiss. 16:1/2, S. 83-180.

Primus, B. (1989): Parameter der Herrschaft: Reflexivpronomina im Deutschen. – In: ZS f. Sprachwiss. 8:1, S. 53-88.

Sommerfeldt, K.-E. (1992): Zur Stellung des Reflexivpronomens im Deutschen. – In: Der Deutschunterricht 44:1, S. 92-96.

Sonntag, E. (2004): Diathetische Aspekte der Pseudoreflexiva. – In: Kailuweit, R./Hummel, M. (Hgg.), Semantische Rollen (Tübingen: Narr), S. 228-247.

Starke, G. (1992a): Zum sprachlichen Ausdruck reziproker Verhältnisse. – In: DaF 29, S. 225-229.

Starke, G. (1992b): »Was sich neckt, das liebt sich«. Eine Studie zur Reziprozität im heutigen Deutsch. – In: Muttersprache 102, S. 230-237.

Starke, G. (1993): Reziprozität im Deutschen – eine Erwiderung. – In: DaF 30, S. 182-183.

Zifonun, G. (2003): Aspekte deutscher Reflexivkonstruktionen im europäischen Vergleich: Pronominale Paradigmen und NP-interne Reflexiva. – In: Gunkel, L./Müller, G./Zifonun, G. (Hgg.), Arbeiten zur Reflexivierung (Tübingen: Niemeyer), S. 267-300.

Zifonun, G. (2003): Grammatik des Deutschen im europäischen Vergleich. Das Pronomen: Teil II: Reflexiv- und Reziprokpronomen. – Mannheim: Institut für Deutsche Sprache (= Amades 1/03).

9. Präpositionalphrasen

Präpositionalphrasen (→ 2.2.5.3, S. 42) sind eine der flexibelsten Phrasenkategorien im Deutschen. An ihrem Beispiel wollen wir hier differenzierende syntaktische Merkmale aufzeigen und dadurch das Gespür für verschiedene syntaktische Funktionen schärfen.

9.1 Agensangabe beim Passiv

Die Agensrolle (→ 5.3.1, S. 135f.), die i.d.R. in aktivisch verwendeten Sätzen dem Subj. zufällt, kann bei der Passivierung des Satzes entweder wegfallen, oder durch eine *von*-PP (seltener *durch*-PP) realisiert werden. Diese *von*-PP ist im Passiv wohl keine Agensangabe in der Funktion eines Präp.Obj. (da sicher keine Ergänzung, sondern eine Angabe), sondern ein freies Adverbiale unbekannten semantischen Typs, am ehesten ein Instrumental (→ 5.2.6.1, S. 130f.); sie ist ein Satzglied (→ 3.2, S. 78) (allein vorfeldfähig) und nicht valenzabhängig (weglassbar).

(9-1) *Asterix hat die Römer besiegt.* → *Die Römer sind <u>von/durch Asterix</u> besiegt worden./<u>Von/durch Asterix</u> sind die Römer besiegt worden.* (vorfeldfähig)/*Die Römer sind besiegt worden.* (ohne besondere Bedingungen weglassbar).

(9-2) *Ganz Gallien ist <u>von den Römern</u> besetzt.*

Im *haben-* und *sein*-Zustandspassiv (→ 5.2.6.2, S. 131-134) ist die »Agens«-*von*-Phrase normalerweise inakzeptabel.

Literaturhinweis:

Höhle, T. N. (1978): Lexikalistische Syntax. Die Aktiv-Passiv-Relation und andere Infinitkonstruktionen im Deutschen. – Tübingen: Niemeyer (= Ling. Arb. 67).

9.2 Präpositional-Attribut

PP-Attribute (→ 3.4.1.2, S. 93) sind (wie alle Attribute) fakultativ (weglassbar). Sie sind nur Satzglied-Teile (→ 3.4.1, S. 91f.), gehören also zu einem Bezugsausdruck, ohne den sie nicht verschiebbar (vorfeldfähig) sind. PP-Attr. sind durch die typische Attributfrage mit *welch-* + Bezugsausdruck bzw. *was für ein-* + Bezugsausdruck erfragbar (→ 4.5.1, S. 118ff.) und können mit Relativsätzen (→ 3.4.1.5, S. 95) paraphrasiert werden.

(9-3) *In diesem Buch erfahren Sie niemals die Antwort auf alle syntaktischen Probleme./Die Antwort auf alle syntaktischen Probleme erfahren Sie in diesem Buch niemals.* (mit Bezugsausdruck vorfeldfähig)/*??Auf alle syntaktischen Probleme erfahren Sie in diesem Buch niemals die Antwort.* (alleine kaum vorfeldfähig)/*Was für eine Antwort erfahren Sie in diesem Buch niemals?* (Attr.-Frage)/*Die Antwort, die alle syntaktischen Probleme löst, erfahren Sie hier niemals.* (Paraphrase als Relativsatzattribut)

(9-4) *Indiz für die weitverbreitete Skepsis gegenüber Russland dürfte die Reise von Verteidigungsminister Struck nach Washington im Frühjahr gewesen sein.*

Ein Problem bilden PP-Attribute, die eine Teil-von-Relation wiedergeben, da hier das Attribut allein ohne seine Bezugs-NP vorfeldfähig ist.

(9-5) *Etwa elf Prozent von allen Kindern unter fünf Jahren haben Karies./Von allen Kindern unter fünf Jahren haben etwa elf Prozent Karies.*

Im Mittelfeld nach einer NP auftretende Präpositional-Phrasen können sowohl PP-Attribute zum vorausgehenden Satzglied als auch freie Adverbiale sein (Entscheidung durch Kontext, Weltwissen usw.) (→ 3.3.1, S. 88f.).

(9-6) *Er traf den Beamten in der Universität.*
Das Treffen mit dem Beamten fand in der Universität statt. (Lok.Advb.)
Er traf den Beamten, der in der Universität ist/arbeitet. (PP-Attr.)

Es ist darauf zu achten, dass zwischen dem Bezugsausdruck und dem PP-Attribut Valenzbeziehungen herrschen können, insbesondere dann, wenn es sich beim Bezugsausdruck um eine deverbale Substantivierung handelt, wobei das Basisverb ein Präp.Obj. regiert: *antworten auf etw./die Antwort auf etw.* Zu beachten ist aber auch nominale und adjektivische Valenz.

Literaturhinweise: → 3.4.1.2, S. 93.

9.3 Präpositionales Ad-Attribut

Das präpositionale Ad-Attribut steht zwischen dem Artikel des NP-Kerns und dem attributiven Adjektiv/Partizip. Es lässt sich auf eine Struktur mit prädikativem Adjektiv (→ 3.1.9, S. 75ff.) und valenzabhängiger Präpositionalphrase zurückführen. Es ist weglassbar und nur mit dem zugehörigen Attribut und Kern verschiebbar.

(9-7) *Der auf seine Erfolge stolze Tennisstar verlor ganz überraschend das Grand-Prix-Turnier.* (beachte Valenz *stolz sein auf etw.*)

(9-8) *Der Tennisstar ist auf seine Erfolge stolz.* (Präp.Obj. zum präd. Adj.)

9.4 Fakultatives Adverbial

Fakultative Adverbiale (→ 3.3.1, S. 88f.) sind weglassbar, ohne dass der Satz ungrammatisch wird, und bilden eigene Satzglieder (vorfeldfähig) (→ 3.2, S. 78). Fakultative Adverbiale können durch einfache Adverbien paraphrasiert und mit einfachen Fragewörtern erfragt werden (→ 4.5.1, S. 118ff.). Außerdem können sie durch die Formel *und das geschieht/und zwar* (→ 4.5.2, S. 120) an den Satz angefügt werden.

(9-9) *Wenn die Haifische Menschen wären, würden sie im Meer für die kleinen Fische gewaltige Kästen bauen lassen./Im Meer würden sie für die kleinen Fische gewaltige Kästen bauen lassen./Für die kleinen Fische würden sie im Meer gewaltige Kästen bauen lassen.* (vorfeldfähig)/*..., würden sie dort gewaltige Kästen bauen lassen.* (Paraphrase durch einfaches Adverb)/*Wo würden sie gewaltige Kästen bauen lassen?* (mit einfachem Fragewort erfragbar)/*..., würden sie im Meer gewaltige Kästen bauen lassen, und zwar für die kleinen Fische.* (*und-zwar*-Test für Angaben)

Achtung: Entgegen der üblichen Regel, dass nur ein Satzglied im Vorfeld stehen kann, können mehrere Adverbiale (gleicher Subkategorie) im Vorfeld auftreten (→ Altmann/Hofmann ²2008, 4.1, S. 82).

(9-10) *Im Bahnhof auf der Herrentoilette im Erdgeschoß geschah ein mysteriöser Mord.*

9.5 Obligatorisches Adverbiale

Obligatorische Adverbiale (→ 3.2.6, S. 86f.) sind von der Valenz (→ 5.1, S. 123-127) des Verbs gefordert (nicht weglassbar) und bilden eigene Satzglieder (vorfeldfähig) (→ 3.2, S. 78). Obligatorische Adverbiale können (im Gegensatz zu Präp.Obj.) durch einfache Adverbien (› 3.5.1, S. 101f.) paraphrasiert und mit einfachen Fragewörtern (→ 4.5.1, S. 118ff.) erfragt werden.

(9-11) *München liegt an der Isar.* (Obligatorisches Lokaladverbiale bei Verben der Befindlichkeit)/*An der Isar liegt München./München liegt dort./Wo liegt München?*

(9-12) *Wanja wohnt allein/ganz komfortabel.* (obligator. prädikatives Attr. und/oder Modal-Adverbiale bei Verben der Befindlichkeit)

(9-13) *Der Kongress dauerte bis in die Nacht.* (obligatorisches Temporal-Adverbiale bei Verben der zeitlichen Erstreckung)

(9-14) *Wanja begibt sich in die siebte Hölle.* (obligatorisches Direktional-Adverbiale bei Verben der gerichteten Bewegung)

9.6 Präpositionalobjekt

Präp.Objekte (→ 3.2.5, S. 84ff.) sind von der Valenz (→ 5.1, S. 123-127) des Verbs gefordert (obligatorisch, wenn auch bei bestimmten Verben unter bestimmten Bedingungen weglassbar) und bilden eigene Satzglieder (vorfeldfähig) (→ 3.2, S. 78). Die Präposition ist außer bei Gegensatzpaaren (*mit – ohne, für – gegen*) fast immer fest (Ausnahme: *sprechen über/von/zu/mit*). Präp.Obj. sind durch zusammengesetzte Fragewörter (Referenz auf Sachen) bzw. Präposition + Fragewort (Referenz auf Personen) erfragbar und durch Präpositionaladverbien bzw. Adverbien + Fragewort ersetzbar (→ 4.5.1, S. 118ff.).

(9-15) *Mit Bangen denke ich an meine deutschen Vorgänger./An meine deutschen Vorgänger denke ich mit Bangen.* (vorfeldfähig)/*Mit Bangen denke ich daran/an sie.* (Paraphrase durch zusammengesetztes Adverb)/*Woran/An wen denkst du mit Bangen?* (erfragbar mit zusammengesetztem Fragewort)

9.7 Funktionsverbgefüge

Funktionsverbgefüge (→ 3.1.7, S. 74f.) sind fest gefügte Redewendungen, bei denen das Verb gegenüber dem üblichen Gebrauch desemantisiert (»semantisch verblasst«) ist. Der nominale bzw. präpositionale Bestandteil des Funktionsverbgefüges, meist ein deverbales Abstraktum, referiert nicht, ist im Numerus nicht veränderbar und nicht attribuierbar. Artikel und die Präposition sind festgelegt und häufig verschmolzen. Der gesamte Ausdruck kann oft durch ein einfaches Verb ersetzt werden (*in Bewegung setzen – bewegen*).

(9-16) *Die erneuten Angriffe brachten die Friedensverhandlungen zum Erliegen/Die erneuten Angriffe brachten die Friedensverhandlungen *zu Erliegen/ *zu einem Erliegen/*zu keinem Erliegen/ ??zum sofortigen Erliegen.*

9.8 Prädikative Präpositionalphrasen

Prädikative (→ 3.1.9, S. 75ff.) zeichnen sich durch ein semantisch schwaches Kopulaverb (vor allem *sein, werden, bleiben, heißen, nennen, scheinen;* Verben der Befindlichkeit; → 3.1.3, S. 71) aus, mit dem zusammen sie den engen Verbalkomplex des Satzes bilden. Sie sind also nicht weglassbar und manchmal nur eingeschränkt vorfeldfähig.

(9-17) *Er ist ein überzeugter Vertreter der Katastrophentheorie./??Er ist.* (nur mit Bedeutungsänderung weglassbar./*Ein überzeugter Vertreter der Katastrophentheorie ist er schon lange.* (vorfeldfähig)

(9-18) *Sie bleibt nicht in der Bibliothek./??Sie bleibt nicht.* (nur mit Bedeutungsänderung weglassbar)/*In der Bibliothek bleibt sie nicht.* (vorfeldfähig)

10. Die Verwendungsweisen von *es*

10.1 Personalpronomen

Es in der Verwendung als Personalpronomen (→ 2.2.4.4, S. 36) kann in der Funktion eines Subj. (→ 3.2.1, S. 78ff.), eines Akk.Obj. (→ 3.2.4, S. 83f.), eines Prädikativs (→ 3.1.9, S. 75ff.) und eines kompletten Satzes auftreten. Es hat daher Satzgliedcharakter (→ 3.2, S. 78) und ist nicht weglassbar, kann aber immer durch eine volle NP (→ 2.2.5.3, S. 41f.), aber auch einen Satz ersetzt werden, ferner durch *das*.

(10-1) *Das Kind erschrak, es war wieder allein./Wieder war es allein.* (Subjekt-*es*)

(10-2) *Sie blickte in sein Gesicht. Sie sah es (=sein Gesicht) /*Es sah sie genauer an.* (Akk.Obj.-*es*)/*Es (=sein Gesicht) war blass.* (Subjekt-*es*)

(10-3) A: *Wird Hans ein mutiger Kajakfahrer?* B: *Ja, er wird es/das bestimmt.* (Prädikativ-*es*)

(10-4) *Der Euro ist stabil, der Dollar ist es/das nicht.* (Prädikativ-*es*)

(10-5) *Erich ist wieder umgefallen. Diesmal wundert es niemanden mehr.* (*es* = Subj., Proform für *die Tatsache, dass Erich wieder umgefallen ist*)

(10-6) *Erich kann wieder auferstehen. Jedenfalls glaubt er es.* = *Jedenfalls glaubt er, dass er wieder auferstehen kann.* (Akk.-Obj.-*es* als Proform für einen Satz)

Anders als die übrigen Personalpronomina ist *es* unter keinen Umständen betonbar und damit auch nicht durch Gradpartikeln (→ 3.5.6, S. 107f.) fokussierbar; daraus folgt eine beträchtliche Einschränkung der Stellungsmöglichkeiten auf das Vorfeld und den Mittelfeldanfang beim Pseudosubjekt-*es*, ausschließlich auf das Mittelfeld in allen anderen syntaktischen Funktionen, so dass man den Verdacht hegen kann, dass es klitisch an das Verb (*'s ist/hat's*) oder an Pronomina (*ihm's*) angeschlossen ist.

10.2 Platzhalter-*es* (»Korrelat«)

Wir bezeichnen alle Entsprechungen von Gliedsätzen im Matrixsatz als Korrelate. Dabei kann es sich um korreferente Pronomina wie in der Links- oder Rechtsversetzung handeln, oder aber um Platzhalter bei Extraposition (= Nachfeldstellung des Gliedsatzes oder einer satzwertigen Infinitivkonstruktion). *Es* kann zwar als Platzhalter für einen extraponierten Subj.- oder Akk.Obj.-Satz stehen (→ 2.4.3.4, S. 56f.), nicht jedoch als korreferentes Pronomen. Damit kann es als Modell dienen für die wesentlich komplizierteren Konstellationen bei Gen.Obj.-, Dat.Obj.-, Präp.Obj.- und evtl. auch bei obligatorischen Adverbialsätzen, bei denen offenkundig für alle Formen von Korrelaten nur eine Art von Pronomen (wenn auch möglicherweise mit unterschiedlicher Akzentuierung) zur Verfügung steht. – Das fakultative oder obligatorische Auftreten des Platzhalters *es* hängt ab von der Art des Matrixprädikats und davon, ob der Inhalt des Gliedsatzes präsupponiert ist (ob also der Inhalt als fraglos wahr vorausgesetzt wird). Es gelten die gleichen Stellungsbeschränkungen wie für das Personalpronomen *es*.

(10-7) *Es freut mich,/Mich freut (es), dass Sie alle so eifrig mitarbeiten.* (Subj.-Satz)

(10-8) *Ich habe (es) geahnt,/*Es habe ich geahnt, dass Sie die Hausaufgabe vergessen haben.* (Akk.Obj.-Satz)

10.3 Vorfeld-*es* (thematisches *es*)

Dieses *es* steht immer im Vorfeld. Es hat keine Satzgliedfunktion (→ 3.2, S. 78), ist also nicht erfragbar, und fällt bei Umstellung weg.

(10-9) *Es kamen Beine in weißen Socken vorbei./Dann kamen Beine ... vorbei./Beine in weißen Socken kamen (*es) vorbei.*

(10-10) *Es darf gelacht werden./Jetzt darf (*es) gelacht werden.*

10.4 Pseudosubjekt-*es* und Pseudoobjekt-*es*

Das Pseudosubjekt-*es* ersetzt die Subjektposition bei den nullwertigen Vollverben (→ 5.1.3, S. 124f.), v.a. Witterungsverben wie *es regnet/es schneit*, sowie bei »unpersönlich« konstruierten Verben wie *es gibt/es bedarf/es hapert* und Prädikativen wie *es ist nicht damit getan*. Das Pseudoobjekt-*es* vertritt bei festen Formulierungen wie *es (nicht) fehlen lassen an etw., es schwer (leicht) haben, es aufnehmen mit, es verderben mit, es gut meinen, es mit der Angst kriegen* die Position des Akkusativobjekts. Dass es sich um ein Pseudo-Akk.Obj. handelt, kann man nur daran erkennen, dass ein eindeutiges Subjekt vorhanden ist und dass es sich um transitive Verben handelt, so dass die Position des Akk.-Obj. offen ist. – In beiden Fällen ist das *es*

- obligatorisch.
- irreferentiell, also nicht mit *das* austauschbar, nicht erfragbar.

– nur bei transitiven Verben möglich.

Zusätzliche Merkmale des Pseudoobjekt-*es* sind, dass es nur im Aktiv und nur im Mittelfeld auftritt.

(10-11) *Es regnet/schneit/donnert/blitzt./Heute regnet/schneit ... es.*

(10-12) *Es geht mir gut./Mir geht es gut.* (Pseudosubjekt)

(10-13) *Um uns herumzukriegen hat er es nicht an Avancen fehlen lassen.* (Pseudo-Akk.Obj.)

Literaturhinweis:

Pütz, H. (1975): Über die Syntax der Pronominalform *es* im modernen Deutsch. – Tübingen: Narr. (= Studien z. dt. Gramm. 3).

11. Kapitel-Lösungen

11.1 Lösungen zur Morphologie (S. 47)

1. und 2.

Analysesatz (2-53)	**Morphologische Markierung (1.)**	**Kongruenz/Rektion (2.)**	
Natürlich	unflektiert		
wissen	**1.**/3. **Pers. Pl. Ind. Präs.** Akt./Inf. Präs.	*x weiß y* regiert den gesamten *dass*-Satz (Akk.Obj.) Kongruenz mit *wir* in Ps. und Numerus via Subj. – finites Verb	
wir,	1. Pers. Pl. Nom.	Kongruenz mit *wissen* in Ps. und Numerus via Subj. – finites Verb	
dass	–		
für	–	regiert Kasus von *die Schönheit* (Akk.)	
die	Nom./**Akk. Sg. fem.**/Nom./Akk. mask./fem./neutr. Pl.	Kongruenz mit *Schönheit* in Kasus, Numerus und Genus	
»Schönheit«	Nom./Gen./Dat./ **Akk. Sg.**	Kongruenz mit *die* in Kasus, Numerus und Genus (- *heit* = fem.!)	
eines	**Gen. Sg. mask.**/ neutr.	Kongruenz mit *Satzes* in Kasus und Numerus (Genus = regiert)	
Satzes	Gen. Sg.	Kongruenz mit *eines* in Kasus und Numerus (Genus = inhärent)	
seine	**Nom.**/Akk. **Sg. fem.**	Kongruenz mit *Form* in Kasus und Numerus (Genus = regiert)	*seine Form* kongruiert mit *sein Inhalt* in Kasus und Numerus via Vergleichskonstruktion; *seine Form* kongruiert mit *ist* in Ps. und Numerus via Subj. – enger Verbalkomplex
Form	**Nom.**/Gen./Dat./ Akk. **Sg.**	Kongruenz mit *seine* in Kasus und Numerus (Genus = inhärent)	
ebenso	–		
entscheidend	Part. I		
ist	3. Ps. Sg. Ind. Präs. Akt.	Kongruenz mit *seine Form* in Ps. und Num. via Subj. – enger Verbalkomplex	
wie	–		

sein	**Nom. Sg. mask./** Nom./Akk. Sg. neutr.	Kongruenz mit *Inhalt* in Kasus und Numerus (Genus = regiert)	*sein Inhalt* kongruiert mit *seine Form* in Kasus und Numerus via Vergleichskonstruktion
Inhalt,	**Nom./**Dat./Akk. **Sg.**	Kongruenz mit *sein* in Kasus und Numerus (Genus = regiert)	
und	–		
zur	= *zu* (unflektiert) + *der* Nom. Sg. mask./Gen./**Dat. Sg. fem.**	*zu* regiert *der Form* (Dat.) *der* kongruiert mit *Form* in Kasus und Numerus (Genus = regiert)	
Form	Nom./Gen./**Dat./** Akk. **Sg.**	Kongruenz mit *der* in Kasus und Numerus (Genus = lexikalisch)	regiert von *zu*
eines	**Gen. Sg. mask./** neutr.	Kongruenz mit *Satzes* in Kasus und Numerus (Genus = regiert)	
Satzes	Gen. Sg.	Kongruenz mit *eines* in Kasus und Numerus (Genus = lexikalisch)	
gehört	3. Ps. Sg. Ind. Präs. Akt.	*x gehört zu y* regiert *zu* in *zur Form*	Kongruenz mit *die Grammatik* in Ps. und Numerus via Subj. – finites Verb
nun	–		
einmal	–		
neben	–	regiert *seinen Wörtern* (Dat.)	
seinen	Akk. Sg. mask./**Dat. Pl. neutr.**	Kongruenz mit *Wörtern* in Kasus und Numerus (Genus = regiert)	
Wörtern	Dat. Pl.	Kongruenz mit *seinen* in Kasus und Numerus (Genus = inhärent)	regiert von *neben*
die	**Nom./**Akk. **Sg. fem./** Nom./Akk. mask./ fem./neutr. Pl.	Kongruenz mit *Grammatik* in Kasus und Numerus (Genus = regiert)	*die Grammatik* kongruiert mit *gehört* in Ps. und Numerus via Subj. – finites Verb
Grammatik,	**Nom./**Gen./Dat./ Akk. **Sg.**	Kongruenz mit *die* in Kasus und Numerus (Genus = inhärent)	
mit	–	regiert *der* (Dat.)	
der	Nom. Sg. mask./Gen./**Dat. Sg. fem.**	Kongruenz mit *Grammatik* in Numerus (Genus regiert)	
diese	Nom./Akk. Sg. fem./**Nom./**Akk. **Pl.** mask./fem./**neutr.**	Kongruenz mit *Wörter* in Kasus und Numerus (Genus = regiert)	

Wörter	**Nom.**/Gen./Akk. **Pl.**	Kongruenz mit *diese* in Kasus und Numerus (Genus = inhärent)	
zu	–	regiert *einem Satz* (Dat.)	
einem	**Dat. Sg. mask.**/neutr.	Kongruenz mit *Satz* in Kasus und Numerus (Genus = regiert)	
Satz	Nom./**Dat.**/Akk. **Sg.**	Kongruenz mit *einem* in Kasus und Numerus (Genus = inhärent)	regiert von *zu*
zusammen-gefügt	Part. II.	*x ist zu y zusammengefügt;* regiert *zu* in *zu einem Satz*	
sind.	**3. Ps. Pl. Ind. Präs. Akt.** Zusammen mit *zusammengefügt*: 3. Ps. Pl. Ind. Präs. Pass. → Zustands-passiv	Kongruenz mit *diese Wörter* in Ps. und Numerus via Subj. – enger Verbal-komplex	

3. In beiden Sätzen ist die Kongruenz zwischen Subj. und finitem Verb verletzt.

(2-54) *Wo eine Menge* (Sg.) *sonderbare Sachen herumliegen* (Pl.).

(2-55) *Die Leute* (Pl.) *hier, vor allem die Landbevölkerung, ist* (Sg.) *nie nationalsozialistisch gewesen.*

In (2-54) liegt das wohl an der Semantik von *Menge,* das auf eine Vielzahl hinweist. In (2-55) kongruiert *ist* mit der parenthetisch eingeschobenen NP *die Landbevölkerung.*

11.2 Lösungen zu Klammerstruktur und Stellungsfeldern (S. 57)

(2-90)

Wieder ist,$_{\text{klö.}}$

wie$_{\text{klö.}}$ *Du, [...], wahrscheinlich bereits festgestellt hast,* $_{\text{klschl.}}$

ein Jahr vergangen $_{\text{klschl.}}$

und ich weiß $_{\text{klö.}}$ *nicht*[1)],

ob$_{\text{klö.}}$ *es Dir so geht* $_{\text{klschl.}}$ *wie mir.*

ist ... vergangen	Verbale Klammer (Hauptsatz)
wie ... festgestellt hast	V-L-Klammer (Parenthese)
weiß	keine (oder »offene«) Klammer (Hauptsatz)
ob ... geht	V-L-Klammer (Akk.Obj.-Satz)

1) *nicht* könnte hier auch als klschl. Element gewertet werden (Negationsklammer).

(2-91)

allmählich wird$_{\text{klö.}}$ *mir dieser ewigwährende Zyklus ein wenig leid,*$_{\text{klschl.}}$
wozu$_{\text{klö.}}$ *verschiedene Faktoren,*
deren$_{\text{klö.}}$ *Urheber ich in diesem Zusammenhang,*
um mich keinen Unannehmlichkeiten,
deren$_{\text{klö.}}$ *Folgen,*
die$_{\text{klö.}}$ *in Kauf zu nehmen ich,*
der$_{\text{klö.}}$ *ich gern Frieden halte,*$_{\text{klschl.}}$
gezwungen wäre$_{\text{klschl.}}$
nicht absehbar wären,$_{\text{klschl.}}$
auszusetzen,
nicht nennen möchte,$_{\text{klschl.}}$
beitragen$_{\text{klschl.}}$

wird ... leid	Prädikativ- oder Idiom-Klammer
wozu ... beitragen	V-L-Klammer
deren ... nennen möchte	V-L-Klammer
um ... auszusetzen	eingeleiteter advb. Infinitiv, daher keine Klammer
deren ... absehbar wären	V-L-Klammer
die ... gezwungen wäre	V-L-Klammer
der ... Frieden halte	V-L-Klammer

(2–92)

Jedenfalls bin$_{\text{klö.}}$ *ich gegen das neue Jahr bestens gerüstet,*$_{\text{klschl.}}$
bin$_{\text{klö.}}$ *gegen Diebstahl, Feuer, Hagel und Leben versichert*$_{\text{klschl.}}$*, nicht zu reden von höherer Gewalt,*
über die$_{\text{klö.}}$ *ich selten rede*$_{\text{klschl.}}$*, (über die ich) eigentlich nur (rede),*
wenn$_{\text{klö.}}$ *sie sich bemerkbar macht*$_{\text{klschl.}}$*, und (über die ich) selbst dann nicht immer (rede),*
ja vielleicht sogar gerade dann nicht.

bin ... gerüstet	verbale Klammer
bin ... versichert	verbale Klammer
über die ... rede	V-L-Klammer
wenn ... macht	V-L-Klammer

(2-93)

Der Hund liegt$_{\text{klö.}}$ *begraben,*$_{\text{klschl.}}$
die Schäfchen sind$_{\text{klö.}}$ *im Trockenen,*$_{\text{klschl.}}$
das Huhn ist$_{\text{klö.}}$ *im Topf,*$_{\text{klschl.}}$
der Topf hat$_{\text{klö.}}$ *seinen Deckel,* $\varnothing_{\text{klschl.}}$

der Hase liegt $_{\text{klö.}}$ *im Pfeffer* $_{\text{klschl.}}$, *die Flinte im Korn*[1], *unter einer steigenden Schneedecke, nach der* $_{\text{klö.}}$ *zu strecken ich den stürzenden [...] Pistenfahrern überlasse* $_{\text{klschl.}}$

liegt begraben	verbale oder Idiom-Klammer
sind im Trockenen	Prädikativ- oder Idiom-Klammer
ist im Topf	Prädikativ- oder Idiom-Klammer
hat	keine (oder »offene«) Satzklammer
liegt im Pfeffer	Lok.Advb.- oder Idiom-Klammer
nach der ... überlasse	V-L-Klammer

1) Alternative Analyse als Ellipse: *Die Flinte (liegt* $_{\text{klö}}$*) im Korn* $_{\text{klschl}}$ mit obl. Lok.Advb.- oder Idiom-Klammer.

11.3 Lösung zur Reihenfolge/Attribuierung (S. 60f.)

Text (2-99)	Attribut-Funktion
Egons	pränom. Gen.Attr.
schöner	pränom. Adj.Attr.
junger,	pränom. Adj.Attr., koord. mit *schöner*
seinem Herrn völlig treu ergebener	erweitertes pränom. partiz. Attr. koord. mit *schöner, junger*
Hund	Kern-Nomen
der Terriergattung	postnom. Gen.Attr.
mit einem wertvollen Halsband	postnom. PP-Attr.
das er jüngst [...] erstanden hat	postnom. Rel.Satz.Attr. zu *Halsband* (!)

11.4 Lösung zu den verbalen Funktionen (S. 77f.)

(3-18)	*hören*	VV;	*sagt*	VV		
(3-19)	*müssen*	MV;	*gehört*	VV;	*haben*	HV
(3-20)	*schaue ... an*	VV				
(3-21)	*wird*	KV;				
(3-22)	*sagen*	VV;	*haben*	HV;	*gehört*	VV
(3-23)	*schüttle*	VV;	*entschließ*	VV		
(3-24)	*hören*	VV;	*sagt*	VV		
(3-25)	*konnte*	MV;	*überhören*	VV		
(3-26)	*werde*	KV;				
(3-27)	*habe*	VV;				
(3-28)	*habe*	HV,	*gehört*	VV		
(3-29)	*sagt*	VV;				
(2-30)	*muss*	MV;	*gewesen* KV; *sein*	HV;	*ist*	KV
(2-31)	*frage*	VV				

11.5 Lösungen zu Ergänzungen und Angaben (S. 90f.)

Satz	Text	syntakt. Funktion	Erfragbarkeit	Stellung	Valenz	Morpholog. Markierung
(3-106)	*Das Verhältnis [...]*	Subj.	*wer oder was?*	allein VoF-fähig	*etw. ist gespannt*	Nom. oder Akk.
	in Deutschland	fak. Lok.-Advb.	*wo?*	allein VoF-fähig	entfällt	PP
	von jeher	fak. Temp.-Advb.	*seit wann?*	allein VoF-fähig	entfällt	PP
(3-107)	*Nichtlinguisten*	Subj.	*wer oder was?*	allein VoF-fähig	*jemand äußert sich*	Nom./Gen./ Dat./Akk.
	die moderne Linguistik	Subj.	*wer oder was?*	allein VoF-fähig	*jemand ist zurückhaltend*	Nom. oder Akk.
	auf diesem Feld	Fak. Lok. Advb.	*wo?*	allein VoF-fähig	entfällt	PP
	von sprachkritischer Abstinenz	Präp.Obj.	*wovon?*	allein VoF-fähig	*jemand spricht von etw.*	PP
(3-108)	*Statt zu verkünden*	Fak. Advb. des fehlend. Grundes	*statt was (zu tun)?*	allein VoF-fähig	entfällt	PP
	in der deutschen Sprache	obl. Lok.-Advb.	*wo?*	allein VoF-fähig	*etw. verläuft* Präp. *etw.*	PP
	die Trennung [...]"	Subj.	*wer oder was?*	allein VoF-fähig	*etw. verläuft* Präp. *etw.*	Nom. oder Akk.
	die Sprachforscher	Subj.	*wer oder was?*	allein VoF-fähig	jemand schwelgt in etw.	Nom. oder Akk.
	in [...] Diskussionen	Präp.Obj.	*worin?*	allein VoF-fähig	*jemand schwelgt in etw.*	PP
(3-109)	*Sprachtheoretische Haarspaltereien*	Akk.Obj.	*wen oder was?*	allein VoF-fähig	*jemand diskutiert etw.*	Nom. oder Akk.
	Baumdiagramme	Akk.Obj.	*wen oder was?*	allein VoF-fähig	*jemand malt etw.*	Nom. oder Akk.
	in großangelegten Untersuchungen	fak. Lok./ Mod./ Instr. Advb.	*wo, wie, womit?*	allein VoF-fähig	entfällt	PP
	absurde Sprachphänomene	Akk.Obj.	*wen oder was?*	allein VoF-fähig	*jemand registriert etw.*	Nom. oder Akk.
	in keiner Grammatik	fak. Lok. Advb.	*wo?*	allein VoF-fähig	entfällt	PP

11.6 Lösungen zu Attributen (S. 96)

Pränom. Adj.-Attr./Part.-Attr. (jeweils unmittelbar vor dem Bezugsausdruck)
(3-106) *öffentlicher, wissenschaftlicher*
(3-107) *moderne, sprachkritischer*
(3-108) *deutschen, verstiegenen, wissenschaftlichen*
(3-109) *sprachtheoretische, großangelegten, absurde*
Postnominale PP-Attr.
(3-106) *von öffentlicher Sprachkritik und wissenschaftlicher Sprachforschung* (Bezugsausdruck: *Verhältnis*).
von jeher (Bezugsausdruck *in Deutschland*; Ambiguität: eher fak. Temp.Advb., da allein VoF-fähig).
(3-107) *auf diesem Feld* (Bezugsausdruck *Linguistik*; Ambiguität: »lokaladverbiale« Angabe plausibler; beachte Raummetaphorik).
(3-108) *in der deutschen Sprache* (Bezugsausdruck *wo*; Ambiguität: »lokaladverbiale« Angabe plausibler; beachte Raummetaphorik).
zwischen »richtig« und »falsch« (Bezugsausdruck *Trennung*).
in verstiegenen wissenschaftlichen Diskussionen (Bezugsausdruck *Sprachforscher;* Ambiguität: Präp.Obj. zu *schwelgen*).
Postnom. Relativsatz-Attr.
(3-109) *die bisher in keiner Grammatik verzeichnet war* (Bezugsausdruck *Sprachphänomene*).

11.7 Lösungen zu den Partikel-Funktionen (S. 114)

(3-19)	*doch*	MP, da unbetont im MiF und typisch für V-2-Aussagesatz.
	auch	GP mit Fokus auf entweder *sie* (GP nachgestellt) oder *gehört*.
(3-22)	*bloß*	MP, da betont im MiF und typisch für V-1-Imp.-Satz.
	nicht	Negationspartikel (Satznegation, da unbetont im MiF).
(3-23)	*zu*	Präp, regiert folgende NP im Dativ.
	und	koord. Konj. (verbindet zwei gleichstufige V-2-Aussagesätze)
	denn	MP, da typisch für elliptischen *w*-V-2-Fragesatz.
(3-24)	*na*	Interjektion (steht isoliert vor dem Satz).
	mal	MP, da unbetont im MiF und typisch für V-1-Imp.-Satz.
(3-25)	*doch*	MP, da unbetont im MiF und typisch für V-2-Aussagesatz.
	gar nicht	verstärkte Negation (Satznegation, da unbetont im MiF).
(3-26)	*auch*	GP (Fokus auf *ich*). GP betont, nachgestellt gegenüber Fokus.
(3-28)	*nichts*	Negation (NP) mit Akk.Obj.-Funktion.
(3-29)	*na*	Interjektion (steht isoliert vor dem Satz).
(3-31)	*und*	koord. Konj. (wohl in elliptischer Verwendung).

11.8 Lösungen zur Valenz (S. 126f.)

helfen ....*jemand/etw. hilft jemandem*; x *hilft* y (*mit* z), x = Subj. (Agens), y = Dat.Obj. (Correspondent), *mit* z = fak. Instr. Angabe; hier ist z *mit Computer* umgewandelt zu agensähnlichem Subj.; das Dat.Obj. ist erspart, aus dem Kontext zu ergänzen: *den Herstellern.*

lassen kontrollieren ....*jemand kontrolliert jemanden/etw.*; x *kontrolliert* y, x = Subj. (Agens), y = Akk.Obj. (Patiens); *drei Champagnerfirmen* gilt als »Personenverband«; *lassen* = AcI-Verb; *Füllstand* ... = »Gelenk-NP« im Akk.

geht weiter ....*jemand geht weiter*; x *geht weiter*, x = Subj. (charakt. Entität); *Moet Chandon* gilt als »Personenverband«; *einen Schritt* ist Maßakk. und gehört nicht zur Valenz.

wurde abgeschlossen .....*jemand schließt etw. ab*; x *schließt* y *ab*, x = Subj. (Agens), y = Akk.Obj. (Patiens); hier ist das Subj. wegen Vorgangspassiv entfallen; Patiens wird Subj.

ermitteln lässt ....*jemand ermittelt etw.* x *ermittelt* y (*per* z), x = Subj. (Agens), y = Akk.Obj. (Patiens), *per* z = fak. Instr.-Advb.-Angabe; hier ist *»Eureka«-Projekt* umgewandelt zu agensähnlichem Subj.; ursprüngliches Agens-Subj. entfällt; *lassen* = AcI-Verb (s.o.!).

11.9 Lösungen zum Passiv (S. 135)

(5-60) *sind geschlagen mit:* Der Form nach könnte es ein Zustandspassiv (ohne Agens-*von*-Phrase) sein. Doch führt die Hinzufügung von *worden* (Umformung ins Vorgangspassiv) zu einer wenig akzeptablen Version, ebenso die Umformung ins Aktiv: *Jmd./etw.* (Agens-Subj.) *schlägt die Haarhandwerker* (Patiens-Akk.Obj.) *mit Hautreizungen und Allergien.* Vermutlich liegt das an dem idiomatischen Charakter der Wendung *geschlagen sein mit etw.*, der die Analyse als prädikative Struktur plausibler erscheinen lässt, obwohl *geschlagen* wesentliche Merkmale eines prädikativen Adjektivs (Komparierbarkeit, Präfigierbarkeit mit *un-* bei der hier vorliegenden Lesart!) fehlen.

(5-61) *Kunden bekommen einzelne Strähnchen durch eine Haube gezogen*: *kriegen/bekommen*-Passiv. Aktivform: *jmd.* (Agens-Subj., im Passiv erspart) *zieht den Kunden* (Dat.Obj.) *einzelne Strähnchen durch eine Haube.*

(5-62) *zwei Komponenten werden vermischt:* subjekthaltiges Vorgangspassiv. Aktivform: *jmd.* (Agens-Subj., im Passiv erspart) *vermischt zwei Komponenten* (Patiens-Akk.Obj.).

(5-63) *Andere Farben dürfen zur Verwendung kommen:* Funktionsverbgefüge *zur Verwendung kommen* mit passivähnlicher Bedeutung: *verwendet werden.*

(5-64) *eine Positivliste wird gefordert:* subjekthaltiges Vorgangspassiv. Aktivform: *jmd.* (Agens-Subjekt, im Passiv erspart) *fordert eine Positivliste* (Patiens-Akk.Obj.).

(5-65) *Farbstoffe sind verboten: sein*-Zustandspassiv. Vorgangspassiv*: Farbstoffe sind verboten worden.* Aktivform: *Jmd.* (Agens-Subj.) *hat Farbstoffe* (Patiens-Akk.Obj.) *verboten.*

11.10 Lösungen zu Satzfolgen und Infinitiven (S. 155f.)

(6-95) *Alles ... ist*	V-2-Aussagesatz, erster Matrixsatz	Zusammen mit *was wir tun könnten* Subj.
was wir tun könnten	*w*-Relativsatz, Verb-Letzt	Attributsatz zu *alles*. Bilden zusammen das Subj. in einer prädik. Struktur bzw. in einer Identitätsaussage.
die wesentlichen Materialien und Methoden [...] gegeneinander abzuwägen	satzwertige erweiterte Infinitivkonstruktion	Prädikativ bzw. zweite nominativische NP in einer Identitätsaussage
das heißt ...	V-2-Aussagesatz, zweiter Matrixsatz, asyndetisch an den ersten angeschlossen.	
die Einzigartigkeit ... im Vergleich mit anderen Texten ... zu betrachten	satzwertige erweiterte Infinitivkonstruktion	Akk.Obj. zu *heißt*
sowie nach jeder Aussage sich darauf zu besinnen	satzwertiger erweiterter Inf. , mit *sowie* koord. an den ersten angeschlossen,	Akk.Obj. zu *heißt*
dass man falsch liegen könnte	*dass*-V-L-Satz.	*darauf* könnte Platzhalter sein, dann wäre der *dass*-Satz extraponierter Präp.Obj.-Satz; oder er könnte Bezugsausdruck sein, zu dem der *dass*-Satz Attr. wäre, dann würden beide Ausdrücke zusammen das Präp.Obj. zu *sich besinnen* bilden.

11.11 Lösungen zu Satztyp und Satzmodus (S. 167)

(7-36) V-1-Imperativ-Satz: *Sprechen Sie (bitte) lauter!*
kein *w*-Fragepronomen, [± IMP.]-V-Morphologie, V-1, fallender Tonverlauf, Satzfokus-Akzent. *bitte* markiert höfliche Bitte.

(7-37) V-1-Entscheidungsfragesatz: *Könnten Sie (mal ...) lauter sprechen?*
kein *w*-Fragepronomen, nicht-imp. Verb-Morphologie, V-1, steigender Tonverlauf, Satzfokus-Akzent, *mal, vielleicht, bitte* als typische MP in einem Fragesatz, der als (höfliche) Aufforderung dient.

(7-38) V-2-Aussagesatz: *Sie sprechen zu leise.*
kein *w*-Fragepronomen, V-Morphologie nicht-imp., V-2, fallender Tonverlauf, Satzfokus-Akzent.

(7-39) V-1-Wunschsatz: *Ach, würden Sie doch lauter sprechen!*
kein *w*-Fragepronomen, Konj. II, V-1, fallendes Tonmuster; Interjektion *ach* und MP *doch* typisch für Wunschsatz.

(7-40) V-1/V-2-Exklamativsatz: *Sprechen SIE (aber/vielleicht) leise!* ....
kein *w*-Fragepronomen, indikativische V-Morphologie, V-1 bzw. V-2, fallender Tonverlauf, oblig. Exklamativakzent auf Subj.-Pronomen, *aber* und *vielleicht* als typische MP.

(7-41) *ob*-V-L-Fragesatz: *Ob Sie (wohl) lauter sprechen könnten?*
ob, nicht-imp. V-Morphologie, V-L, steigendes Tonmuster, Satzfokus-Akzent, *wohl* als typische MP.

(7-42) *ob*-V-L-Imperativ-Satz: *Ob Sie wohl gleich lauter sprechen!*
ob, nicht-imp. V-Morphologie, V-L, fallendes Tonmuster, Satzfokus-Akzent,*wohl* als typische MP.

(7-43) *wenn*-V-L-Wunschsatz: *Wenn Sie doch/nur lauter sprechen würden!*
kein *w*-Fragepronomen, *wenn*, Konj. II, V-L, fallendes Tonmuster, *doch* und *nur* als typische MP.

12. Strategie der syntaktischen Analyse

Für die syntaktische Analyse schlagen wir ein Vorgehen in drei Schritten vor.

1. Allgemeine Charakteristik (in der Form einer stichwortartigen Charakterisierung der Satzstruktur):

- Satzmodus (auch Satzart genannt) (→ 7., S. 157–167): Aussage-, Fragesatz, usw. und die dafür relevanten Merkmale, z.B. V-Stellung (→ 2.4.1, S. 47ff.), V-Morphologie (→ 2.3.2, S. 43), Tonmuster (→ 2.5.3, S. 66f.).
- Satzkomplexität: Angabe der Art und der hierarchischen Anordnung der Teilsätze.

2. Analyseschema (für eine möglichst ökonomische Detailanalyse)

Syntaktische Mittel						
Topologie	**Intonatorik**	**Morpholog. Markierung**	**Phrasenkategorie**	**Wortkategorie**	**Text**	**Syntakt. Funktion**
V-Stellung: V-1, V-2, V-L Klammerstruktur: Satzklammer Felderstruktur: VoF, MiF, NaF Satzgliedfolge in den Stellungsfeldern	Satzakzent Phrasenakzent	N: Kasus, Numerus, V : Ps., Numerus, Modus, Tempus, GenusVerbi Adj. : Kasus, Numerus Art./ProNP: Kasus, Numerus, Genus	NP, VP, PP	N, V, Adj., ProNP, Adv. usw.		Wortfunktion; SG-Funktion: Subj., V (VV, KV, HV, MV), Obj., Advb.; Gliedteil-Funktion: Attr.

3. Kommentare und Begründungen

Alle nicht-trivialen Befunde, vor allem aber alle unklaren oder auf mehrfache Weise interpretierbaren Stellen sollten in Anmerkungen erläutert werden, gegebenenfalls sollte auch auf alternative Lösungsvorschläge eingegangen werden. Die im Schema vorgeschlagenen Lösungen sollten hier argumentativ abgesichert werden. Hier kann man eventuell auch die V-Valenzen (→ 5.1, S. 123-127) diskutieren.

Hinweise: Um beim vorliegenden Buchformat eine übersichtlichere Darstellung zu gewährleisten haben wir das Schema um 90 Grad gedreht, so dass der Analysetext fortlaufend in einer Zeile steht. Erfahrungsgemäß kommt eine hochformatige Verwendung des Schemas den Schreibgewohnheiten des einzelnen jedoch mehr entgegen.

Natürlich können auch Strukturbäume in der Art von Valenzbäumen und Konstituentenstrukturbäumen verwendet werden. Bei Strukturbäumen werden aber nach unserer Erfahrung oft Darstellungsfehler gemacht, und es werden oft wichtige Informationen vergessen.

Bedenken Sie, dass der Kern einer syntakt. Analyse immer die Funktionalstruktur ist, also die Ermittlung der syntakt. Funktionen (→ 3., S. 69-114). Die Darstellung der topologischen Struktur (→ 2.4, S. 47-61), der morphologischen (→ 2.3, S. 43-47) und der kategorialen Markierung (→ 2.2, S. 28-42) kann natürlich auch als Selbstzweck betrieben werden, aber im Rahmen einer Satzanalyse erscheint uns das nicht sehr sinnvoll. Hier sollten alle diese Informationen auf die Funktionalstruktur hin orientiert sein, also nur soweit angegeben werden, wie sie die Zuordnung von syntaktischen Funktionen stützen oder in Frage stellen.

Die intonatorische Markierung (→ 2.5, S. 61-67) sollte übergangen werden, wenn sich die Kandidaten auf diesem Gebiet nicht sicher fühlen.

Ein wesentlicher Punkt bei syntaktischen Analysen ist, dass man sich nicht lang bei Trivialitäten aufhält: Wenn eine Kategorisierung oder die Zuweisung einer syntaktischen Funktion unstrittig ist, dann braucht es keine langen Begründungen. – Kompetenz verrät man v.a. dadurch, dass man die argumentativ lohnenden Konstellationen (z.B. die Unterscheidung von Präp.Obj. und obligatorischen Adverbialen, von Dativobjekten und freien Dativen) zielsicher erkennt und die einschlägigen Argumente in der üblichen Terminologie möglichst knapp anbringt. Dabei muss die Argumentation nicht immer zu einem einfachen Ergebnis führen. – Und natürlich gibt es auch aufgrund der Forschungslage (oder Lücken in der Vorbereitung) unlösbare syntaktische Probleme (z.B. im Bereich der Partikelsyntax oder der Intonation), die man entweder benennen kann oder denen man einfach aus dem Weg geht.

13. Klausuraufgaben

Im Folgenden finden Sie einige Übungsklausuren (römische Nummerierung). Diese sind für jeweils einen Zeitrahmen von 90 Minuten konzipiert und umfassen – mit variierenden Schwerpunkten – den gesamten Syntaxstoff dieses Bandes. Sie sind so angeordnet, dass sie zunehmend schwieriger werden.

Schaffen Sie sich eine entsprechende Klausurumgebung (keine Nachschlagewerke!), konzentrieren Sie sich auf eine übersichtliche und aussagekräftige Darstellungsweise und trainieren Sie Geschwindigkeit.
Knappe Lösungsvorschläge finden Sie im Anhang. Und nun viel Erfolg!

I. Text:
(1) *»Herzlichen Glückwunsch zu Ihrem neuen Computer.* (2) *Wir danken Ihnen, dass Sie Ihre besten Jahre opfern wollen, um eine unterentwickelte Technologie zu verstehen.* (3) *Das erste Kapitel des Handbuchs erklärt, wie Sie mit dem Kapitel des Handbuchs umgehen müssen, das erklärt, wie Sie <u>mit dem Rest</u> des Handbuchs umgehen müssen.* (4) *<u>Bevor Sie dieses Kapitel lesen,</u> machen Sie sich bitte <u>mit dem nächsten Kapitel</u> vertraut, das klarstellt, warum das erste Kapitel wichtig war.* (5) *Wenn Sie das Handbuch gelesen haben, sind Sie <u>zwar</u> nicht <u>in der Lage</u>, Ihren Computer zu verstehen, <u>aber</u> <u>erheblich</u> älter.«*

Aufgaben:
I.1. Handelt es sich bei (1) um einen Satz im streng syntaktischen Sinn? Begründen Sie Ihre Antwort.
I.2. Erstellen Sie eine detaillierte Analyse des Satzes (2). Begründen Sie bitte alle nicht-trivialen Entscheidungen! Unseres Erachtens sind dies insbesondere
- die Kategorie von *besten* und *unterentwickelte.*
- die Funktion von *dass Sie ...wollen* und *um eine ... zu verstehen.*

I.3. Machen Sie von (3) eine Grobanalyse, in der Sie die Gleich-/Unterordnung der einzelnen Sätze/Satzteile und deren Funktion erläutern.
I.4. Geben Sie die syntaktischen Funktionen der unterstrichenen Phrasen in (3), (4) und (5) an. Begründen Sie Ihre Zuordnung.

II. »**Streiflicht**« aus der Süddeutschen Zeitung vom 11.7.1995
(1) *Na und?* (2) *Anderswo ist es sogar noch heißer, 48 Grad zum Beispiel in Tunesien, und die Leute jammern trotzdem nicht so wehleidig herum.* (3) *Weil sie nämlich flexibel sind.* (4) *Statt blöde im Büro vor sich hinzubrüten, legt sich der Araber bei Hitzealarm einfach in den Schatten und lässt Allah einen guten Mann sein.* (5) *Wenn wir das täten, erschiene anderntags keine Zeitung, was*

aber nichts ausmachen würde, weil bei diesen Temperaturen sowieso kein Mensch Zeitung liest. (6) *Also, warum tun wir es nicht?*

Aufgaben:

II.1. Handelt es sich bei (1), (3) und (6) um Sätze im streng syntaktischen Sinn? Geben Sie – sofern möglich – Satztyp und Satzmodus an und diskutieren Sie etwaige ungewöhnliche Strukturen!

II.2. Erstellen Sie eine detaillierte Analyse des Satzes (4). Begründen Sie bitte alle nicht-trivialen Entscheidungen! Dies sind insbesondere

- die Kategorie von *blöde* und *einfach.*
- die synt. Funktion von *blöde, einfach, bei Hitzealarm* und *in den Schatten.*
- und die Valenz von *lassen.*

II.3. Geben Sie die Über-/Unterordnung der Teilsätze in (5) an. Beschreiben Sie deren topologische Position und geben Sie die syntaktische Funktion der Konstituentensätze an. Wo liegt das Problem?

II.4. Geben Sie die morphologische Markierung von *erschiene* in (5) an.

II.5. Geben Sie Wortart und syntaktische Funktion von *anderntags, aber, sowieso* und *kein* in (5) an und begründen Sie Ihre Entscheidung!

III. »Dr. Pausers Schuhwerk« aus DIE ZEIT vom 19.1.1996

(1) *Weiße Socken sind out.* (2) *Hoffnungslos out, megaout.* (3) *Dennoch laufen immer noch jede Menge Männer damit durch die Gegend.* (4) *Viele von ihnen wundern sich, dass sie bei Frauen nicht mehr so gut ankommen wie in vergangenen Tagen, obwohl sie doch eigentlich immer noch ganz passable Kerle sind.* (5) *Sie ahnen nicht, dass es die Socken sind, die ihnen den Boden unter den Füßen wegziehen.* (6) *Werden Frauen über die negativsten Eigenschaften der Männer befragt, kommt neben Bierbauch, Krieg und Vergewaltigung stets auch die weiße Socke auf die Liste.* (7) *Für ihre Träger typisch ist angeblich, dass sie sie anbehalten, wenn sie mit einer Frau ins Bett hüpfen.* (8) *Wie meistens haben die Frauen recht:* (9) *Wieviel Geistesgegenwart sollen sie von einem Mann erwarten, der zehn Jahre Modewandel verschlafen hat?* (10) *Wieviel Aufmerksamkeit wird er ihnen wohl schenken, wenn er allein mit seinen Socken auf Schritt und Tritt beweist, dass er über jeden Wandel in den Erwartungen seiner Mitmenschen ignorant hinweggeht?*

Aufgaben:

III. 1. Handelt es sich bei (2) um einen Satz im streng syntaktischen Sinn? Begründen Sie Ihre Antwort!

III. 2. Erstellen Sie eine detaillierte Analyse des Satzes (4). Begründen Sie bitte alle nicht-trivialen Entscheidungen! Dies sind insbesondere

- die Kategorie von *ganz, viele* und *vergangen.*
- die syntaktische Funktion von *bei Frauen, mehr,* bzw. *nicht mehr, so, wie in vergangenen Tagen, eigentlich, noch,* bzw. *immer noch* und *ganz.*

– die syntaktische Funktion der Konstituentensätze bezüglich ihrer jeweiligen Matrixsätze.

III.3. Geben Sie Satztyp und Satzmodus von (9) an.

III.4. Geben Sie die Über-/Unterordnung der Teilsätze in (10) an. Geben Sie die topologische Position und die syntaktische Funktion der Konstituentensätze an.

IV. »Giraffenjagen« aus DIE ZEIT vom 3.2.1995, Seite 2

(1) *Aus einer Vorlesung von Newt Gingerich, Sprecher des US-Repräsentantenhauses, über das Thema »Amerikanische Kultur – Frauen im Krieg«, gehalten am Reinhardt-College zu Georgia:* (2) *»Was bedeutet Krieg?* (3) *Wenn Krieg bedeutet, in einem Graben zu stehen, haben Frauen biologische Probleme:* (4) *Ihnen drohen Infektionen und ihr Oberkörper ist nicht stark genug.* (5) *Bei einigen ist das anders, aber die sind eher selten.* (6) *Männer hingegen sind grundsätzlich kleine Schweinchen.* (7) *Wirf sie in einen Graben, und sie wälzen sich darin herum.* (8) *Auf der anderen Seite:* (9) *Wenn Krieg bedeutet, auf einem Superkreuzer durch die Ägäis zu schippern und zwölf Schiffe samt Raketen per Computer zu bedienen, dürfte eine Frau bei weitem besser sein als ein Mann, der sehr, sehr frustriert wäre, müsste er die ganze Zeit auf einem Stuhl sitzen.* (10) *Denn Männer sind biologisch so beschaffen, rauszugehen und Giraffen zu jagen.«*

Aufgaben:

IV. 1. Handelt es sich bei (1) um einen Satz im streng syntaktischen Sinn? Begründen Sie Ihre Antwort.

IV. 2. Geben Sie den Satztyp und Satzmodus von (2) und (7) an.

IV. 3. Erstellen Sie eine detaillierte Analyse des Satzes (9). Begründen Sie bitte alle nicht-trivialen Entscheidungen! Dies sind insbesondere

– die morphologische Markierung von *müsste,*
– die Kategorie von *samt, weitem* und *frustriert,*
– die Funktion von *bei weitem, als ein Mann* und *die ganze Zeit,*
– und die Stellung von *der sehr, sehr ... auf einem Stuhl sitzen* im Verhältnis zum Matrixsatz.

V. + VI. Streiflicht aus der Süddeutschen Zeitung vom 24.5.93

(1) *Gestern abend, als es dunkel wurde, saßen wir noch auf dem Balkon und überlegten, wie es wäre, eine große Leiter an den Himmel zu stellen, in den Weltäther hinaufzuklettern und unseren Lieblingsstern für einen Augenblick hinunterzuholen.* (2) *<u>Aber</u> er würde sicher nicht mitkommen wollen, dachten wir <u>dann</u>.* (3) *Wenn wir ein Stern wären und einen schönen Platz hätten am Himmel, <u>also</u> wir würden mit <u>niemandem</u> <u>zur Erde</u> hinunterklettern – wozu denn?* (4) *So blieben wir auf dem Balkon, irgendwie melancholisch und resigniert, und als es 22.10 Uhr wurde, sahen wir einen groß angekündigten ZDF-Film, in dem zum Beispiel der neunjährige Johnny Napolitano aus New York*

von Außerirdischen erzählte, die ihn in einem Raumschiff auf den Tisch gelegt und untersucht hätten. (5) *Ufos! Mein Gott, wenn man doch bloß selber mal eines sähe!* (6) *Was haben wir nicht schon alles gelesen über Ufos: ihre Landungen bei Woronesch und Darmstadt, ihre Untertassenförmigkeit, die Haarlosigkeit ihrer Insassen und deren Liebe zu Tanz und Gesang, ihre Verletzungen der Neutralität des österreichischen Luftraums.* (7) *Aber nie sind wir mal besucht worden, wir hier auf dem Balkon – hallo, hallo!* (8) *Wenn ein galaktisches Ashtar-Kommando uns selbst von Frieden und Weisheit berichten würde, wenn man uns persönlich ein Frauenhaar vom Planeten Meton im System Proxima Centauri brächte, wenn die Inhaber des »Einen Lichts« uns in ihrem Mutterschiff auf den Tisch legen und examinieren würden ... aber das passiert nicht!* (9) *Immer nur die Johnnies in New York oder Hamburger Hilfsgärtner Horst oder Frau Holzer aus Neuötting.* (10) *Wir, Brüder und Schwestern im All, wir wollen auch mal drankommen!* (11) *Hört Ihr uns, kosmische Meister?* (12) *Wisst Ihr denn nicht, was es bedeutet, wenn mit der Glaubwürdigkeit einer großen, sehr ernstzunehmenden Zeitung (noch dazu an dieser prominenten Stelle) von Eurer Klugheit und Freundlichkeit berichtet würde, Euren schmalen Augen und der Einteiligkeit Eurer Raumanzüge, auch Eurer Verachtung für die neuen amerikanischen Pläne, riesige Reklametafeln in den Orbit zu schießen, welche neben unserem Lieblingsstern für Limonade und Schwarzenegger-Filme werben sollen?* (13) *Holt uns ab, fliegt mit uns, dematerialisiert uns, zeigt uns Ganymed und Beteigeuze und Eure wulstigen Stirnlappen!* (14) *Und bringt uns abends zurück, zum Redaktionsschluss und zum Abendessen!* (15) *Uns wird man diese Geschichten nicht unter Hypnose aus der Nase ziehen müssen wie anderen in diesem Fernsehfilm.*

Aufgaben:

V.1. Erstellen Sie eine detaillierte Analyse des Satzes (1). Begründen Sie bitte alle nicht-trivialen Entscheidungen!

V.2. Analysieren Sie die unterstrichenen Wörter/Phrasen in (2) und (3) nach Wortart (Kategorie) und syntakt. Funktion. Begründen Sie Ihre Zuordnung.

V.3. Machen Sie von (4) eine Grobanalyse, in der Sie vor allem die Gleich-/Unterordnung der einzelnen Sätze/Satzteile und ihre Funktion erläutern.

V.4. Ordnen Sie den zwei unterstrichenen Satzgliedern in (4) eine syntaktische Funktion zu und begründen Sie Ihre Entscheidung.

VI.1. Bestimmen Sie Satztyp und Satzmodus von (5) und (13) (nur vollständige Sätze betrachten)!

VI.2. Bestimmen Sie die Felderstruktur von (6).

VI.3. Erstellen Sie eine detaillierte Analyse des Satzes (12). Begründen Sie bitte alle nicht-trivialen Entscheidungen!

14. Lösungsvorschläge

Im Folgenden finden Sie die Lösungsskizzen zu den Übungsklausuren. Wir haben – so weit möglich – alternative Lösungen berücksichtigt. Bitte beachten Sie immer, dass es weniger um »richtig« oder »falsch«, sondern um fundierte Diskussion der problematischen Punkte geht. Gewöhnen Sie sich generell an den Gedanken, dass noch nicht alle Probleme lösbar sind – auch uns bleibt manchmal nur das sokratische »Ich weiß, dass ich nichts weiß«, oder ein gequältes *sowohl ... als auch.*

Wo uns dies sinnvoll erscheint, verweisen wir auch auf die entsprechenden Abschnitte im Buch.

Klausur I.

I.1.
Bei (1) handelt es sich um keine satzförmige Struktur, weil sowohl das finite Verb als auch ein Subj. und etwaige weitere valenznotwendige Mitspieler fehlen (→ 2.2.5.1, S. 39).

I.2. Detaillierte Analyse

Topologie	VoF 1		MiF 1	Extraposition 1						
				klö. 2					klschl. 2	
Klammern		klö. 1								
					MiF 2					
Text	*Wir*	*danken*	*Ihnen,*	*dass*	*Sie*	*Ihre*	*besten*	*Jahre*	*opfern*	*wollen*
Wortart	Pers. Pron.	V fin.	Pers. Pron.	sub. Konj.	Pers. Pron.	Poss. Pron.	Adj. *1)	N	V infin.	V fin.
Phrasen-Kategorie	NP		NP		NP	NP				
Synt. Funkt.						Det.	Adj.-Attr.	Kern-N	VV infin.	MV fin.
		VV fin.			Subj. 2	Akk.Obj. 2			Verbkomplex 2	
	Subj.1	VK 1	Dat. Obj. 1	Präp.Obj. 1						

*1) Superlativ zu *gut*.

Valenz
x dankt y für z: x = Subj., y = Dat.Obj., z = Präp.Obj. mit fester Präp *für*, die hier wegen der satzförmigen Füllung entfallen ist; *jemand dankt jemandem etw. nicht* im Gegensatz zu idiomat. Wendungen wie *Das dankt dir keiner* etc.
x *opfert* y: x = Subj., y = Akk.Obj.; *jemand opfert etw./jemanden.*

<table>
<tr><td>Topologie</td><td colspan="6">Extraposition zu 2 (und damit zu 1)</td></tr>
<tr><td>Klammern</td><td>*1)</td><td></td><td></td><td></td><td colspan="2">*2)</td></tr>
<tr><td>Text</td><td>um</td><td>eine</td><td>unterent-
wickelte</td><td>Technologie</td><td>zu</td><td>verstehen.</td></tr>
<tr><td>Wortart</td><td>Partik.</td><td>indef. Art.</td><td>*3)</td><td>N</td><td>Inf.-Partik.</td><td>V infin.</td></tr>
<tr><td>Phrasen-
Kategorie</td><td></td><td colspan="3">NP</td><td colspan="2">Verbalkomplex 3</td></tr>
<tr><td rowspan="4">Synt. Funkt.</td><td>*4)</td><td>Det.</td><td>Attr.</td><td>Kern-N</td><td>*4)</td><td>VV infin.</td></tr>
<tr><td></td><td colspan="3">Akk.Obj. 3</td><td colspan="2">enger Verbalkomplex 3</td></tr>
<tr><td colspan="6">fak. Fin.Advb. 2</td></tr>
<tr><td colspan="6">Präp.Obj. 1</td></tr>
</table>

*1) Keine klammerbildenden Elemente, da Infinitiv-Konstruktion (→ 6.5, S. 150–155).
*2) Keine klammerbildenden Elemente, da Infinitiv-Konstruktion (→ 6.5, S. 150–155).
*3) Erinnert an ein Part. II, es gibt aber kein Vollverb *unterentwickeln.* Also wahrscheinlich von *entwickeln* abgeleitetes Adj., da auch komparierbar. Vgl. auch *überbelichtet, unterbelichtet.*
*4) Entweder lässt sich *um ... zu* als komplexe Inf.-Partikel (→ 6.5.2, S. 151) analysieren, oder *um* ist eine Präp. (→ 3.5.3, S. 103f.), die eine finaladverbiale Infinitivkonstruktion (→ 6.5, S. 150-155) regiert (vgl. auch *statt* in Aufgabe II.2).

Valenz
x versteht y, x = Subj., y = Akk.Obj.; *jemand versteht etw.* im Gegensatz zu *jemand versteht etw. von etw.*

Satztyp/-modus
Es handelt sich um einen V-2-Aussagesatz, dessen Präp.Obj. durch einen subord., mit *dass* eingeleiteten V-L-Satz gefüllt ist, der wiederum eine mit *um* eingeleitete Inf.-Struktur als fak. Final-Advb. enthält.

I.3.

	Syntakt. Funktion	Topolog. Funktion
Das erste Kapitel des Handbuchs erklärt,	Matrixsatz	
wie Sie mit dem Kapitel des Handbuchs umgehen müssen,	Konstit.-Satz erster Ordnung in der Funktion eines Akk.Obj. zum MS	Extraposition zum Matrixsatz
das erklärt,	KS zweiter Ordnung in der Funktion eines Rel.Satz-Attr. zu *Kapitel* im übergeordneten KS erster Ordnung	Extraposition zum übergeordneten Konstituentensatz
wie Sie mit dem Rest des Handbuchs umgehen müssen.	KS dritter Ordnung in der Funktion eines Akk.Obj. zum übergeordneten KS zweiter Ordnung	Extraposition zum übergeordneten Konstituentensatz

I.4.
mit dem Rest
Funktion: Präp.Obj. (→ 3.2.5, S. 84ff.).
Begründung: obl., da von der Valenz des Verbs *umgehen mit* in dieser Lesart gefordert; kein Adverbiale, da die Präp. *mit* fest und desemantisiert ist; Satzglied, da frei verschiebbar, allein VoF-fähig, erfragbar (*womit?*) und pronominalisierbar (*damit*) (→ 9.5f., S. 175f.).

Bevor Sie dieses Kapitel lesen
Funktion: fak. Temp.-Adverbiale (→ 3.3.1, S. 88f.).
Begründung: fak., da weglassbar (kein Verb der zeitlichen Erstreckung); Satzglied, da frei verschiebbar, allein VoF-fähig, erfragbar und pronominalisierbar; temporal, da durch *wann* erfragbar.

mit dem nächsten Kapitel
Funktion: Präp.Obj. (→ 3.2.5, S. 84ff.).
Begründung: obligatorisch, da von der Valenz des Verbalkomplexes *sich vertraut machen mit* gefordert; kein Adverbiale, da die Präp. *mit* fest und desemantisiert ist; Satzglied, da frei verschiebbar, allein VoF-fähig, erfragbar und pronominalisierbar (→ 9.6, S. 176).

Klausur II.

II.1.
Bei (1) handelt es sich um keine satzförmige Struktur, weil sowohl das fin. V als auch ein Subj. und etwaige weitere valenznotwendige Mitspieler fehlen. (→ 2.2.5.1, S. 39f.)
In (3) sind diese formalen Bedingungen erfüllt. Allerdings hat der Satz V-L-Stellung und wird durch die typische subord. Konj. *weil* eingeleitet. (3) ist also eine Art Mischprodukt. Am besten fasst man ihn als Konstituentensatz zu (2) in der Funktion eines freien Kausaladverbiales auf – und muss dann die merkwürdige Interpunktion erklären.
Bei (6) handelt es sich um einen *w*-V-2-Fragesatz (→ 7.2.1.3, S. 159f.), dem *also* in der Funktion eines (intonatorisch isolierten) Konjunktionaladverbiales (→ 3.5.4.3, S. 106) vorgeschaltet ist.

II.2. Detaillierte Analyse

<table>
<tr><td rowspan="2">Topologie</td><td colspan="7">VoF 1</td></tr>
<tr><td></td><td colspan="5">MiF 1</td><td></td></tr>
<tr><td>Klammern</td><td>*1)</td><td></td><td></td><td></td><td></td><td></td><td>*2)</td></tr>
<tr><td>Text</td><td>Statt</td><td>blöde</td><td>im</td><td>Büro</td><td>vor</td><td>sich</td><td>hinzubrüten</td></tr>
<tr><td>Wortart</td><td>Partikel</td><td>Adv. *3)</td><td>Partik + def. Art.</td><td>N</td><td>Präp.</td><td>Refl. Pron.</td><td>V infin. mit Infinitiv-Partikel</td></tr>
<tr><td rowspan="2">Phrasen-Kategorie</td><td></td><td></td><td colspan="2">PP</td><td colspan="2">PP</td><td></td></tr>
<tr><td colspan="7">Komplexe Inf.-Phrase</td></tr>
<tr><td rowspan="3">Synt. Funkt.</td><td></td><td></td><td>Präp. + Det.</td><td>Kern-N</td><td colspan="2"></td><td>VV infin. mit Infinitiv-Partikel</td></tr>
<tr><td>Präp. *4)</td><td>fak. Modal-Advb. 1 *5)</td><td colspan="2">fak. Lokal-Adverbiale</td><td colspan="2">Teil des verbalen Idioms</td><td>enger Verbalkomplex 1</td></tr>
<tr><td colspan="7">fak. Advb. 2 (des »fehlenden Grundes«)</td></tr>
</table>

*1) Keine klammerbildenden Elemente, da Infinitiv-Konstruktion (→ 6.5, S. 150ff.)
*2) Keine klammerbildenden Elemente, da Infinitiv-Konstruktion (→ 6.5, S. 150ff.)
*3) *Blöde* ist von dem Adjektiv *blöd* durch das typische Adv.-Suffix *-e* abgeleitet (vgl. lat. *-e*, engl. *-ly*); es flektiert selbst nicht, daher hat es den Status eines Adv. (→ 3.5.1, S. 101)
*4) *Statt* hat klare Genitiv-Rektion (*statt seines Bruders*) und ist daher Präp. Präp. können als Einleitungselemente von Inf.-Konstruktionen verwendet werden (→ 3.5.3, S. 103f.).
*5) Fakultativ, weil weglassbar; Satzglied, da frei verschiebbar und vorfeldfähig; modal, da durch *wie* erfragbar (→ 3.3.1, S. 88).

Valenz

x brütet vor sich hin, x = Subj. mit obligatorischem Reflexivpronomen. Bereits idiomatisiert (→ 3.1.8, S. 75); *jemand brütet vor sich hin.*

Topologie		MiF 2								
Klammern	klö. 2							*1)		
Text	*legt*	*sich*	*der*	*Araber*	*bei*	*Hitzealarm*	*einfach*	*in*	*den*	*Schatten*
Wortart	V fin.	Refl. Pron.	def. Art.	N	Partikel	N	Adj. *2)	Partikel	def. Art.	N
Phrasenkategorie			NP		PP				NP	
								PP		
synt. Funkt.	VV fin.		Det.	Kern-N	Präp.	Kern-N		Präp.	Det.	Kern-N
	Verb. kompl 2	Akk. Obj. 2 *3)	Subj.2		fak. Temporal-Adverbiale *4)		Satzadverbiale *5)	obl. Dir.Advb. 2 *6)		

*1) Sofern man obligatorische Direktionaladverbiale als klschl. Ausdrücke akzeptiert, ist *in den Schatten.* klschl. (→ 2.4.2.2, S. 51ff.).
*2) Im Gegensatz zu *blöde* (s.o.) ist *einfach* ein Adj., da es flektierbar und komparierbar ist.
*3) *legen* ist kein obligatorisch reflexives Verb (vgl. Valenzanalyse) (→ 8.4, S. 171), *sich* füllt hier also die Funktion des Akk.Obj.
*4) Fakultativ, weil weglassbar; Satzglied, da frei verschiebbar; vorfeldfähig, pronominalisierbar und erfragbar; temporal, da durch *wann* erfragbar (→ 3.3.1, S. 88).
*5) Fakultativ, weil weglassbar; Stellungsglied, da frei verschiebbar, vorfeldfähig (?), nicht pronominalisierbar und nicht erfragbar; man beachte, dass die eindeutig modaladverbiale Formulierung *in einfacher Weise* nicht akzeptabel ist. Also kein Modaladverbiale, sondern ein Satzadverbiale (→ 3.5.2, S. 102f.). Paraphrase: *Es ist einfach so, dass sich der Araber ... in den Schatten legt.*
*6) Obligatorisch, weil von Valenz des VV (kausatives Positionsverb) gefordert; Satzglied, da frei verschiebbar, vorfeldfähig, pronominalisierbar und erfragbar; direktional, da durch *wohin* erfragbar (→ 3.2.6, S. 86f.).

Valenz

x legt y Präp z, x = Subj. y = Akk.Obj., Präp z = obl. Direktional-Adverbiale; *jemand legt jemanden/etw./sich irgendwohin.*

Topologie		VoF 3		MiF 3				
Klammern			klö. 3		*1)			klschl. 3
Text	*und*	*(er)*	*lässt*	*Allah*	*einen*	*guten*	*Mann*	*sein*
Wortart	Partikel	(Pers. Pron.)	V fin. *2)	N	indef. Art.	Adj.	N	V infin.
Phrasen-Kategorie		NP		NP	NP			
Synt. Funkt.					Det.	Adj.-Attr.	Kern-N	KV infin.
					Objektsprädikativ			
	koord. Konj.	(Subj. 3)	enger VK 3	Akk. Obj. 3	enger Verbalkomplex 3			

*1) Sofern man Prädikative als klschl. Ausdrücke akzeptiert, ist *einen guten Mann* Teil von klschl. 3 (→ 2.4.2.2, S. 51ff.).

*2) *lassen* ist ein AcI-Verb, das mit dem Kopula-Verb *sein* und der prädikativen NP *einen guten Mann* den engen Verbalkomplex bildet. Die Gelenk-NP *Allah* ist formales Akk.Obj. von *lassen* und logisches Subjekt von *einen guten Mann sein,* wobei die prädikative NP im Kasus mit der »Gelenk-NP« kongruiert. Der Infinitiv ist also nicht satzwertig, sondern Teil des Verbalkomplexes (→ 6.5.6, S. 154)

Valenz

x lässt y einen guten Mann sein vgl. *2)!

Satztyp/-modus

Es handelt sich um zwei durch *und* koordinierte V-2-Aussagesätze (→ 7.2.1.1, S. 159), wobei im zweiten Konjunkt das Subj. durch Koordinationsreduktion erspart ist (→ 6.2.4, S. 144). Das Vorfeld des ersten Konjunkts ist durch eine komplexe Infinitivkonstruktion (→ 6.5.7, S. 154f.) in der Funktion eines freien Adverbiales (→ 3.3.1, S. 88) gefüllt.

II.3.

	Syntakt Funktion	Topolog. Funktion (→ 2.4.3)
Wenn wir das täten,	KS erster Ordnung in der Funktion eines fak. Konditional-Adverbiales zum Matrixsatz 1	steht im VoF zu Matrixsatz 1
erschiene anderntags keine Zeitung	Matrixsatz 1	
was aber nichts ausmachen würde,	Konstituentensatz erster Ordnung als weiterführender NS zum Matrixsatz 1 (Satzattribut), eingeleitet durch ein *w*-Rel.-Pron. ohne Bezugsausdruck	steht im NaF zu Matrixsatz 1 (extraponiert)
weil bei diesen Temperaturen sowieso kein Mensch Zeitung liest.	KS zweiter Ordnung in der Funktion eines fak. Kaus.Adv. zum Konstituentensatz erster Ordnung	steht im NaF zu Konstituentensatz 1 (extraponiert)

II.4.
erschiene 3. Ps. Sg. Konj. II, Aktiv.

II.5.
anderntags
Wortart: Adverb (Partikel) (→ 3.5.1, S. 101).
Begründung: flektiert nicht, temporale Semantik, adverbbildendes Suffix *-s*.
Funktion: fakultatives Temporaladverbial.
Begründung: weglassbar, verschiebbar und allein vorfeldfähig, durch *wann* erfragbar (→ 3.3.1, S. 88).

aber
Wortart: Partikel.
Begründung: flektiert nicht.
Funktion: Koord. Konj., kann hier wegen des *w*-Relativ-Pronomens nicht satzinitial stehen, wie koord. Konj. sonst. *aber* kann aber generell im Vorfeld stehen (vgl. auch *er aber sprach, ...*), kann aber nicht allein vorfeldfüllend auftreten, daher nicht Konjunktionaladverbiale (→ 3.5.4.3, S. 106); der weiterführende Relativsatz ist dem Matrixsatz pragmatisch gleichwertig: *Aber das würde nichts ausmachen.* Syntaktisch aber untergeordnet, dabei weder Gliedsatz noch Gliedteilsatz.

sowieso
Wortart: Partikel.
Begründung: flektiert nicht.
Funktion: Anbindung an *kein Mensch*; nicht allein verschiebbar (?), nicht erfragbar, nicht pronominalisierbar, also kein SG; könnte eine Art GP (→ 3.5.6, S. 107f.) mit Fokus auf *kein Mensch* sein. Alternativ ist die Analyse als Satzadverbiale (→ 3.5.2, S. 102f.) denkbar: hat Skopus auf den gesamten Satz, obwohl *es ist sowieso (so), dass*-Test (→ 4.5.3, S. 120) nur mit *so* akzeptabel ist; VoF-Fähigkeit zweifelhaft; nicht erfragbar; ähnlich wie bei *ohnehin.*

kein
Wortart: Kombination aus indefinitem Artikel (→ 2.2.4.5, S. 36) und Negation (→ 3.5.8, S. 110); Teil einer NP.
Funktion: zusammen mit *Mensch* Subjekt (→ 3.2.1, S. 78ff.).

Klausur III.

III.1.
Es handelt sich um keine satzförmige Struktur, da das finite Verb und das Subjekt als obligatorische Ergänzung fehlen (→ 2.2.5.1, S. 39). Geht man von einer Ellipse [*weiße Socken sind*] aus (→ 6.1, S. 141ff.), so erfüllt (2) die Funktion als Prädikativ (→ 3.1.9, S. 75ff.)

III.2. Detaillierte Analyse

Topologie	VoF 1				MiF 1	Extraposition 1			
							MiF 2		
Klammern				klö. 1		klö. 2			
Text	*Viele*	*von*	*ihnen*	*wundern*	*sich,*	*dass*	*sie*	*bei*	*Frauen*
Wortart	Indef. Pron.	Partikel	Pers. Pron.	V fin.	Refl. Pron.	Partikel	Pers. Pron.	Partikel	N
Phrasen-Kategorie		PP					NP	PP	
	NP								
synt. Funkt.		Präp.	Kern-N					Präp.	Kern-N
	Kern-N	PP-Attr. zu *viele*		VV fin.	obl. Refl. Pron.	subord. Konj. 2	Subj. 2	Präp.Obj. 2	
	Subj. 1			enger VK 1		Präp.Obj. 1			

Topologie	Extraposition 1								
						NaF 2			
Klammern					klschl.				
Text	*nicht*	*mehr*	*so*	*gut*	*ankommen*	*wie*	*in*	*vergangenen*	*Tagen*
Wortart	Partikel	Adv. *1)	Partikel	Adj.	V fin.	Partikel	Partikel	Part. II	N
Phrasen-Kategorie								NP	
							PP		
synt. Funkt.	Neg.-Part.		Korrelat zu *wie* *2)	fak. Mod. Advb. 2	VV fin.	Vgl. Part.	Präp.	Partizipiales Attr.	Kern-N
	fak. Temp.Advb. 2		fak. Mod.-Advb. 2		enger VK 2	Vgl.-Phrase 2			
	Präp.Obj. 1								

*1) *mehr* ist ursprünglich der Komparativ (→ 2.3.3.5, S. 45) von *viel;* in der festen Verbindung *nicht mehr* ist es aber bereits stark idiomatisiert.

*2) *so* ist eine Partikel, die in gleichstufigen Vergleichen das erste Vergleichsglied modifiziert (→ 3.5.5, S. 107).

Valenz

x wundert sich über y: x = Subj., das Reflexivpronomen ist bei obligatorisch reflexiven Verben Bestandteil des engen Verbalkomplexes und zählt nicht als Ergänzung (→ 8.4, S. 171). *über y* = Präp.Obj.; *jemand wundert sich über jemanden/etw.* im Gegensatz zu *etw. wundert jemanden.*

x kommt bei y z an: x = Subj; *bei y* = Präp.Obj. als fak. Ergänzung; z = Modal-Adverbiale. (Es liegt eine übertragene Bedeutung des Vollverbs vor); *jemand kommt bei jemandem gut an* im Gegensatz zu *etw. kommt bei jemandem an.*

Topologie	Extraposition 1									
	Extraposition 2									
		MiF 3								
Klammern	klö. 3									klschl. 3
Text	*obwohl*	*sie*	*doch*	*eigentlich*	*immer*	*noch*	ganz	*passable*	*Kerle*	*sind.*
Wortart	Partikel	Pers. Pron	Partikel	Adj.	Partikel	Partikel	Partikel *1)	Adj.	N	V fin.
Phrasen-Kategorie		NP					NP			
synt. Funkt.					Advb. temp.	GP zu Advb	Steig.-Partik. *2)			
							Attr. zu *Kerle*		Kern N	KV fin.
	subord. Konj. 3	Subj. 3	MP 3	SAdvb 3	fak. Dur.Advb. 3		Prädikativ 3			enger VK 3
	fak. Konz.Advb.Satz 2									
	Präp.Obj. 1									

*1) theoretisch auch als Adj. (→ 2.2.4.2, S. 34) möglich, in dieser Funktion jedoch nicht flektierbar: **ganze passable Kerle.* Beachte Bedeutungsunterschied zum Adj. *ganz-*!
*2) Als Ad-Attribut (→ 3.4.1, S. 91) zu *passable, ganz passable* bildet dann Adj.-Attr. zu *Kerle.*

Valenz
x ist ein passabler Kerl: x = Subj.

Satztyp/Satzmodus
Es handelt sich um einen V-2-Aussagesatz (→ 7.2.1.1, S. 159), dessen Präp.Obj. durch einen *dass*-V-L-Konjunktionalsatz gefüllt ist, der wiederum einen V-L-Adverbialsatz als fakultatives Konzessiv-Adverbiale enthält.

III.3
(9) ist ein *w*-V-2-(Ergänzungs)-Fragesatz (→ 7.2.1.3, S. 159f.), bestehend aus dem Matrixsatz und einem durch ein *d*-Relativpronomen eingeleiteten Gliedteilsatz (Relativsatz-Attribut zu *Mann*) (→ 3.4.1.5, S. 95).

III.4

	Syntakt. Funktion	Topolog. Funktion
Wieviel Aufmerksamkeit wird er ihnen wohl schenken,	MS	
wenn er allein mit seinen Socken auf Schritt und Tritt beweist,	durch *wenn* eingeleiteter KS ersten Grades; fak. Kond.Advb.-Satz	Steht zusammen mit folgendem *dass*-Satz in Extraposition zum MS
dass er über jeden Wandel in den Erwartungen seiner Mitmenschen ignorant hinweggeht?	durch *dass* eingeleiteter KS zweiten Grades; Akk.Obj. zum fin. VV des Konditional-Advb.-Satzes	Steht in Extraposition zum vorausgehenden Kond.Advb.-Satz

Klausur IV.

IV.1

Es handelt sich um keine satzförmige Struktur (→ 2.2.5.1, S. 39), da sowohl das fin. Verb als auch das Subj. als oblig. Ergänzung fehlen. Die Funktion und Obligatorizität von (1) lassen sich nur bestimmen, wenn das fin. Verb bekannt ist. Setzt man beispielsweise ein VV wie *stammen* ein, so handelt es sich bei (1) um ein Präp.Obj. – Das Subjekt referiert in irgendeiner Weise auf den folgenden Text.

IV.2 Satztyp/Satzmodus

Satz (2):

Einfacher *w*-V-2-(Ergänzungs)-Fragesatz (→ 7.2.1.3, S. 159f.); Merkmale: *was* als Fragepronomen; V-2, nicht-imperativische V-Morphologie; fallender Tonverlauf; keine MP.

Satz (7):

Satzverbindung aus zwei einfachen Sätzen, syndetisch durch die koord. Konj. *und* verbunden (→ 6.1, S. 141).

Wirf...Graben: V-1-Imperativsatz (→ 7.2.1.4, S. 160); Merkmale: kein *w*-Fragepronomen; kein Subj.-Pronomen; imperativische Verbmorphologie; V-1; fallender Tonverlauf; keine MP.

sie...herum: V-2-Aussagesatz (→ 7.2.1.1, S. 159); Merkmale: kein *w*-Fragepronom.; nicht-imp. V-Morphologie; V-2; fallender Tonverlauf; keine MP-Semantik; insgesamt wie kond. *wenn ... dann.*

IV.3. Detaillierte Analyse

<table>
<tr><td rowspan="2">Topologie</td><td colspan="9">VoF 4</td></tr>
<tr><td></td><td>MiF 1</td><td></td><td colspan="6">NaF 1</td></tr>
<tr><td>Klammern</td><td>klö. 1</td><td></td><td colspan="7">klschl. 1</td></tr>
<tr><td>Text</td><td>Wenn</td><td>Krieg</td><td>bedeutet,</td><td>auf</td><td>einem</td><td>Superkreuzer</td><td>durch</td><td>die</td><td>Ägäis</td></tr>
<tr><td>Wortart</td><td>Partikel</td><td>N</td><td>V fin.</td><td>Partikel</td><td>indef. Art.</td><td>N</td><td>Partikel</td><td>def. Art.</td><td>N</td></tr>
<tr><td rowspan="2">Phrasen-Kategorie</td><td></td><td>NP</td><td></td><td></td><td colspan="2">NP</td><td></td><td colspan="2">NP</td></tr>
<tr><td colspan="3"></td><td colspan="3">PP</td><td colspan="3">PP</td></tr>
<tr><td rowspan="4">Synt. Funkt.</td><td></td><td></td><td></td><td>Präp.</td><td>Det.</td><td>Kern-N</td><td>Präp.</td><td>Det.</td><td>Kern-N</td></tr>
<tr><td></td><td></td><td>VV fin.</td><td colspan="3">fak. Lok.Advb. 2</td><td colspan="3">obl. Dir.Advb. 2</td></tr>
<tr><td>subord. Konj. 1</td><td>Subj. 1</td><td>enger Verbalkomp.1</td><td colspan="6">Akk.Obj. 1 (zu bedeutet)</td></tr>
<tr><td colspan="9">Fak. Kond.Advb.Satz 4</td></tr>
</table>

Valenz

x bedeutet y: x = Subj. y = Akk.Obj.; *etw. bedeutet etw.* im Gegensatz zu *jemand bedeutet jemandem etw.* oder *er bedeutete mir zu gehen.*

Topologie	VoF 4								
	NaF 1								
Klammern									
Text	*zu*	*schip-pern*	*und*	*12*	*Schif-fe*	*samt* *1)	*Raketen*	*per*	*Com-puter*
Wortart	Parti-kel	V infin.	Parti-kel	Num.	N	Parti-kel	N	Parti-kel	N
Phrasen-Kategorie				NP		PP		PP	
				NP					
synt. Funktion						Präp.	Kern-N		
	Inf. Partik.	VV infin.		Num.-Attr.	Kern-N	PP-Attr. zu *12 Schiffe*		Präp.	Kern-N
	enger Verbalkomplex 2		koord. Konj.	Akk.Obj. 3				fak. Instr.Advb. 3	
	Akk.Obj. 1 (zu *bedeutet*)								
	Fak. Kond.Advb.Satz 4								

Topologie	VoF 4			MiF 4					
	NaF 1								
Klammern			klö. 4			klschl. 4 *2)			
Text	*zu*	*bedie-nen,*	*dürfte*	*eine*	*Frau*	*bei*	*weitem*	*besser*	*sein*
Wortart	Inf. Partik.	V infin.	V fin..	indef. Art.	N	Par-tikel	Adv. *3)	Adj.	V in-fin.
Phrasen-Kategorie				NP		PP			
synt. Funktion		VV infin.	MV fin.	Det.	Kern-N	Präp.	Kern	Prädika-tiv 4	KV infin.
	enger Verbal-komplex 3			Subj. 4		Steig.-Partikel *4)			
	Akk.Obj. 1 (zu *bedeutet*)		VK 4			Prädikativ 4			
						enger Verbalkomplex 4			
	fak. Kond.-Advb.Satz 4								

*1) *Samt* ist nicht erfragbar, nicht flektierbar, nicht pronominalisierbar, nicht betonbar. Als Präp. steht *samt* vor dem Bezugs-N und regiert dieses im Dat.

*2) *bei weitem besser* kann hier auch als letztes Element des MiF analysiert werden, wenn man keine Prädikativ-Klammer annehmen will (→ 2.4.2.2, S. 51ff.).

*3) *weitem* ist weder flektierbar noch komparierbar und damit kein Adjektiv (→ 2.2.4.2, S. 34). Es ist nur zusammen mit *bei* erfragbar und pronominalisierbar => feste Struktur.

*4) Kein Modaladverbiale (→ 3.3.1, S. 88), da *sein* als Kopulaverb nicht adverbial modifiziert werden kann. *Bei weitem* ist eine Steigerungspartikel (→ 3.5.9, S. 110f.), die unmittelbar vor dem gesteigerten Prädikativ *besser* steht und nur mit diesem Bezugsausdruck verschiebbar und VoF-fähig ist. Aus den beiden letztgenannten Gründen scheidet auch eine Klassifikation als Maß-Advb. aus.

Valenz

x schippert Präp. y: x = Subj.; Präp. y = obl. Direktional-Adverbiale (alternativ dazu obl. Lok. Advb.); *jemand schippert irgendwohin* im Gegensatz zu *jemand schippert etw. irgendwohin.*
x bedient y: x = Subj. y = Akk.Obj.; *jemand bedient jemanden/etw.*
x darf besser sein: x = Subjekt.

<table>
<tr><td rowspan="2">Topologie</td><td colspan="3">NaF 4</td><td colspan="5">Extraposition 4</td></tr>
<tr><td colspan="3"></td><td>MiF 5</td><td colspan="4"></td></tr>
<tr><td>Klammern</td><td colspan="3"></td><td>klö. 5
*1)</td><td colspan="4">klschl. 5</td></tr>
<tr><td>Text</td><td>als</td><td>ein</td><td>Mann,</td><td>der</td><td>sehr,</td><td>sehr</td><td>frustriert
*2)</td><td>wäre,</td></tr>
<tr><td>Wortart</td><td>Parti-
kel</td><td>indef.
Art.</td><td>N</td><td>Rel.
Pron.</td><td>Parti-
kel</td><td>Parti-
kel</td><td>Partizip II</td><td>V fin.</td></tr>
<tr><td rowspan="3">Phrasen-
Kategorie</td><td></td><td colspan="2">NP</td><td colspan="5"></td></tr>
<tr><td colspan="3">Vergleichs-Phrase</td><td colspan="5"></td></tr>
<tr><td colspan="8">NP</td></tr>
<tr><td rowspan="3">synt.
Funkt.</td><td>Vgl.-
Partik.</td><td>Det.</td><td>Kern-N</td><td></td><td colspan="2">Steig.-Partikel
5</td><td>prädikativ.
Adj. 5</td><td>KV fin. 5</td></tr>
<tr><td colspan="3"></td><td>Subj. 5</td><td colspan="4">enger Verbalkomplex 5</td></tr>
<tr><td colspan="3">Vergleichsglied 4 *3)</td><td colspan="5">Rel.Satz.Attr. 4 zu Mann</td></tr>
</table>

*1) *Der* ist gleichzeitig klö. Element und erstes (und einziges) Element des Mittelfelds.
*2) Bei *frustriert* handelt es sich um ein Partizip II des Vollverbs *frustrieren* (→ 3.1.1, S. 70). Es ist wie ein Adj. flektierbar, komparierbar und auch in typisch adj. Funktionen möglich. Eine Klassifikation als (prädikatives) Adj. (→ 2.2.4.2, S. 34) ist demnach plausibel. Eine Einordnung als Zustandspassiv (→ 5.2.6.2, S. 131ff.) vom Verb *frustrieren* ist problematisch, da sich *worden* nicht ohne Sinnveränderung einfügen lässt (**der sehr, sehr frustriert worden wäre*).
*3) Vergleichsglied steht wie Verglichenes im Nominativ (Kongruenz) (→ 3.5.5, S. 107).

Valenz
x ist frustriert: x = Subjekt.

<table>
<tr><td rowspan="3">Topologie</td><td colspan="9">Extraposition 4</td></tr>
<tr><td colspan="9">NaF 5</td></tr>
<tr><td></td><td colspan="7">MiF 6</td><td></td></tr>
<tr><td>Klammern</td><td>klö. 6</td><td colspan="7"></td><td>klschl. 6</td></tr>
<tr><td>Text</td><td>müsste</td><td>er</td><td>die</td><td>ganze</td><td>Zeit</td><td>auf</td><td>einem</td><td>Stuhl</td><td>sitzen.</td></tr>
<tr><td>Wortart</td><td>V fin.</td><td>Pers. Pron.</td><td>def. Art.</td><td>Adj.</td><td>N</td><td>Parti- kel</td><td>indef. Art.</td><td>N</td><td>V infin.</td></tr>
<tr><td rowspan="2">Phrasen- Kategorie</td><td></td><td>NP</td><td colspan="3">NP</td><td></td><td colspan="2">NP</td><td></td></tr>
<tr><td colspan="2"></td><td colspan="3"></td><td colspan="3">PP</td><td></td></tr>
<tr><td rowspan="3">synt. Funkt.</td><td>MV fin.</td><td></td><td>Det.</td><td>Adj.- Attr.</td><td>Kern- N</td><td>Präp.</td><td>Det.</td><td>Kern- N</td><td>VV infin.</td></tr>
<tr><td>Verbal- komplex 6</td><td>Subj. 6</td><td colspan="3">fak. Durativ-Advb. 6 *1)</td><td colspan="3">oblig. Lok.Advb. 6</td><td>Verbal- komplex 6</td></tr>
<tr><td colspan="9">fak. Kond.Advb.Satz 5 zum Rel.Satz</td></tr>
</table>

*1) *Die ganze Zeit* zeigt alle Merkmale eines fakultativen Satzglieds (→ 3.3, S. 88). Es ist erfragbar (*wie lange*?), pronominalisierbar, VoF-fähig und verschiebbar. Alternativ ist eine Klassifikation als Maßakk. (→ 2.3.3.3, S. 44) denkbar, allerdings ist die Maßangabe hier nicht konkret (*zwei Stunden, eine Woche* o.ä.)

Valenz

x sitzt Präp. y: x = Subj.; Präp. y = obligatorisches Lokaladverbiale; *jemand sitzt irgendwo* im Gegensatz zu idiomat. Verwendungen wie *Das sitzt* oder *Der sitzt auf dem Syntaxpapier wie auf einem Berg Geld.*

Satztyp/-modus

Es handelt sich um einen V-2-Aussagesatz (→ 7.2.1.1, S. 159), dessen Vorfeld durch einen Konditionaladverbialsatz gefüllt ist, dessen Akk.Obj. wiederum durch zwei mit *und* koordinierte (→ 6.2, S. 143) Infinitivkonstruktionen (→ 6.5.7.2, S. 154f.) gefüllt ist. Von der Vergleichsstruktur (→ 3.5.5, S. 107) im V-2-Aussagesatz hängt ein Relativsatz-Attribut (→ 3.4.1.5, S. 95) ab, welches wiederum einen V-1-Konditionalsatz (→ 6.4.2, S. 148f.) als fakultatives Advberbiale enthält.

Klausur V.

V.1. Detaillierte Analyse

Topologie	VoF 2					
				MiF 1		
Klammern			klö. 1	*1)		klschl. 1
Text	*Gestern*	*abend,*	*als*	*es*	*dunkel*	*wurde,*
Wortart	Adv.	Adv. *2)	Partikel	Pron. *3)	Adj.	V fin.
syntakt. Funktion		Attr.				
			subord. Konj.1	Pseudo-Subj.-*es* 1	präd.Adj. 1	KV fin.
					Enger Verbalkomplex 1	
	fak. Temp.-Advb. 2		attr. Konj.Satz 2 zum Bezugsausdruck *gestern abend*			
	fak. Temp.-Adv. 2 *4)					

Topologie		MiF 2				
Klammern	klö. 2	*5)				
Text	*saßen*	*wir*	*noch*	*auf*	*dem*	*Balkon*
Wortart	V fin.	Pers.-Pron	Partikel	Partikel	def. Art.	N
Phrasen-Kategorie		NP			NP	
				PP		
synt. Funkt.	VV fin.	Subj.2	Fak. Temp. Advb.2 *6)	Präp.	Det.	Kern-N
	enger Verbalkompl. 2			obl. Lok.-Advb.2 (nach Positionsverb)		

*1) Bei Annahme einer Prädikativklammer ist *dunkel* Teil des klammerschließenden Ausdrucks.

*2) Kein N (→ 2.2.4.3, S. 35), da nicht flektierbar, nicht artikelfähig, nicht attribuierbar. Allerdings wäre die »typische« Adv.-Form *abends* (→ 3.5.1, S. 101; s. auch Altmann/Kemmerling ^{2}2005, 5.8.1.1, S. 162). Das *s* scheint aber in diesen attr. Fügungen aus zwei Adv. strukturell wegzufallen: *Abends sehe ich fern* vs. *Morgen abend sehe ich fern.*

*3) Der Form nach ein Pronomen, aber funktional nicht, da keine Referenz (→ 10.4, S. 180f.).

*4) Statt einer attributiven Relation könnte hier auch Adverbialhäufung im Vorfeld vorliegen, da die beiden Teilausdrücke sowohl getrennt als auch verbunden umgestellt werden können.

*5) Bei Annahme einer Lokaladverbial-Klammer ist auf dem Balkon klammerschließender Ausdruck. In Fällen wie diesem erscheint uns das absurd.

*6) Status unklar, da nicht erfragbar, aber allein vorfeldfüllend möglich.

Valenz

es wird dunkel: es = Pseudosubjekt.

x *sitzt* Präp. *y:* x = Subj.; Präp. y = obl. Lok.Advb. (vgl. Aufgabe IV).

Topologie		(VoF 3)		Extraposition3 (zu *überlegten*)		
				MiF 4		
Klammern			klö. 3 *1)	klö.4 *2)		klschl. 4
Text	*und*	*(wir)* *3)	*überlegten,*	*wie*	*es* *4)	*wäre,*
Wortart	Partikel	(Pers.Pron.)	V fin.	Rel.Adv.	Pers.Pron.	V fin.
		(NP)				
synt. Funktion				Präd. Adv. *5)	Platzhalter für Subj.S 4	KV fin.
			VV fin.			Enger Verbalkomplex 4
	koord. Konj.	(Subj. 3)	enger Verbalkompl. 3	Akk.Obj. 3		

Topologie	Extraposition3 (zu *überlegten*)							
	Extraposition4 (zu *wie es wäre*)							
Klammern							*6)	
Text	*eine*	*große*	*Leiter*	*an*	*den*	*Himmel*	*zu*	*stellen,*
Wortart	indef. Art.	Adj.	N	Partikel	def. Art.	N	Partikel	V infin.
Phrasen-Kategorie	NP				NP			
				PP				
synt. Funkt.	Det.	Adj.-Attr.	Kern-N	Präp.	Det.	Kern-N	Inf.-Partikel	VV infin.
	Akk.Obj.5			obl. Lok.Advb.5			enger Verbalkompl. 5	
	Subj.4 (zu *wie es wäre*)							
	Fs. Akk.Obj.3 (zu *überlegten*)							

*1) Das klschl. Element fehlt, vgl. *wir haben überlegt, wie es wäre ...*
*2) *wie* ist gleichzeitig klö. Element und erstes Element des Mittelfelds (also modaladverbielles prädikatives Relativum).
*3) Durch Koordinationsreduktion ausgefallen (→ 6.1, S. 141).
*4) *es* ist der Platzhalter für die extraponierten Infinitivkonstruktionen in Subjektfunktion (→ 10.2, S. 179f.).
*5) *wie* ist nicht nur V-L-Einleitungselement, sondern modaladverbielles Relativum in prädikativer Funktion (→ 3.1.9, S. 75ff.), vgl. *es wäre so/derart* (*so/derart* = Prädikativ ≅ *wie wäre es?*), da es genau diese Funktion erfragt. Insofern ist es gleichzeitig erster Mittelfeldausdruck.
*6) Kein klammerbildender Ausdruck, da Infinitivkonstruktion (→ 6.5.7.2, S. 154ff.), also ohne finites Verb, also auch ohne Verbstellungstyp, damit auch ohne Klammerstruktur usw. Im topologischen Aufbau entspricht die Infinitivkonstruktion aber einem V-L-Satz.

Valenz
x überlegt y: x = Subj.; y = Akk.Obj.; *jemand überlegt etw.*
x ist so: x = Subjekt (hier als Subjektsatz realisiert).
x stellt y Präp. *z:* x = Subj.; y = Akk.Obj.; Präp. z = obl. Dir.Advb.; *jemand stellt etw. irgendwohin* (kausatives Positionsverb) im Gegensatz zu (oblig.) reflexiver (→ 8.4, S. 171) Verwendung *jemand stellt sich dumm.*

Topologie	Extraposition 3 (zu *überlegten*)				
	Extraposition 4 (zu *wie es wäre*)				
Klammern					
Text	*in*	*den*	*Weltäther*	*hinaufzuklettern*	*und*
Wortart	Partikel	def. Art.	N	V infin. mit Verbpartikel	Partikel
Phrasen-Kategorie		NP			
	PP				
syntakt. Funktion	Präp.	Det.	Kern-N		
	obl. Dir.Advb. 6			VV infin. mit Inf.-Partik.	koord. Konj.
				enger Verbalkomplex 6	
	Subj. 4 (zu *wie es wäre*) *1)				
	Akk.Obj. 3 (zu *überlegten*)				

Topologie	Extraposition 3 (zu *überlegten*)					
	Extraposition 4 (zu *wie es wäre*)					
Klammern						*2)
Text	*unseren*	*Lieblings stern*	*für*	*einen*	*Augenblick*	*herunterzuholen*
Wortart	Poss.-Pron.	N	Par- tikel	indef. Art.	N	V infin.. mit Verbpartikel
Phrasen-Kategorie	NP			NP		
			PP			
syntakt. Funktion	Det.	Kern-N	Präp.	Det.	Kern-N	
	Akk.Obj. 7		fak. Durativ-Advb.7			VV infin.. mit Inf.-Partikel
						enger VK 7
	Subj. 4 (zu *wie es wäre*)					
	Akk.Obj. 3 (zu *überlegten*)					

*1) *es* ist der Platzhalter für die extraponierten Infinitivkonstruktionen in Subjektfunktion (→ 10.2, S. 179f.).
*2) Kein klammerbildendes Element, da Infinitivkonstruktion (→ 6.5.7.2, S. 154f.). Aber vergleichbar mit einer Nebensatzklammer, allerdings ohne klammeröffnenden Ausdruck.

Valenz
x klettert Präp. y hinauf: x = Subj.; Präp. y = obl. Dir.Advb.: *jmd. klettert irgendwohin hinauf.*
x holt y herunter: x = Subj., y = Akk.Obj.; *jemand holt etw. herunter.*

Satzkomplexität und Satztyp/-modus
Es handelt sich um zwei durch *und* koordinierte V-2-Aussagesätze (→ 7.2.1.1, S. 159). Im ersten Konjunkt ist ein temporaler Konjunktionalsatz als Attr. zu *gestern abend* eingefügt. Im zweiten ist das Akk.Obj. durch einen indirekten V-L-Fragesatz gefüllt, dessen Subj. wiederum durch drei komplexe Infinitivkonstruktionen (durch *und* verbunden) (→ 6.1, S. 141) realisiert ist.

V.2. Analyse unterstrichener Wörter/Phrasen
***aber*:**
Wortart: Partikel.
Begründung: nicht flektierbar.
Funktion: koordinierende Konjunktion.
Begründung: Es ist kein Satzglied, da nicht allein vorfeldfähig, nicht erfragbar, nur durch koordinierende Konjunktionen ersetzbar; es steht vor dem Vorfeld und verbindet die zwei Sätze inhaltlich (→ 3.5.4.1, S. 105).

***dann*:**
Wortart: Adverb (Partikel) (→ 3.5.1, S. 101).
Begründung: nicht flektierbar.
Funktion: fakultatives Temporal-Adverbiale.
Begründung: Es ist verschiebbar, allein vorfeldfüllend, also ein Stellungsglied; weglassbar, also fakultativ (eine Angabe); durch *wann* erfragbar und durch adverbiale PPn ersetzbar (Expansionstest), also ein Satzglied (→ 3.2, S. 78).

also:
Wortart: Partikel.
Begründung: nicht flektierbar.
Funktion: Konjunktional-Adverbiale (→ 3.5.4.3, S. 106) oder Interjektion (→ 3.4.2.1, S. 96).
Begründung: Die Partikel steht vor dem Vorfeld wie koordinierende Konjunktionen, steht aber zu diesen nicht in einem Austauschverhältnis. Sie könnte vorfeldfüllend auftreten, doch wäre diese Umstellung hier nicht bedeutungserhaltend. Sie ist in keinem Fall erfragbar oder durch eine NP oder PP ersetzbar, also kein Satzglied, allenfalls ein Stellungsglied. Dies spricht zusammen mit der satzverknüpfenden Funktion für ein Konjunktionaladverbiale, doch deuten die Position vor dem Vorfeld und die fehlende Umstellbarkeit im konkreten Fall sowie die Intonation (Pause danach) eher auf eine Interjektion (wenn auch keine typische).

niemandem:
Wortart: negiertes Indefinitpronomen (→ 2.2.4.4, S. 36).
Begründung: flektierbar (pronominale Flexion), Parallele zu *jemand.*
Funktion: Teil des fakultativen Komitativ-Adverbiales *mit niemandem.*
Begründung: *mit niemandem* ist weglassbar, verschiebbar und allein VoF-fähig, also Stellungsglied, durch *mit wem? (womit?)* erfragbar und durch eine PP ersetzbar (Expansionstest), also Satzglied.

zur Erde:
Wortart: *zu* (Präp.), *der* (definiter Artikel, klitisch an der Päp.), *Erde* (N).
Phrasen-Kategorie: PP.
Funktion: (unter bestimmten Bedingungen weglassbares) Direktional-Adverbiale.
Begründung: Es ist verschiebbar und allein vorfeldfähig, also Stellungsglied; kann aber kein Präp.-Obj. sein, da es mit *wohin?* und nicht mit *wozu?* erfragt wird; die Präp. ist also nicht fest (→ 4.5.1, S. 118ff.). Wegen der Partikel *hinunter* im Partikel-Verb, die bereits eine Richtung angibt, ist es leichter weglassbar; da aber eindeutig ein Verb der gerichteten Bewegung vorliegt (und nicht ein transitives Bewegungsverb), entscheiden wir uns für ein obligatorisches Direktional-Adverbiale

V.3. Grobanalyse

So blieben ... Balkon	Matrixsatz 1
irgendwie ... resigniert	weite Appos. = mit prädikativer Paraphrase (→ 3.4.2.3, S. 97) zum Subj. in Matrixsatz 1, parenthetisch eingeschoben. *1)
und	koordiniert Matrixsatz 1 und Matrixsatz 2
als ... wurde	KS 1 = Konstituentensatz 1. Grades in der Funktion eines fakultativen Temporaladverbiales zum Matrixsatz 2.
sahen ... ZDF-Film	Matrixsatz 2
in dem ... erzählte	KS 2 = Konstituentensatz 1. Grades in der Funktion eines Relativsatzattributs zu *ZDF-Film* in Matrixsatz 2.
die ihn ... gelegt (hätten)	KS 3 = Konstituentensatz 2. Grades in der Funktion eines Relativsatzattributs zu *Außerirdischen* in KS 2; das fin. Hilfsverb ist wegen Koordinationsreduktion entfallen.
und	koordiniert KS 3 und KS 4.
(die ihn) untersucht hätten.	KS 4 = Konstituentensatz 2. Grades; Subj. und Akk.Obj. sind wegen Koordinationsreduktion entfallen

*1) Alternativ könnte es sich hier auch um einen elliptischen weiteren MS handeln: (*wir waren*) *irgendwie melancholisch und resigniert*. Dann wären es drei MS, die durch *und* verknüpft sind.

V.4. Funktionsbegründung

in einem Raumschiff

Fakultatives Lokal-Adverbiale; fak., da weglassbar und *und-zwar*-Test akzeptabel; Satzglied, da verschiebbar, mit *wo* erfragbar, pronominalisierbar und allein vorfeldfähig; Adverbiale, da Präposition nicht fest und nicht desemantisiert.

auf den Tisch

Obligatorisches Direktional-Adverbiale; oblig., da nicht weglassbar, weil von der Valenz des kausativen Positionsverbs *legen* gefordert: *x legt y* Präp. z; Satzglied, da verschiebbar, erfragbar, pronominalisierbar und allein VoF-fähig; kein Präp.Obj., da die Präp. nicht fest ist, wie der Fragetest zeigt: *wohin?*, nicht *worauf?*.

Klausur VI

VI.1. Satztyp/-modus

(5)

wenn man doch bloß selber mal eines sähe!	(irrealer) *wenn*-V-L-Wunschsatz (→ 7.2.5.6, S. 164) mit den Merkmalen: *wenn*, V-L, Konj. II, fallender Intonationsverlauf, MP *doch bloß*.

(13)

Holt uns ab,	V1-Imperativsatz (→ 7.2.1.4, S. 160) mit den Merkmalen: V-1, imperativische Verbmophologie, fehlendes Subjektspronomen, fallende Intonationskontur.
fliegt mit uns,	V1-Imperativsatz (Merkmale wie oben)
dematerialisiert uns,	V1-Imperativsatz (Merkmale wie oben)
zeigt uns Ganymed und Beteigeuze und Eure wulstigen Stirnlappen!	a) V1-Imp.-Satz mit Akk.Obj., bestehend aus 3 Konjunkten. b) 3 V1-Imp.-Sätze mit Koordinationsreduktion im zweiten und dritten Konjunkt => *zeigt uns Ganymed und (zeigt uns) Beteigeuze und (zeigt uns) Eure wulstigen Stirnlappen!* Problem: Das dritte Konjunkt (Körperteil) passt nicht zu den ersten beiden Konjunkten (Sterne).

VI.2. Felderstruktur

(6)

Was	*haben*	*wir*	*nicht*	*schon*	*alles*	*gelesen*	*über*	*Ufos:*
VoF	klö.	MiF				klschl.	NaF	

ihre Landungen ... des österreichischen Luftraums.

a) auch Nachfeld im Sinne einer Aufzählung; der Doppelpunkt ist aber problematisch.

b) Nachtrag (Test: Anschluss mit *und zwar*), Bezug auf *Ufos* (vgl. Altmann/Hofmann [2]2008, 6.3.2, S. 160ff.)

VI.3. Detaillierte Analyse

<table>
<tr><td rowspan="2">Topologie</td><td></td><td colspan="3">MiF 1</td><td colspan="3">Extraposition 1</td></tr>
<tr><td></td><td colspan="3"></td><td>klö. 2 *1)</td><td>MiF 2</td><td>klschl. 2 *2)</td></tr>
<tr><td>Klammer</td><td>klö. 1</td><td colspan="2"></td><td>*3)</td><td></td><td></td><td></td></tr>
<tr><td>Text</td><td>Wisst</td><td>Ihr</td><td>denn</td><td>nicht,</td><td>was</td><td>es</td><td>bedeutet,</td></tr>
<tr><td>Wortart</td><td>V fin.</td><td>Pers. Pron.</td><td>Partikel</td><td>Negations-partikel</td><td>Frage-Pron.</td><td>Pers. Pron.</td><td>V fin.</td></tr>
<tr><td>Phrasen-Kategorie</td><td></td><td>NP</td><td></td><td></td><td>NP</td><td></td><td></td></tr>
<tr><td rowspan="3">syntakt. Funktion</td><td>VV fin.</td><td></td><td></td><td></td><td>Akk.Obj. 2</td><td>Platzhal-ter für Subj. 2 *4)</td><td>VV fin.</td></tr>
<tr><td></td><td></td><td></td><td></td><td></td><td></td><td>enger VK 2</td></tr>
<tr><td>enger VK 1</td><td>Subj. 1</td><td>MP 1</td><td>Satznega-tion 1</td><td colspan="3">Akk.Obj. 1</td></tr>
</table>

*1) *was* ist als Relativpronomen gleichzeitig klammeröffnend und erstes Element des Mittelfelds.

*2) V-L-Klammer (→ 2.4.2.1, S. 51).

*3) *nicht* ist nach einigen Theorien klschl. Element (→ 2.4.2.2, S. 51ff.), aber diese Lösung ist sehr unbefriedigend; allerdings ist dann die Extraposition erklärt. Stattdessen Perfekt-Probe: *<u>Habt</u> Ihr denn nicht <u>gewusst</u>, was ...*

4) Hier ist *es* Platzhalter (→ 10.2, S. 179f.) und der *wenn*-V-L-Satz ist Subj. Eine Analyse mit *es* als Subj. und dem *wenn*-V-L-Satz als fak. Konditional-Adverbiale ist unmöglich, weil *es* hier keine Referenz hat.

Valenz

x weiß y: x=Subj.; y=Akk.Obj.; *jemand weiß etw.* im Gegensatz zu *jemand weiß von etwas* oder *jemand weiß von jemandem etw.*

x bedeutet y: x=Subj.; y=Akk.Obj.; *etw. bedeutet etw.* (vgl. Aufgabe III)

Topologie	Extraposition 1								
	Extraposition 2								
		MiF 3							
Klammer	klö. 3								
Text	*wenn*	*mit*	*der*	*Glaubwürdigkeit*	*einer*	*großen*	*sehr*	*ernstzunehmenden*	*Zeitung*
Wortart	Partikel	Partikel	def. Art.	N	indef. Art.	Adj.	Partikel	*1)	N
Phrasen-Kategorie			NP		NP				
		PP							
		PP							
syntakt. Funktion	subord. Konj.	Präp	Det.	Kern-N	Det.	Adj.-Attr.	Steig. Partik	Adj.-Attr.	Kern-N
					Gen.Attr. zu *Glaubwürdigkeit*				
	fak. Mod.-Advb. 3								
	Subj. 2 (zum Platzhalter *es*)								
	Akk.Obj. 1 zu *wissen*								

Topologie	Extraposition 1					
	Extraposition 2					
	steht in Parenthese im MiF3					
Klammer						
Text	*noch*	*dazu*	*an*	*dieser*	*prominenten*	*Stelle*
Wortart	Partikel	Präpositional-Adv.	Partikel	Dem.Pron.	Adj.	N
Phrasen-Kategorie				NP		
			PP			
syntakt. Funktion	GP		Präp.	Det.	Adj.-Attr.	Kern-N
	GP *2)		fak. Lok.Advb.3 *3)			
	Subj. 2 (zum Platzhalter *es*)					
	Akk.Obj. 1 zu *wissen*					

Kommentare:

*1) *ernstzunehmenden* ist ursprünglich aus dem Partizip 1 *nehmend* entstanden (→ 2.2.2, S. 28), bzw. aus der dazugehörigen Redewendung *etw./jmdn. ernst nehmen*; Zusammenrückung, stark lexikalisiert, flektierbar, komparierbar (*eine ?ernstzunehmendere Frage*) und in typischer Adj.-Funktion als pränom. Attr. verwendbar, daher wohl schon Adj. (→ 2.2.4.2, S. 34).

*2) Die GP *noch* hat Fokus auf die folgende PP. Allerdings ist ein Präpositional-Adverb in GP-Funktion (→ 3.5.6, S. 107f.) ausgesprochen ungewöhnlich, aber hier ist das Präpositional-Adverb auch nicht mehr durch eine volle PP (*noch zu der/die/das X*) ersetzbar, eher durch typischere GP wie *zusätzlich, ausgerechnet*. Eine Analyse als Parenthese-einleitende Floskel (ähnlich wie *und zwar*) wäre auch möglich, dann ist aber die Betonung der folgenden PP erklärungsbedürftig.

*3) *an dieser prominenten Stelle* hat evtl. leicht mod. Lesart (*wie?*)

Topologie	Extraposition 1								
	Extraposition 2								
	MiF 3								
Klammer								klschl. 3 *1)	
Text	*von*	*Eurer*	*Klugheit*	*und*	*(von)*	*(Eurer)*	*Freundlichkeit*	*berichtet*	*würde,*
Wortart	Partikel	Poss.-Pron.	N	Partikel	(Partikel)	(Poss. Pron.)	N	V infin.	V fin.
Phrasen-Kategorie		NP				NP			
	PP				PP				
syntakt. Funktion	Präp.	Det.	Kern-N		(Präp.)	(Det.)	Kern-N		
	Präp.Obj. 3 Teil 1			koord. Konj.	Präp.Obj. 3 Teil 2			VV infin.	HV fin.
								Enger Verbalkomplex 3 *2)	
	Subj. 2 (zum Platzhalter *es*)								
	Akk.Obj. 1 zu *wissen*								

Topologie	Extraposition1									
	Extraposition2									
	NaF3									
Klammer										
Text	*(von)*	*Euren*	*schmalen*	*Augen*	*und*	*(von)*	*der*	*Einteiligkeit*	*Eurer*	*Raumanzüge*
Wortart	(Partikel)	Poss. Pron.	Adj.	N	Partikel	(Partikel)	def. Art.	N	Poss. Pron.	N
Phrasen-Kategorie		NP					NP		NP	
	PP					PP				
						PP				
synt. Funkt.	(Präp.)	Det.	Adj.-Attr.	Kern-N		Präp.	Det.	Kern-N	Gen.Attr. zu *Einteiligkeit*	
	Präp.Obj. 3 Teil 3				koord. Konj	Präp.Obj. 3 Teil 4				
	Subj. 2 (zum Platzhalter *es*)									
	Akk.Obj.1 zu *wissen*									

*1) V-L-Klammer (→ 2.4.2.1, S. 51)
*2) Vorgangs-Pass. (→ 5.2.6.2, S. 131ff.)

Valenz
x berichtet y z: x=Subj.; y=Dat.Obj.; z=Präp.Obj. mit *von* oder *über; jemand berichtet jemandem von jemandem/etw.* bzw. *über etw.* im Gegensatz zu *jemand berichtet etw. von jemandem/über jemanden.*

Topologie	Extraposition 1							
	Extraposition 2							
	NaF 3							
Klammer								
Text	*auch*	*(von)*	*Eurer*	*Verach-tung*	*für*	*die*	*amerikani-schen*	*Pläne*
Wortart	Partikel	(Parti-kel)	Poss.-Pron.	N	Parti-kel	def. Art.	Adj. *1)	N
Phrasen-Kategorie			NP			NP		
		PP			PP			
syntakt. Funktion	GP *2)	(Präp.)	Det.	Kern-N	Präp	Det.	Adj.-Attr.	Kern-N
					PP-Attr. zu *von Eurer Verachtung*			
		Präp.OBJ.3 Teil 5						
	Subj.2 (zum Platzhalter *es*)							
	Akk.Obj. 1 zu *wissen*							

Topologie	Extraposition 1						
	Extraposition 2						
	NaF3						
Klammer	*3)						
Text	*riesige*	*Reklame-tafeln*	*in*	*den*	*Orbit*	*zu*	*schießen,*
Wortart	Adj.	N	Par-tikel	def. Art.	N	Partikel	V infin.
Phrasen-Kategorie	NP			NP			
			PP				
synt. Funkt.	Adj.-Attr.	Kern-N	Präp.	Det.	Kern-N	Inf.-Partikel	VV infin.
	Akk.Obj.4		obl. Dir.-Adv. 4			Enger Verbalkomplex4	
	Inf.-Attr. zu *Pläne*						
	Subj.2 (zum Platzhalter *es*)						
	Akk.Obj.1 zu *wissen*						

*1) kein Herkunfts-Adj. wie z.B. *Münchner Kindl*, da flektierbar.

*2) *auch* ist GP (→ 3.5.6, S. 107f.) mit Fokus auf die folgende PP.

*3) Bei satzwertigen Infinitivkonstruktionen (→ 6.5.7.2, S. 154f.) gibt es kein finites V, damit keine Klammern usw. Sie entsprechen aber im topologischen Aufbau V-L-Sätzen.

Valenz

x schießt y Präp. *z:* x=Subj.; y=Akk.Obj.; Prap.z = obl. Dir.Advb. Hier sind wegen des Passivs nur zwei Valenzstellen realisiert.: *x wird (von den Amerikanern) in z geschossen.*

<table>
<tr><td>Topologie</td><td colspan="10">Extraposition 1</td></tr>
<tr><td></td><td colspan="10">Extraposition 2</td></tr>
<tr><td></td><td colspan="10">NaF 3</td></tr>
<tr><td></td><td colspan="8">MiF 5</td><td colspan="2"></td></tr>
<tr><td>Klammer</td><td>klö.5 *1)</td><td colspan="7"></td><td colspan="2">klschl. 5 *2)</td></tr>
<tr><td>Text</td><td>welche</td><td>neben</td><td>unserem</td><td>Lieblingsstern</td><td>für</td><td>Limonade</td><td>und</td><td>Schw. egger-Filme</td><td>werben</td><td>sollen?</td></tr>
<tr><td>Wortart</td><td>Rel. Pron.</td><td>Partikel</td><td>Poss. Pron.</td><td>N</td><td>Partikel</td><td>N</td><td>Partikel</td><td>N</td><td>V inf.</td><td>V fin.</td></tr>
<tr><td rowspan="2">Phrasen-Kateg.</td><td>NP</td><td></td><td colspan="2">NP</td><td colspan="2">PP</td><td></td><td>PP</td><td colspan="2"></td></tr>
<tr><td></td><td colspan="3">PP</td><td colspan="2"></td><td></td><td></td><td colspan="2"></td></tr>
<tr><td rowspan="5">synt. Funkt.</td><td></td><td>Präp.</td><td>Det.</td><td>Kern-N</td><td>Präp.</td><td>Kern-N</td><td></td><td>Kern-N</td><td>VV inf.</td><td>MV fin.</td></tr>
<tr><td>Subj.5</td><td colspan="3">fak. Lok.Advb.</td><td colspan="2">Präp.Obj. 5 Teil 1</td><td>koord. Konj.</td><td>Präp. Obj.5 Teil 2</td><td colspan="2">Enger Verbalkomplex 5</td></tr>
<tr><td colspan="10">Rel.Satz.Attr. zu Reklametafeln</td></tr>
<tr><td colspan="10">Subj. 2 (zum Platzhalter es)</td></tr>
<tr><td colspan="10">Akk.Obj. 1 zu wissen</td></tr>
</table>

*1) *welche* ist gleichzeitig klammeröffnendes Element und erstes Element des Mittelfelds.
*2) verbale Klammer (→ 2.4.2.2, S. 51).

Morphologische Markierung
berichtet würde = 3. Ps. Sg. Konj. Präs. Pass. (Vorgangspassiv).

Valenz
x wirbt Präp. *y*: x=Subj.; Präp. y = Präp.Obj. mit *für; jemand wirbt für etw.* im Gegensatz zu *jemand wirbt um jemanden.*

Satztyp/-modus, Satzkomplexität
Es handelt sich um einen V1-(Entscheidungs-)Fragesatz (→ 7.2.1.2, S. 159), dessen Akk.Obj. durch einen indirekten *w*-Fragesatz gefüllt ist. Dessen Subj. besteht wiederum aus einem adv. *wenn*-V-L-Satz. Dieser enthält ein sehr komplexes Präp.Obj., dessen letzter Teil durch eine infin. Attributstruktur (→ 6.5.7.3, S. 155) erläutert wird, deren Akk.Obj. wiederum durch ein Relativsatz-Attribut (→ 3.4.1.5, S. 95) modifiziert wird.

Register